继续
教育

继续（网络）教育系列规划教材

荣获全国高校现代远程教育协作组评比"网络教育教材建设金奖"

管理经济学

（第二版）

JIXU JIAOYU

GUANLI JINGJI XUE

宋剑涛 罗雁冰 何宇 王晓龙 主编

西南财经大学出版社
Southwestern University of Finance & Economics Press
中国·成都

总序

随着全民终身学习型社会的逐渐建立和完善，业余继续（网络）学历教育学生对教材的质量要求越来越高。为了进一步提高继续（网络）教育的人才培养质量，帮助学生更好地学习，依据西南财经大学继续（网络）教育人才培养目标、成人学习的特点及规律，西南财经大学继续（网络）教育学院和西南财经大学出版社共同规划，依托学校各专业学院的骨干教师资源，致力于开发适合继续（网络）学历教育学生的高质量优秀系列规划教材。

西南财经大学继续（网络）教育学院和西南财经大学出版社按照继续（网络）教育人才培养方案，编写了专科及专升本公共基础课、专业基础课、专业主干课和部分选修课教材，以完善继续（网络）教育教材体系。

本系列教材的读者主要是在职人员，他们具有一定的社会实践经验和理论知识，个性化学习诉求突出，学习针对性强，学习目的明确。因此，本系列教材的编写突出了基础性、职业性、实践性及综合性。教材体系和内容结构具有新颖、实用、简明、易懂等特点；对重点、难点问题的阐述深入浅出、形象直观，对定理和概念的论述简明扼要。

为了编好本套系列规划教材，在学校领导、出版社和各学院的大力支持下，成立了由学校副校长、博士生导师杨丹教授任主任，出版社社长、博士生导师冯建教授以及继续（网络）教育学院陈顺刚院长和唐旭辉研究员任副主任，其他部分学院领导参加的编审委员会。在编审委员会的协调、组织下，经过广泛深入的调查研究，制定了我校继续（网络）教育教材建设规划，明确了建设目标。

在编审委员会的协调下，组织各学院具有丰富继续（网络）教育教学经验并有教授或副教授职称的教师担任主编，由各书主编组织成立教材编写团队，确定教材编写大纲、实施计划及人员分工等，经编审委员会审核每门教材的编写大纲后再进行编写。自2009年启动以来，经几年的打造，现已出版了70余种教材。该系列教材出版后，社会反响较好，获得了教育部网络教育教材建设评比金奖。

下一步根据教学需要，还将做两件事：一是结合转变教学与学习范式，按照理念先进、特色鲜明、立体化建设、模块新颖的要求，引进先进的教材编写模块来修订、完善已出版的教材；二是补充部分新教材。

希望经多方努力，力争将此系列教材打造成适应教学范式转变的高水平教材。在此，我们对各学院领导的大力支持、各位作者的辛勤劳动以及西南财经大学出版社的鼎力相助表示衷心的感谢！在今后教材的使用过程中，我们将听取各方面的意见，不断修订、完善教材，使之发挥更大的作用。

西南财经大学继续（网络）教育学院

2014 年 5 月

再版前言

管理经济学是工商管理、企业管理专业及相关专业的基础性应用科学，它以微观经济学理论为基础，剖析和解释企业管理人员在企业管理的整个过程中将会碰到的问题，并运用经济学、决策科学的方法和手段，为企业管理人员解决这些问题提供经济学的思路和方法。自20世纪50年代产生以来，管理经济学被国内外来越多的商学院和管理学院作为必修课程，在培养和造就高级经济管理人才过程中发挥着重要作用。

本书是根据西南财经大学成人教育学院教学指导委员会教学指导小组要求组织编写的。本书是在多年教授管理经济学和相关研究的基础上，进一步参阅国内外管理经济学方面的资料，重新整理研究，集中精力写作而成。编写本书的目的除作为成人教育学院的教材外，更是希望读者对市场经济的运行机制有全面系统的了解，能用现代经济学的基本观点分析和解决问题，掌握企业经营目标优化的方法和工具，熟悉企业经营决策的一般规律和过程，能根据基本经济原理和具体经营环境，作出科学的企业经营决策。

为满足成人教育类学生教学和自学的需求，本书结合作者在管理经济学教学中的经验，吸收微观经济学和信息经济学的相关研究成果，特别是吸收了博弈论、信息经济学和产业组织学等内容编写了这本教材。为便于教学之用，在每一章之首附有“本章结构图”和“本章学习目标”，之后附有“本章小结”和“思考与练习”，对于较为复杂的问题，还精心选编了大量“案例分析”和“阅读”，为学生进一步学习和加深理解提供了指导和帮助。

另外针对以往教学中学生普遍反映的，有关管理经济学公式符号较为复杂的问题，我们特别编写了“关键术语中英文对照表”以助理解记忆，这样的体系安排主要是为了照顾不同基础和不同知识背景的读者。

本书由宋剑涛、四川大学的罗雁冰、西南财经大学何宇与攀枝花市委综合室王晓龙任主编。全书的编写工作分工如下：宋剑涛：第1、3、4章；罗雁冰：第2、5章；何宇：第6章；王晓龙：第7章。初稿完成后，最后由宋剑涛对全书进行总纂、修改和定稿。

在本书的编写过程中，西南财经大学出版社给予了许多帮助和指导。我们对所引用的资料尽量进行了标注，但是仍可能有疏忽之处，在此向有关作者表示衷心的感谢！

由于编者水平有限，书中缺点错误在所难免，恳请使用本教材的师生提出批评和改进意见。

编者

2015 年 3 月

目 录

1 管理经济学概述

[本章结构图]

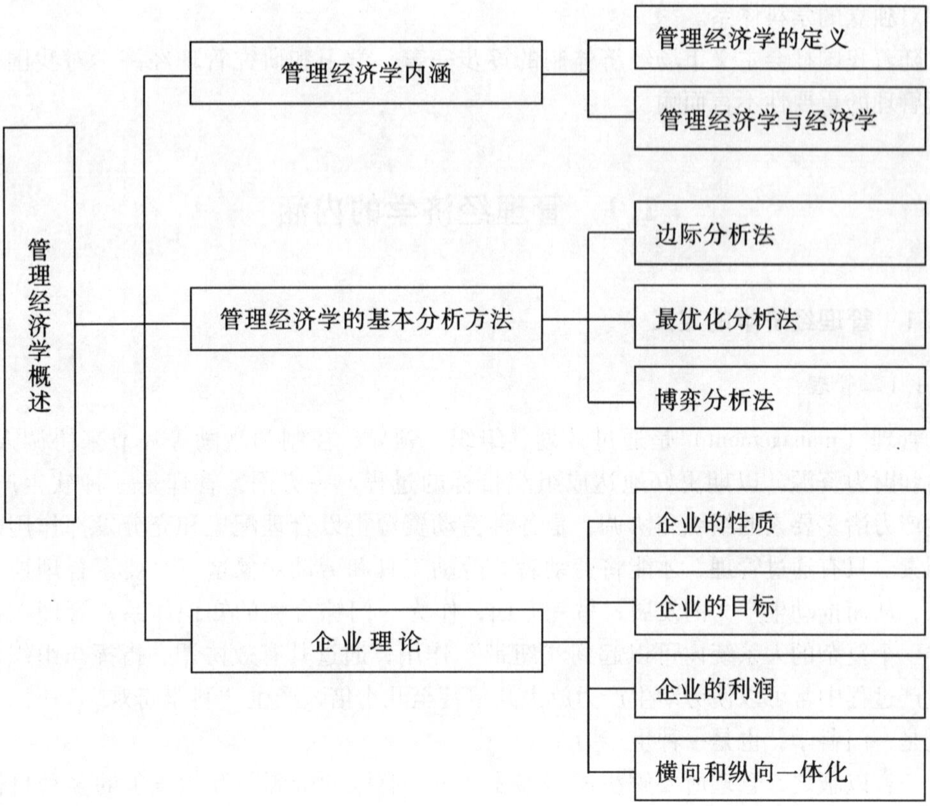

[本章学习目标]

在本章中，您将学习到：

- 管理经济学的基本概念。
- 管理经济学与经济学之间的联系。
- 管理经济学中最为基本的三种分析方法。
- 管理经济学中有关企业理论。

管理经济学主要研究如何把经济学的理论与分析方法应用于企业管理实践。作为一门学科，它着力于运用经济学的概念、原理和分析方法来分析和解决企业的各种经营决策问题。因此，管理经济学将经济学理论和企业管理实践联系在一起，形成了一套自成体系的理论和方法。

管理经济学是在第二次世界大战之后产生并发展起来的。在这以前，传统经济学（主要是微观经济学）基本都仅停留在经院式的讨论上，很少用以解决实际问题。1951年，美国经济学家乔尔·丁（Joel Dean）编写了第一本管理经济学著作。该书的问世，引起了经济学家和企业家对经济理论和方法应用于企业管理实践的兴趣和思考，从而开创了经济学实际应用的新领域并得到迅猛发展的局面，目前管理经济学已形成了一门相对独立的学科体系。

随着我国社会主义市场经济体制的逐步完善，学习和研究管理经济学对我国企业经营管理的重要性不言而喻。

1.1 管理经济学的内涵

1.1.1 管理经济学的定义

1.1.1.1 管理

管理（management）是通过计划、组织、领导、控制和激励等环节来协调人力、物力和财力资源，以期更好地达成组织目标的过程。一方面，管理是一种软生产力，是生产力诸多要素的组织和协调，是各种劳动资源得以合理配置和充分发挥作用的必要因素。只有通过管理，才能将劳动者、劳动工具和劳动对象这三个要素合理地结合起来，从而推动生产力的发展；另一方面，作为一门综合性的知识体系，管理在社会这样一个复杂的大系统内可以起到“纽带”作用，通过其有效协调、指挥与组织，它在生产过程中常可以使劳动生产力放大几倍甚至几十倍，产生“科学奇观”。所以，管理既是一门科学，也是一种生产力。

一言以蔽之，管理所要解决的基本矛盾——有限的资源与互相竞争的多种目标之间的矛盾。假使资源的供应是无限的，人们要钱有钱，要物有物，要人有人，要时间有时间，要空间有空间……那么组织的活动将可以随心所欲，为所欲为，管理将变成多余之举。遗憾的是，资源是有限的（甚至贫乏），而人们所要追求的目标却是多种多样的。这些目标在实现的过程中，都在围绕着争夺资源而进行无情的竞争。那么，有限的资源如何在相互竞争的多种目标间合理分配？分配之后的资源又如何组织、控制和协调？这些都需要专人去思考，去组织，去实施，亦即进行管理。随着生产力的发展，随着人类社会的进步，资源与目标的矛盾越来越复杂，因此，管理也越来越成为人们关注的焦点。

从某种意义讲，管理的本质就是决策。而管理决策的内容通常包括：

（1）资源配置方向的决策。例如，是进入科技行业还是家电行业。

（2）资源配置方案的决策，如产品定价、产能规划等。

（3）组织结构的设计、人员配备和激励。

管理者承担着组织资源的责任。因此，他们必须懂得如何调动和配置组织内部的各种资源，即更为深刻有效地实现组织目标。为此，管理者需要掌握一定的理论和方法，更深刻地理解在纷繁复杂的商业世界中，各种经济变量的相互作用和各个行为主体的相互影响，从而能作出使组织利益最大化的决策。

1.1.1.2 经济学

相对于人类欲望的无穷性，资源数量总是有限的，因此产生了资源的稀缺性（scarcity）。资源稀缺性的客观存在，意味着做出一项选择时，不得不放弃其他选择。这说明了资源管理和配置决策的重要性。

经济学（economics）是研究如何管理稀缺资源及做出最佳配置决策的科学。对于经济学，常有以下两种主要的分类方法。

微观经济学（microeconomics）和宏观经济学（macroeconomics）。微观经济学研究社会经济中个体的行为，个体如何作出决策及其行为间的相互影响。例如，人们将选择什么样的商品组合，企业的定价将如何影响消费者对商品的需求数量等。宏观经济学则研究作为一个整体的社会经济的发展变化全过程及其影响因素，包括国内生产总值（GDP）的增长，利率对投资的影响等。

宏观经济学与微观经济学主要区别与联系，如表 1－1 所示。

表 1－1　　宏观经济学与微观经济学

<table>
<tr><td rowspan="10">资源具有相对稀缺性</td><td rowspan="10">微观经济学（选择）</td><td>定义</td><td colspan="3">以单个经济单位为研究对象，通过研究单个经济单位的经济行为和相应的经济变量单项数值的决定来说明价格机制如何解决社会资源配置问题。</td></tr>
<tr><td>研究对象</td><td>单个经济单位</td><td colspan="2">家庭效用最大化
企业利润最大化</td></tr>
<tr><td>解决问题</td><td>资源（合理）配置</td><td>生产什么
如何生产
为谁生产</td><td>基本经济问题</td></tr>
<tr><td>核心理论</td><td>价格理论</td><td colspan="2">价格如何使资源配置达到最优</td></tr>
<tr><td>研究方法</td><td colspan="3">个量分析</td></tr>
<tr><td rowspan="5">基本内容</td><td colspan="3">均衡价格理论</td></tr>
<tr><td colspan="3">消费者行为理论</td></tr>
<tr><td>生产理论</td><td colspan="2">生产组织形式的选择与生产要素的组合</td></tr>
<tr><td colspan="3">分配理论</td></tr>
<tr><td colspan="3">微观经济政策</td></tr>
</table>

表 1-1（续）

<table>
<tr><td rowspan="10">资源具有相对稀缺性</td><td rowspan="10">宏观经济学（节约）</td><td>定义</td><td colspan="3">以整个国民经济为研究对象，通过研究经济中各有关总量的决定及其变化来说明资源如何配置才能得到充分利用。</td></tr>
<tr><td>研究对象</td><td colspan="3">整个经济</td></tr>
<tr><td>解决问题</td><td>资源（充分）利用</td><td>充分就业
物价水平
经济增长</td><td>基本经济问题</td></tr>
<tr><td>核心理论</td><td colspan="3">国民收入决定</td></tr>
<tr><td>研究方法</td><td colspan="3">总量分析</td></tr>
<tr><td rowspan="5">基本内容</td><td>国民收入决定理论</td><td colspan="2">简单的国民收入决定模型
IS-LM 模型
总需求供给模型</td></tr>
<tr><td colspan="3">失业与通货膨胀理论</td></tr>
<tr><td colspan="3">财政、货币理论</td></tr>
<tr><td colspan="3">经济周期与经济增长理论</td></tr>
<tr><td colspan="3">宏观经济政策</td></tr>
</table>

实证经济学（positive economics）和规范经济学（normative economics）。实证经济学研究经济变量之间的关系，即经济规律。例如，利率的提高将引起哪些经济变量的变化，它们将如何变化？规范经济学研究应该如何调控经济变量，即利用经济规律。例如，是否应该调整利率？调整方向和幅度怎样？值得注意的是，实证经济学可以通过实际经济数据而得到检验，规范经济学则需要在实证分析的基础上，结合个人的价值判断来进行研究。

【阅读 1-1】

经济学需要解决的问题及解决途径

既然经济资源具有稀缺性，人类的需求又是无止境的，那么在现实经济中，就需要解决一系列的问题。

（1）现实经济中经常遇到的问题

◆ 生产什么？

经济学的目标是，用稀缺的资源去生产人们非常需要的物品，使人们的需求得到最大限度的满足。所以，我们首先要确定，在经济资源总量有限的前提下，应该用这些资源来生产什么产品，提供什么样的劳务，避免生产人们不太需要或完全不需要的产品。

◆ 生产多少？

尽可能使各种产品在数量上与各自的需求量保持一致。数量过多的产品会出现积压，过少的产品则不能充分满足人们的需求，也就没有达到最大限度地满足人们需求的目的。

◆ 怎样生产？

这个问题实际上就是选择什么样的生产方式的问题。不同的技术水平，不同的生产组织形式，都决定了资源使用效率的高低。为使效率达到最高，应该选择合适的生产组织形式和追求更高的技术水平。

◆ 为谁生产？

这个问题要回答：我们生产出来的产品，或者说这个社会产生的财富，以什么样的方式进行分配。如果分配方式合理，多数人的需求都可以得到满足；否则，可能只有一部分人的需求得到满足，同时还有一部分产品和资源严重闲置，而另外一部分人的需求却得不到满足。

(2) 解决以上问题的途径

◆ 解决“生产什么”和“生产多少”的问题，主要通过合理配置来解决。合理配置的标准是：在各个产品的生产上，既不存在资源的闲置，也不存在资源的紧缺。实现合理配置，首先就要在量的比例上满足各个方面的需求。

◆ 选择适当的方式，以实现有效利用。实现了有效利用，也就提高了资源的使用效率。解决“怎样生产”的问题，最重要的是提高资源的使用效率。

◆ 公平分配。因为“为谁生产”的问题，实际上是一个分配问题，只有通过公平的分配，才能最大限度地调动人们的主观能动性，积极有效地利用资源。

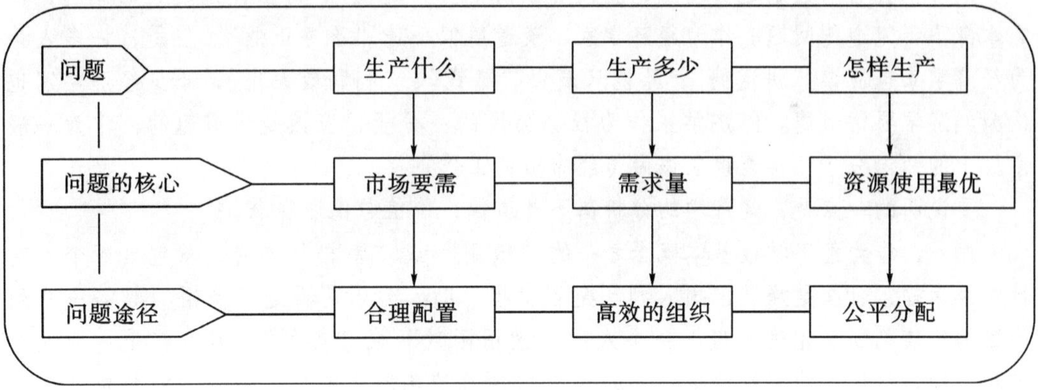

图 1-1 经济学需要解决的问题及解决途径

【阅读 1-2】

波普尔与“可证伪性”科学理论

“我们怎么知道我们所知道的是对的？”这也许是古希腊人提出的哲学史上最难回答的一个问题。今天，人们似乎可以在可证伪原则中找到它的答案，功劳应该属于波普尔。

波普尔（Karl Popper）被有些人称为“继康德以来最有影响的当代哲学家”。他的成就主要在两个方面：一是认识论，二是科学哲学。他的研究不仅涉及科学与哲学，而且涉及政治、艺术和宗教，尤其是对20世纪科学理念的转变，起到了十分重要的作用。

演绎法和归纳法是现代科学大厦的根基，而这两大支柱却有着无法克服的局限性。演绎法必须有一套前提假设，而这些假设与实际观测可能不符。归纳法则要求反复观察和验证，从而确定普遍适用的规律。早在18世纪，休谟（David Hume）就指出，有限的实验不可能提供足够的观察来排除将来有一天会出来“例外”。因此，归纳法是不充分的。打个比喻，假如你发现了十万个苹果是绿色的，从而归纳出青苹果是绿色的，但是如果第十万零一个是红苹果，这个“绿苹果理论”就会被推翻。

波普尔的“可证伪性”原理接受了休谟对归纳法的批判。他指出，在真实和错误之间存在着不对称性，没有理论可以被证明是对的，但有些理论可以被证明是错的，科学由此而界定。因此，科学就是还没有被证明为错误的理论。这也就是说，没有一种方法可以评判我们的理论是否反映了真实的世界。科学同其他知识形式的区别在于，科学把它的理论置于可被观察所推翻的测试当中。当有竞争的评论出现时，科学家选择那些与观察的真实最一致的理论，而放弃逊一等的理论。尽管我们不能确定现在维持的理论是否真实，但它比过去的理论更接近真实。

【阅读1-3】

“不道德”的经济学

经济学会卷入关于道德的争论。经济学离不开“道德”、价值体系这类的概念，但它本身不研究道德问题。作为经济学家，谈道德似乎是“不务正业”。但是，许多人认为经济学家也应该“讲道德”，不能只鼓吹“赚钱”、“利润最大化”；不少经济学家也认为经济学要讲道德。经济学家作为社会公民的一分子，应该是讲道德的；作为一般意义上的知识分子，甚至也应该做传经布道的工作。

要说明的一点是，经济学的分析离不开道德，价值与伦理观念。

其一，作为经济学最基本概念之一的“效用”或“幸福”本身，就包含着个人对什么是幸福，什么是痛苦，损人利己是否幸福，助人为乐是否是“傻帽”等等一系列问题的价值判断和伦理尺度。一个人的“效用函数”或“偏好”，其实就是一个人对各种事物好恶评价的一种价值体系，没有这种价值判断为前提，经济学的分析就无法展开。

其二，即使在“效率”这样似乎十分“价值中性”的概念当中，本身也包含着价值判断。比如所谓的“帕累托效率”概念（这是现代经济学中所使用的最基本的效率尺度），本身就包含着价值判断，因为，当它承认某个人的境况是变好、变坏或不变的时候，它承认只有个人才知道对他来说什么是好的、坏的，什么是幸福的、不幸的，别人的价值判断对他无用；个人与个人之间的效用满足无法比较。这就是帕累托原则背后的“个人主义标准”。所以，用帕累托标准衡量，只有当一个人认为自己的境况有所改善而其他人认为自己的境况至少没有变坏的时候（不是别人认为他们的境况怎样，而必须是他们自己认为如何），我们才能说发生了“帕累托改进”（效率改进）。

其三，同样非常重要的是，经济学承认，在人们判断自己幸福不幸福的时候，不是孤立地只想自己，而是也会把自己与别人的相对处境、相互关系考虑在内。“相对收入”或“平等与否”会是人们衡量自己幸福与否的一个重要内容，而别人的幸福与否也会成为一个人感觉自己幸福与否的一个重要因素。比如，尽管一个人收入提高了，但若他看到别人的收入比他的增长更快，自己相对地位低了，他反倒会感到痛苦（由嫉妒导致）；而对另一些人来说，当他得知他的父母、子女感到比以前幸福了，他也会感到自己更加幸福。在一个“阶级斗争观念”流行的社会中，人们会以“凡是敌人拥护的我们就要反对”作为行为标准；而在一个和谐而友善的社会氛围里，人们的幸福感会相互促进。

其四，道德或价值体系不仅是人们行为目标的基础，而且构成人们的行为约束。这主要是指在社会中占优势的、被较为普遍接受的道德规范对某一个人行为的约束作用。比如，人们会认为损人利己是不道德的（“损”到什么程度是不可接受的，则在不同的“道德水准”下有所不同）；人们还会认为不平等是不可接受的（什么意义上的不平等，不平等到什么程度是不可接受的，在不同的社会中会有差异）。行为约束，可能最终会以正式的法律或规章制度形式出现，表现为社会强制执行的规则，也可能只是以社会舆论、“千夫所指”的非正式的形式出现。二者之间还可以相互转化。比如子女敬养父母的“孝道”，现在在新加坡成了强制执行的法律；而不随地吐痰在有些国家中可能已变成了不必由法律监督的基本公德。

以上的一切分析都表明了经济学的分析是如何地离不开道德，离不开价值判断。如此看来经济学不是很讲道德吗？其实不是，经济学的界限在于：它只是在给定的道德规范和价值体系下进行分析，它是把人们的“偏好”、“价值观”、“生活目标”、“社会公德”、“平等观”等当作“外生的”，在经济学体系之外决定的东西来看待，当作自己分析的前提条件接受下来，然后在某种给定的的道德准则、社会规范等的范围内，进行经济学的分析，告诉人们如何行为、如何选择、如何决策、如何配置资源，才能最大限度地实现自己的目标，增进自己的幸福；告诉人们，在目标和利益相互冲突、相互约束的个人之间，如何相处、如何妥协才能实现某种“均衡”，达到冲突双方或冲突各方的利益最大化；等等。在这个过程中，经济学事实上也就把不同的社会标准、道德价值观念等作为不同的外生变量带入经济学分析，指出它们的差异如何带来经济行为的差异和经济后果的不同。经济学不打算改变“人性”，而只满足于接受现存的“人性”，作为自己分析的前提。

（资料来源：樊纲．经济学家谈道德［M］//走进风险的世界．广州：广东经济出版社，1999.）

1.1.1.3 管理经济学

管理经济学（managerial economics）就是研究如何配置资源以最有效率地实现预期管理目标的科学。它介绍了在管理决策过程中需要考虑的经济学原理，阐述了如何运用经济学理论和方法来分析和解决管理决策问题。同经济学一样，管理经济学的研究对象仍然是经济数量关系和经济规律，只不过它是从管理者，主要是从企业经营者的角度来进行研究和分析。因此，它又常常被人们称为企业经济学（business economics）。

企业（enterprise）是从事商品和劳务的生产经营，独立核算的经济组织。作为社会组织单位和微观经济实体，企业管理决策涉及多方面的问题和因素。不过，由于企业主要是因为经济的原因而产生和存在的，是一个以谋求经济利益为基本目标的社会组织，因此，有关经济方面的管理决策对于企业来说是更为基本的决策。管理经济学正是研究企业关于经济方面的管理决策，对企业管理决策所涉及的经济关系尤其是经济数量关系及经济规律进行分析。

一般而言，管理经济学对管理者来说，可以在两个方面发挥作用：第一，在确定的现有经济环境中，管理经济学原理能为决定资源在企业内部的有效配置方案提供分析框架。第二，这些原理能帮助管理者对各种经济信号作出反应。

因此，可以这样说，学习和掌握管理经济学的原理和方法，可以使企业和管理者的价值都能得到提高。

通过如上分析，不难得出管理经济学科的功能地位，可以用图 1 -2 来表示。

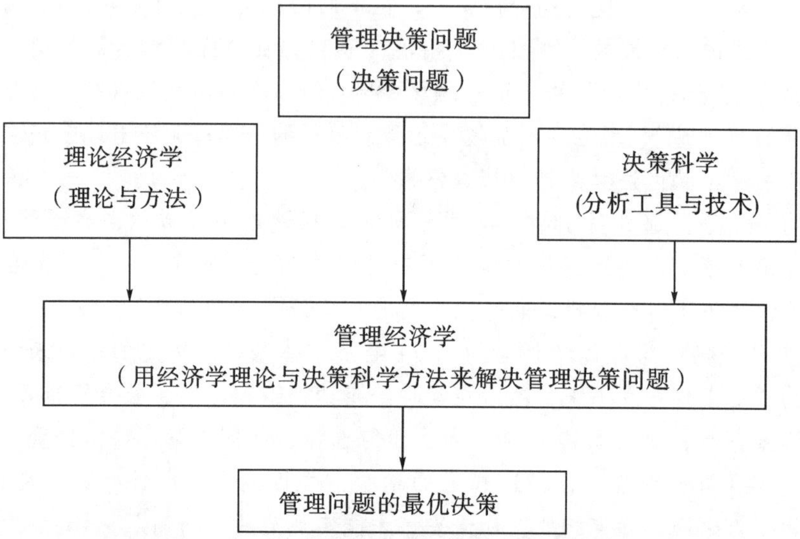

图 1 -2　管理经济学的地位与功能

1. 1. 2　管理经济学与经济学

管理经济学是经济学（主要是微观经济学）向企业管理实践领域的应用性延伸。管理经济学的诸多概念、原理与方法均来自经济学，因此它们两者之间有着密切的联系。

第一，经济学是从第三者的角度来观察和研究市场主体的经济行为，包括企业、个人、政府和其他组织；而管理经济学则主要从企业管理者角度来思考企业如何在各种约束条件下合理、有效地决策和运行。因此，管理经济学比经济学研究的对象范围更集中。另外，经济学的研究目的在于通过对经济主体的行为分析来揭示经济规律和经济运行机理，为人们认识社会经济活动提供更为一般的理论指导；而管理经济学的研究目的在于为企业实现利益目标进行有效决策提供经济分析方法和工具。正因为这样，后者更具有实用性。

第二，为了简化分析，经济学理论都包含诸多假定和前提。但为了更接近客观实际，管理经济学在继承这些假定和前提的过程中，作了适当程度的放宽和突破。例如，经济学通常假定企业行为的唯一目标是追求利润最大化。但在现实中的企业由于受诸多因素的限制，其目的可能是谋求利润满意化而非最大化；而且除了利润目标外，企业还可能具有扩大市场份额、承担社会责任等多元化的目标。这就使得管理经济学在以利润最大化准则分析企业行为的同时，还须兼顾其他企业目标的要求。再如，在通常情况下，经济学理论假定企业拥有完全的市场信息，但现实中的企业几乎都是在不完全信息的条件下经营和运作的。这就要求管理经济学还须广泛借用其他学科的概念和工具，以帮助企业收集必要的信息，并在不确定条件下选择最优方案。这又成为管理经济学向综合性和边缘学科发展的动因。

第三，同经济学一样，在分析企业行为时，管理经济学也广泛使用多种经济模型，尤其是数量模型，但两者运用模型分析的目的却不尽相同。经济学主要把经济数量模型作为分析经济系统运行机理的抽象化工具。管理经济学对这些模型的引进和使用则是同企业的具体决策过程和行为密切相关的，管理经济学通过这些模型为企业决策者提供分析和观察问题的思路，帮助制订和评价决策方案。因此，经济模型在管理经济学里具有更为具体和实际的目标和内容。

可见，管理经济学与经济学（主要是微观经济学）的联系是紧密的，但也存在着显然的差别。

首先，两者之间的目的是不同的。管理经济学是为企业管理者服务的，其目的是为了解决企业的决策问题而提供经济分析手段。而经济学是为了揭示经济主体的行为，理解价格机制如何实现经济资源的优化配置。

其次，管理经济学和微观经济学各自的着重点不一样。管理经济学的着重点在于企业理论，微观经济学的着重点在于最后引申出整个经济的一般均衡原理，找出资源的帕累托最优配置等福利经济学的结论。因而管理经济学是为企业服务的，微观经济学是为宏观经济学提供理论基础的，既可以为企业服务，也可以为其他经济行为主体服务，同时也可以为政府服务。

1.2 管理经济学的基本分析方法

边际分析法、最优化分析法和博弈分析法是管理经济学最常用的几种分析方法。

1.2.1 边际分析法（增量分析）

1.2.1.1 边际

边际（margin）含有边缘、额外、追加的意思，在管理经济学中被用于揭示两个具有因果或相关关系的经济变量之间的动态函数关系。边际在经济分析中作为特定经济函数关系的产物，揭示的是某一经济变量在相关变量影响下所发生的边缘性变化的状况。在企业经营决策中，除了成本外，边际分析的方法还广泛用于产量、收入、利润等经济变量的分析。

从数学的角度来看，边际是连续函致的导数。它反映自变量微小变化对因变量的影响。如果 x 表示自变量，Δx 表示其变化量，$y=f(x)$ 表示因变量，Δy 表示其变化量，则因变量 y 受自变量 x 变化影响的边际值为 $\Delta y/\Delta x$。当函数 $f(x)$ 是连续可微时，$y=f(x)$ 相对于 x 变化的边际值就是 $f(x)$ 对 x 的导数：

$$y'=\frac{\mathrm{d}y}{\mathrm{d}x}=\lim_{\Delta x\to 0}\frac{\Delta y}{\Delta x}$$

导数作为原函数的变化率，较为准确地反映了边际的含义。

1.2.1.2　边际值

边际值表示自变量每变化一个单位，引起因变量变化的量多少。

（1）边际收入 MR：每增加一个单位产量（销量），所引起的总收入的变化量。

$$MR=\Delta TR/\Delta Q$$

（2）边际成本 MC：每增加一个单位产量（销量），所引起的总成本的变化量。

$$MC=\Delta TC/\Delta Q$$

（3）边际利润 $M\pi$：每增加一个单位产量（销量），所引起的总利润的变化量。

$$M\pi=\Delta T\pi/\Delta Q=MR-MC$$

（4）边际产量 MP：每增加一个单位的投入要素（如劳动力，或资本），所引起的总产量的变化量。

$$MP=\Delta TP/\Delta L$$

1.2.1.3　边际分析法（marginal analysis）

边际分析法是指分析自变量微量变化对因变量的影响，即决策前后情况的变化。边际分析法是管理经济学中最常见的分析方法。它是基于各种经济现象之间存在一定的函数关系。在企业生产经营决策中，存在大量某一因变量依存于一个或几个自变量的函数关系。边际分析法就是借助这种函数关系，研究因变量随着自量的变化而变化的程度，以此分析经济效果的一种分析方法。传统的平均分析方法往往根据业已发生的事实，计算出自变量与因变量之间联系的平均值，再从这种反映过去的平均值来推测出未来出现的情况，但事实上许多变量之间的关系并非固定的比例关系，因而用过去的平均值来分析或解决现实问题，失误在所难免，而边际分析法克服了这一缺点。在决策时，它主要考虑的是由于决策而引起的投入量新变动的边际效果，这种边际值更准确地反映了决策的直接后果。因此，它成为以企业经营决策问题为主要研究对象的管理经济学的重要分析工具。

【例1－1】某民航公司在从甲地到乙地的航班上，每一位乘客的全部成本为250元，那么当飞机有空位时，它能否以较低的票价（如每张150元）卖给学生呢？人们往往认为不行，理由是因为每个乘客支出的运费是250元，如果低于这个数目，就会导致亏本。但根据边际分析法，在决策时不应当使用全部成本（在这里，包括飞机维修费用以及机场设施和地勤人员的费用等），而应当使用因学生乘坐飞机而额外增加的成本。这种额外增加的成本在边际分析法中叫做边际成本。在这里，因学生乘坐而引起的边际成本是很小的（如30元），可能只包括学生的就餐费和飞机因增加荷载而增加的燃料支出。因学生乘坐而额外增加的收入叫边际收入，在这里，就是学生票价的收入150元。

在这个例子中，边际收入大于边际成本，说明学生乘坐飞机能为民航公司增加利润，所以按低价让学生乘坐飞机对民航公司仍是有利的。

边际分析是经济学中重要的概念，也是一种决策方式，它着眼于增量的比较。任何人在作出某项行动决定时都会问这样一个问题："它值得吗?"对这个问题的回答是："只要境况在采取了某项行动之后会比采取行动之前有所改善，那么，它就是值得的。"这就是边际分析法的精髓。

边际分析法的一种变形方法是增量分析法。边际分析法和增量分析法的相同之处是在判断一个方案对决策是否有利时，都要看由此引起的收入是否大于由此而引起的成本，即看它是否能为企业带来利益。它们的区别仅在于边际分析法分析的是自变量变化微量时对因变量的影响，而增量分析法中自变量的变化量可能不是一个微小变化量，有时甚至不是一个数量化的变化量。在实际的企业经营决策中，增量分析法也是一种常用的分析方法。

1.2.2 最优化分析法

管理经济学的主要内容是企业的经营决策，而决策就是要在所有可行的方案中寻求一个最优的方案。企业在追求其目标的过程中总是努力追求最大化的利润或最小化的成本。因此，最优化的分析方法无疑是管理经济学的重要方法。

$T\pi = TR - TC$，求导：$T\pi' = TR' - TC' = 0$，即 $MR = MC$。

①$MR > MC$，可行；

②$MR < MC$，不可行；

③$MR = MC$，最优。

以某企业的产量决策为例，说明最优化分析法在管理经济学中的应用。假设某企业的总成本与产量间的关系为：$TC = 80 + 4Q$，总收益与产量的函数关系为：$TR = 24Q - Q^2$。

其利润函数应为：$\pi = TR - TC = -Q^2 + 20Q - 80$

企业可以利用最优化方法求得利润最大化时的产量水平。由极值条件可知，函数的极值位于一阶导数为零的点上，即 $MR = MC$。即是说，令该企业的利润函数 $\pi(Q)$ 的一阶导数为零：

$$\frac{d\pi}{dQ} = -2Q + 20 = 0$$

解得 $Q=10$，这时相应的利润为：$\pi(10)=-10^2+20\times10-80=20$

可以得出，当该企业生产10个单位的产品时，企业的利润达到最大值20。

在很多情况下，企业的生产经营决策往往有一定的约束条件，这时的最优化问题就成为约束最优化问题。通常约束最优化问题的最优化规则是：（以业务量怎样最优分配为例）当各种使用方向上每增加单位业务量所带来的边际效益都相等时，业务量的分配能使总效益最大；当各种使用方向上每增加单位业务量所引起的边际成本都相等时业务量的分配能使总成本最低。

这是因为如果在各种使用方向上，业务量的边际效益（边际成本）互不相等，人们就能在不增加总业务量的前提下，通过减少边际效益低（边际成本高）的使用方向上的业务量、增加边际效益高（边际成本低）的使用方向上的业务量的办法，来增加总利润（减少总成本）。可见，只有当业务量的分配能使各种使用方向上的边际效益（边际成本）均等（已无法再通过调整业务量的分配使境况更优）时，业务量的分配才是更优的。

1.2.3 博弈分析法

在许多市场中，企业之间决策的相互影响较大，而传统经济学往往把外部环境或竞争对手的行为作为既定的、外生的行为，这使一些传统的分析方法在分析企业决策之间互动规律时显得距离实际有些遥远。博弈分析方法则主要研究决策主体的行为发生直接相互作用时的决策以及这种决策的均衡问题，即研究当一个企业的决策受到其他企业决策的影响，而且反过来影响其企业决策时的决策问题和均衡问题。博弈论不仅研究单一企业在利润最大化作用下的市场行为，而且更强调其行为是与环境、历史等因素密切相关的，能够更为具体地研究企业在各种不同的环境和历史、企业与企业之间的相互关系等条件下的行为方式及其变化。

在企业的经营决策中，传统的经济理论主要讨论单个企业在资源约束条件下的利润最大化，而博弈论则更强调在竞争市场中所实现的竞争各方都不愿再单方面改变自己均衡时所形成的在博弈均衡状态下的利益均衡化。博弈论所得出的均衡解是要同时考虑每一个博弈参与者的策略都如此选定时的策略组合，它往往要解由多个企业的目标函数所生成的一组联立方程，而不同于传统经济学只考虑单个企业的利润最大化的模型中寻求最优行动方案。

1.3 企业理论

管理经济学的研究对象是企业，而企业是市场的主体，又是市场经济中基本的经营决策单元，因而有必要在分析其行为前先对其性质、目标以及利润等相关问题进行探讨。

1.3.1 企业的性质

讨论企业的性质主要是要回答这样两个问题：①在市场经济条件下企业产生的根源。②企业作为市场的主体和基本的经营决策单元，必须具备哪些基本特征。

1.3.1.1 企业和市场：两种协调方式

经济学认为，企业就是指以营利为目的，把各种生产要素组织起来，经过转换，为消费者或其他组织提供产品或劳务的经济组织。换言之，企业是指能独立作出决策的经营单位，它可以独立地决定生产什么、如何生产以及为谁生产等问题，其决策主要以市场情况作为依据和基础。

市场交易或价格调节只是人类经济活动的一种组织形式。交易还可以通过其他的组织形式来完成，企业就是这样一种组织形式。同一笔交易，可以通过市场完成，也可以在企业内部完成，例如，有些企业的产品制造所需的零配件可以通过向其他企业购买，也可以在本企业内部自己生产完成。在市场上，交换双方是平等的，决策是分散的，信息由价格来传递；在企业内部，交换双方是上下级关系，决策是集中的，信息通过指令和汇报传递。

同样的市场结果，为什么会存在通过市场交易和内部指令两种方式来完成，或者说，每个企业或每个人都进入市场讨价还价，反复地进行交易谈判，应该说更符合经济人的自由意志，为什么还要组建企业，并且把本来可以自由进行的市场交易行为转化为企业内部的非交易行为？企业的本质究竟是什么？

美国经济学家科斯在《企业的性质》中为这一问题的答案给出了独特的见解，他认为：市场与企业是两种不同的资源配置和协调机制，两种协调机制在一定程度上可以相互替代，替代的原因在于企业可以节省市场机制下的交易成本，它们之间的不同表现在：在市场上，资源的配置由非人格化的价格来调节；在企业内部，资源的配置则通过权威关系来完成。两种资源配置方式都要支付交易成本，如果不是通过市场机制，而是通过一个组织并靠该组织的权威来配置资源，且这种配置方式比市场机制配置资源更能节约交易成本时，企业就将产生。

不过，企业对于市场机制的替代是有成本的，例如管理企业需要支付管理成本，管理人员对市场失误可能带来决策成本。另外，由于信息不完备和经济主体具有有限理性与机会主义倾向，企业内部需要计量、监督和激励，也都会发生相应成本。随着企业扩大，组织层级复杂，企业在信息处理、监督和激励方面困难越来越大，组织监督成本也就日趋高昂。可见，企业规模扩大会节省市场交易成本，但是它本身又会带来企业组织成本增加。从理论上讲，当最后一笔交易在企业内完成的组织成本增加量与在市场上完成的交易成本增加量相等时（企业边界），企业达到了最优规模。

由此可见，科斯把企业的起源和规模扩张的原因归结于节约市场交易成本，并认为企业的本质是作为价格机制的替代物，是一种经济协调组织。这是对传统新古典经济学的突破，因为传统新古典经济学一直把企业看成是一个基本的生产单位、一个“黑匣子”，对企业的本质及其内容从来不去探讨。

通过交易成本这一突破性概念，可以将市场和企业两种资源配置机制连接起来，两种机制各有其优势。

市场的优势在于：在市场上购买中间产品，由于大量的企业从一个供应商那里买货，这将有利于该供应商实现生产上的规模经济和降低成本。而且，中间产品供应商之间的市场竞争压力，也迫使供应商们努力降低生产成本。另外，当单个供应商面对众多的中间产品的需求时，单位供应商可以避免由于单位企业的需求不稳定可能带来的损失，以利于在总体上保持稳定的销售量。

企业的优势在于：第一，企业可以减少交易成本。企业通过市场购买中间产品是需要花费交易成本的，如果企业能够在自己内部生产一部分中间产品，就可以消除或降低一部分交易成本，并且产品质量可以得到相应的保证。第二，是专门化设备投资和生产的需要。如果单个企业所需要的是某种特殊类型的专门化设备，则供应商不太可能进行仅有一个买主的专门化设备的投资和生产，这种投资的风险太大。这就需要企业内部解决专门化设备的生产问题。第三，企业雇佣一些具有专项技能的雇员，并建立长期的契约关系，这比从其他企业那里购买相应的服务更有利，因为这可减少相应的交易成本。

1.3.1.2 企业与市场：两种契约关系

市场是人们在经济活动中形成的一种竞争与合作关系，即互相独立的利益主体之间自愿交换关系，交换系统通过价格机制来实现对社会经济活动的调节和资源配置。独立主体在交换过程中实现的各自利益，必然需要通过各种契约来界定，因而市场经济是一种契约经济，或者说市场是有关产品和劳务交换的契约。

现代企业理论认为，企业也是一种契约组合，它代表个人之间交易产权的一种形式。依据前面讨论，企业能够节约交易成本，是因为在企业内部不需要每天发生市场主体之间交易，组合在企业内的各个生产要素，不必每天签订一系列买卖合约，因而原来由于签订和执行这些市场合约的费用被节约了。然而，企业并不是以一个非市场契约代替市场价格机制，而是以另一类契约取代市场契约的结果。企业契约的特点在于，生产要素为获得一定报酬同意在一定限度内服从企业家指挥，它限定了企业家的权利范围。在通过契约实现交换关系意义上，企业与市场具有共同属性；然而，企业所代表的契约自有其特点。

首先，企业和市场契约的对象内容不同。市场是涉及产品交易的契约，而企业则是涉及要素交易的契约，因而，企业代替市场实际是用要素市场契约代替产品市场契约。要素交易契约必然涉及人力资本的交易，因而，企业是财务资本和人力资本结合的产物。

其次，企业和市场契约的完备性程度不同。一个具有完备性的契约，指契约准确描述了与交易有关的所有未来可能出现的状态，以及每种状态下契约各方的权利和责任。如果一个契约不能准确地描述与交易有关的所有未来可能出现的状态以及每种状态下的权利和责任，这个契约就是不完备契约。

虽然不存在绝对完备的契约，然而相对而言，市场契约比较完备，有关企业的契约则通常是不完备的。企业契约不完备性意味着，当不同类资源所有者组建企业时，每个参与人在什么情况下干什么，该得到什么，并没有完全明确地说明。比如说，劳动合同规定了工人上下班时间和每月工资水平，但是没有说明工人每天该在什么地方做什么具体工作。

企业契约不完备性与企业契约涉及人力资本交易存在深刻联系。人力资本的产权特性，使得直接使用这些资源时客观上无法采用“事先全部讲清楚”的完备合约模式。在利用工人劳动的场合，即使是那种简单到可以把全部细节在事前交代清楚的工作，执行劳务合同仍然可能出现问题。因此，企业契约不同于一般市场契约，关键在于企业契约中包含了劳务要素的利用，而劳务要素事实上的不完备性，或者真正做到完备性的成本可能会更高昂。

1.3.1.3 企业边界

企业边界是指企业规模扩大至最后一笔交易的成本与通过市场交易的成本相等为止，如图1-3所示。

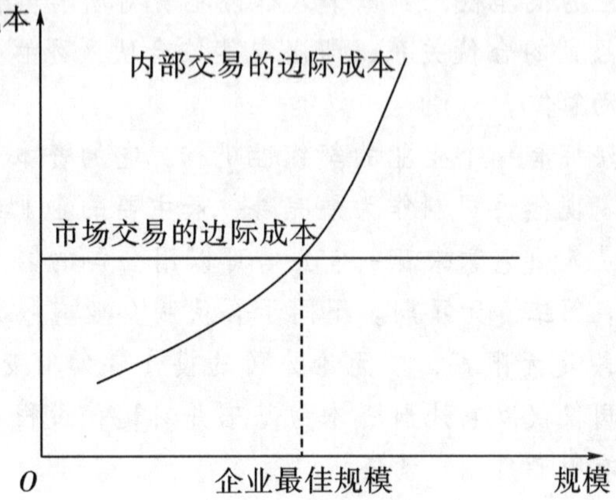

图1-3 企业边界

【阅读1-4】

日不落帝国

如果说历史上庞大辉煌的罗马帝国只不过是一个以地中海为中心的区域帝国，那么，英国人建立的“日不落帝国”却是一个真正的世界帝国。英国殖民地遍及全球，其开拓的疆域之大，统治的人口之多，绝非人类历史上任何一个帝国所能比拟——世界上几乎没有任何一个国家可以望其项背。庞大的“日不落帝国”是英国成为世界最强国的一个标志，帝国本身与英国的海上霸权与工业霸权一起，共同将英国推上了世界霸主的宝座。英国的霸权地位一直延续到20世纪，一个小小的岛国，其本身人口不过千万，能在世界称霸一个世纪之久，这是它一系列的制度领先所造成的结果。

帝国扩张能力不是无限的，殖民地并不是越大越好。二次工业革命后丧失了工业科技的优势、没有及时进行经济结构调整、经济对外依赖程度过高、教育落后与惰性导致的企业家精神丧失，总之，当一个国家丧失创新能力的时候，它就要衰落下去了。

由此看来，一个国家或民族应随时审视自身的缺点与不足，不断根据时代的需要做出相应的调整；否则，优势中存在的隐患会影响全局，英国的教训值得思考。

【阅读1-5】

企业制度

历史和现实表明，企业制度存在三种基本类型和形态：个人业主制、合伙制和公司制。

个人业主制，建立在一家一户私有财产基础上，特点是企业家与经理人力资本合而为一，业主直接经营，享有全部经营所得，并对企业一切债务负有无限责任。业主制一般结构简单，决策简便，经营灵活，权责明确，缺点是财力有限，规模较小，企业的生命基本上取决于业主的个体状况，因而可持续性不强。

合伙制是以两个或两个以上业主的个体财产为基础建立起来的企业，是若干业主的简单相加。每个人都同意提供一部分劳动和资本，分享一定比例的利润，分摊一定的亏损和债务。合伙制有三个重要特点：第一，每个业主对企业的债务负无限责任。第二，业主之间拥有互为代理权，即每个人都能签署对所有其他合伙人具有法律约束力的合约。第三，有限期的合伙关系，即出现某位合伙人死亡、破产、被驱逐或退出情况时，合伙关系自动解体。

公司制指的是合法拥有一个企业的契约性机构，它的资本来自投资者，并由若干董事和经理阶层经营。现代公司制作为最完善、最主要的企业组织制度，有三个基本特点：第一，公司是法人。它意味着一个公司可以用公司的名义进行民事活动，享有民事权利和民事义务。第二，无限期。不同于合伙制企业有限期性质，公司创立人可以在公司建立条款中规定无限期，即无论公司的投资者如何变化，公司将继续存在。第三，有限责任。公司仅仅以它注册资本为基础并对运营过程可能带来的损失承担责任，不必以投资人所有财产负无限责任。

进一步讲，有必要重新审视工业革命的伟大成就——工业革命的伟大成就不仅是科学技术在工厂的应用，更是企业组织结构（制度）的建立！

1.3.2 企业的目标

1.3.2.1 利润目标

(1) 短期利润最大

利润最大化是古典微观经济学的理论基础，经济学家通常都是以利润最大化这一概念来分析和评价企业行为和业绩的。

尽管利润最大化与经济分析中的其他假设一样，并不完全符合现实世界的所有现实。但显然，对于管理者来说，利润是企业生存和发展的决定性因素，也是企业所有者的要求和愿望。因此，在一般情况下，管理者要求以利润最大化作为企业目标有其合理性。

（2）长期企业价值最大化

企业价值是指企业未来预期利润收入的现值之和。其计算公式为：

$$企业价值 = \frac{\pi_1}{1+i} + \frac{\pi_2}{(1+i)^2} + \cdots + \frac{\pi_n}{(1+i)^n} = \sum_{t=1}^{n} \frac{\pi_t}{(1+i)^t}$$

式中，π_t 为第 t 年的预期利润；i 为资金利息率；t 为第几年（从第 1 年即下一年，到第 n 年即最后一年）。

由于利润等于总销售收入（TR）减去总成本（TC），上述方程又可以表述为：

$$企业价值 = \sum_{t=1}^{n} \frac{TR_t - TC_t}{(1+i)^t}$$

式中，TR_t 为企业在第 t 年的总销售收入；TC_t 为企业在第 t 年的总成本。

把企业价值最大化作为企业目标，与短期利润最大化相比，主要有以下三大优点：①促使管理人员坚持长期行为。②促使管理人员在决策时考虑收益的时间性。③促使管理人员在决策时考虑经营的风险性。

需要注意的是，长期与短期问题不只是一个时间概念问题：事实上任何企业的日常经营都是短期的行为，只不过对短期目标的设计和安排要服从于长期目标。诚如企业管理中所说的：做正确的事与正确地做事同样重要。

1.3.2.2 其他目标

其他目标是由企业是经济组织的同时又是一个社会组织性质所决定的。它是企业欲追求可持续发展的重要因素。它包括：销售额最大化，股东财富最大化，追求多方利益的平衡等问题。

1.3.3 企业的利润

1.3.3.1 机会成本

“世上没有免费的午餐”，这句名言体现了经济学的核心思想：每一种选择都包含了成本。因此，选择就是一种权衡取舍，是为了得到某种东西就必须放弃其他的东西。一个人做出决策时必须要在不同的目标和行动上做出取舍。

由于面临着权衡取舍，所以有了机会成本的概念。人们为了得到一件东西而放弃的东西就是做出这项选择的机会成本。注意机会成本是指所放弃的评价最高的一件事情的成本，而不是所放弃的所有可能的事情的成本的总和。

可见，机会成本并不是一种真实发生的成本，因此它并不计入会计成本。会计成本是以权责发生制为基础的，它强调的是历史成本，它要求会计数据是客观的和可核实的。基于以上理由，会计成本不能用于决策，决策时必须考虑机会成本。

【例1-2】甲自己当经理经营管理工厂，不拿工资，但如果他在其他单位工作，每月可获得工资3500元。乙聘请别人当经理来管理工厂，每月向其付工资3500元。试求甲和乙管理工厂的会计成本和机会成本。

解：

甲：会计成本 =0，机会成本 =3500 元。

乙：会计成本 =3500 元，机会成本 =3500 元。

通过以上分析，从会计观点看，甲的管理费用低，其方案似乎较优；但从经济观点看，两个方案机会成本相同，说明两个方案不分优劣。

【阅读1 -6】

看电视的经济学

看不看电视也是一种决策。为什么有人电视看得多，有人看得少？或有时看得多，有时看得少？他们决定是否看电视的依据是什么？依据之一就是看电视的机会成本的大小。

例如，如果孩子正在准备高考，家长可能会严格限制他看电视。为什么？因为看电视是要占用时间的，而时间是稀缺资源，它可以用于多种用途，比如用于看书（准备考试），也可用于看电视。但用于前者，就必须放弃后者，反之亦然。看了电视，就不能看书，高考成绩就会下降，升学概率就会降低，这就是看电视的机会成本。这个机会成本太大，是家长所不希望看到的。但如果孩子已经高考完，闲暇时间很多，这时看电视的机会成本就接近于零，当妈妈的当然可以放宽对孩子看电视的限制了。

人们是否选择看电视，还有一个决定因素，就是电视节目的精彩程度，也就是能给自己带来多大的愉悦和满足。譬如，有一位主妇，要在做家务和看电视之间作出抉择。如果多看电视，就要少做家务，家里就会弄得凌乱不堪，就会给生活带来不便和不悦，这就是她看电视的机会成本。但如果电视节目好，她觉得电视带来的愉悦和满足（看电视的效益）足够弥补因少做家务带来的不便和不悦（看电视的机会成本）而且有余，她就会选择看电视；否则，就选择做家务。如果电视节目很多，她会选择哪个节目？当然是效益高出成本最多的节目。

1.3.3.2　经济利润和会计利润

（1）经济利润与会计利润的计算公式如下：

经济利润 = 总收益 - 机会成本

会计利润 = 总收益 - 会计成本

（2）经济利润反映资源的配置情况。①经济利润大于零，说明资源用于本用途的价值高于其他用途。②经济利润小于零，说明本用途的资源配置不合理。③经济利润等于零，说明资源配置达到了均衡。

正的经济利润和负的经济利润都会促使资源进行重新配置。

1.3.4　横向和纵向一体化

一体化的目的是为了迅速扩大生产规模，提高规模效益和市场占有率。通常包括横向一体化和纵向一体化两种方式，通过一体化，可能大大改变企业所在产业和关联产业的格局，不过因此受到了极其广泛的关注，包括反垄断部门的关注。当然，一体化并不是在任何时候都是一种有效的发展手段，因这它也是有成本的。

1.3.4.1 横向一体化

横向一体化是指生产或经营相同、相似产品的企业间的兼并。横向一体化的收益主要体现在三个方面：①实现规模经济。横向一体化通过收购同类企业达到规模扩张，这在规模经济性明显的产业中，可以使企业获取充分的规模经济，从而大大降低成本，取得竞争优势。同时，通过收购往往可以获取被收购企业的技术专利、品牌名称等无形资产。②减少竞争对手。横向一体化是一种收购企业的竞争对手的增长战略。通过实施横向一体化，可以减少竞争对手的数量，降低产业内相互竞争的程度，为企业的进一步发展创造一个良好的产业环境。③生产能力扩张。横向一体化是企业生产能力扩张的一种形式，这种扩张相对较为简单和迅速。

横向一体化长期以来都是企业规模扩张的一种最主要的方式，但是这种扩张仅仅是生产规模的横向扩张，往往会对产业的市场结构产生显著的影响。①减少了竞争者的数量，改善了行业结构。当行业竞争数量较多而且处于势均力敌的情况下，行业内企业由于激烈的竞争，只能保持最低的利润水平。通过兼并使行业相对集中，行业由一家或几家控制时，能有效地降低竞争激烈程度，使行业内所有企业保持较高的利润率。②解决了行业整体生产能力扩大速度和市场扩大速度不一致的矛盾。在规模经济支配下，企业不得不大量增加生产能力才能提高生产率，这种生产能力的增加和市场需要及其增长速度往往是不一致的，从而破坏供求平衡关系，使行业面临生产能力过剩或价格战的危险。通过兼并，将行业内生产能力相对集中，企业既能实现规模经济的要求，又能避免生产能力的盲目增加。③兼并降低了行业的退出壁垒。某些行业，如钢铁、冶金行业，由于它们的资产具有高度的专业性，并且固定资产占较大比例，使这些行业的企业很难退出这一经营领域，只能顽强地维持下去，致使行业内过剩的生产能力无法减少，整个行业平均利润保持在较低水平。通过兼并和被兼并，行业可以调整其内部结构，将低效和老化的生产设备淘汰，解决了退出障碍过高的问题，达到稳定供求关系、稳定价格的目的。

关系到横向一体化成功与否的一个重要问题是一体化后的管理成本。收购一家企业往往涉及收购后母子公司的管理协调上的问题。由于母子公司在历史、人员组成、业务风格、企业文化、管理体制等方面都存在着较大的差异，因此母子公司各方面的协调都非常困难，这是横向一体化的一大成本。当然，如果母子公司之间协调得好，那么企业的管理费用总体上会实现“$1+1<2$”的协同效应，这反而会成为一体化的收益。

虽然横向一体化具有规模经济等经济效应，但是横向一体化又往往使兼并后的企业增强了对市场的控制力，并在很多情况下形成了垄断，从而降低了整个社会经济的运行效率。因此，对横向兼并的管制一直是各种反垄断法的重点，这也会带来企业之间横向一体化的成本。

1.3.4.2 纵向一体化

纵向一体化是企业沿产业链占据若干环节的业务布局而进行的另一种边界扩张的方式。纵向一体化是企业在两个可能的方向上扩展现有经营业务的一种发展战略，它包括前向一体化和后向一体化。

前向一体化战略是企业自行对本公司产品做进一步深加工，或者对资源进行综合利用，或公司建立自己的销售组织来销售本公司的产品或服务。如钢铁企业自己轧制各种型材，并将型材制成各种不同的最终产品即属于前向一体化。

后向一体化则是企业自己供应生产现有产品或服务所需要的全部或部分原材料或半成品，如钢铁公司自己拥有矿山和炼焦设施；纺织厂自己纺纱、洗纱等。

企业进行纵向一体化的动因在于：①带来经济性。采取这种战略后，企业将外部市场活动内部化后可获得：内部控制和协调的经济性；信息的经济性（信息的获得 很关键）；节约交易成本的经济性；稳定关系的经济性。②有助于开拓技术。在某些情况下，纵向一体化提供了进一步熟悉上游或下游经营相关技术的机会，这种技术信息对基础经营技术的开拓与发展非常重要。如许多领域内的零部件制造企业发展前向一体化体系，就可以了解零部件是如何进行装配的技术信息。③提高竞争力。削弱供应商或顾客的价格谈判能力；提高差异化能力；提高进入壁垒；进入高回报产业；防止被排斥。

当然纵向一体化也存在：因高退出壁垒而经营不灵活的风险；内部交易会减弱员工降低成本，改进技术的积极性以及纵向一体化对价值链的各个阶段平衡生产能力的影响等问题。

【阅读1－7】

经济学史上的几个关键人物

亚当·斯密——现代经济学之父

大卫·李嘉图——古典经济学集大成者

卡尔·马克思——马克思主义经济学创立者

马歇尔——新古典经济学的代表

凯恩斯——现代宏观经济学创立者

萨缪尔森——新古典综合派代表人物

【阅读1－8】

经济学十大原理

曼昆在《经济学原理》中提出了经济学的十大原理，这些原理贯穿了经济学的全部，在此，我们将介绍经济学的十大原理。同时，这十大原理又围绕着人们如何做出决策、如何进行交易、整体经济怎样运行而展开。由于管理经济学只是探讨与企业有关的经济学原理，所以对于宏观经济学的一些原理我们只做一个简单的介绍，以后不再赘述。

在十大原理中，原理一到原理四探讨的是人们如何做出决策，原理五到原理七探讨的问题是人们如何进行交易，原理八到原理十研究整体经济怎样运行。

(1) 原理一：人们面临权衡取舍

“世上没有免费的午餐”，这句名言体现了经济学的核心思想：每一种选择都包括了成本。因此，选择就是一种权衡取舍，是为了得到某种东西就必须放弃其他的东西。一个人做出决策时必须要在不同的目标和行动上做出取舍。

(2) 原理二：某种东西的成本是为了得到它而放弃的东西

由于面临着权衡取舍，所以有了机会成本的概念。人们为了得到某一件东西而放弃的东西就是做出这项选择的机会成本。注意，机会成本是指所放弃的评价最高的一件事情的成本，而不是所放弃的所有可能的事情的成本的总和。

(3) 原理三：理性人考虑边际量

经济学以理性作为行为假定，但是在很多情况下，经济学又抽象出人的一些基本的规律性行为，指导人做出更为理性的决策。理性人考虑边际量的原理就是如此。(注：理性人，也称经济人；自利人，即通常所谓符合道德底线者——利己不损人。)

(4) 原理四：人们会对激励做出反应

经济学认为，人们通过成本收益的比较来做出决策，所以当成本收益变动时，人们的行为也会改变。这也就是说，人们会对激励做出反应。因此，经济学往往会通过改变激励机制来改变人的行为。

(5) 原理五：贸易能使人变得更好

以我们日常生活中的某一个早上为例。起床之后，启动广东格兰仕的微波炉加热早饭，喝着内蒙古特仑苏牛奶，打开四川长虹的电视，或者不妨，揌下青岛海尔的双动力洗衣机开关。每天我们享受着全国甚至全世界的人为我们提供的物品和服务，而为我们生产这些产品和服务的人我们并不认识。这种相互依存性之所以存在是因为交易的存在。人们进行交易的目的不是出于对他人福利的关切，而是为了从交易中获得收益。

家庭可以从贸易中获益，企业也是如此：没有市场的交易行为的发生，企业不能创造出市场所需要的产品来，那样企业就不可能长期生存。国家和国家之间同样是如此：没有国际间的贸易，各国的经济就不可能得到迅速的发展。

(6) 原理六：市场通常是组织经济活动的一种好办法

在《国富论》中，亚当·斯密提出了“看不见的手”的原理。“我们的晚餐并非来自屠宰商、酿酒师和面包师的恩惠，而是来自他们对自身利益的关切。”这句话表明：当个体自私地追求个人利益时，他或她好像为一只看不见的手所引导而去实现公众的最佳福利。斯密认为在所有可能出现的结果中，这是最好的；政府对自由竞争的任何干预都几乎必然有害。

对于私人利益和公共利益的相互协调问题，斯密是这样表述的：每个人都力图利用好他的资本，使其产出能实现最大的价值。一般说来，他并不企图增进公共福利，也不知道他实际上所增进的公共福利是多少，他所追求的仅仅是他个人的利益和所得。但在他这样做的时候，有一只看不见的手在引导他去帮助实现另一种目标，这种目标并不是他本意所要追求的东西，通过追逐个人的利益，他经常增进社会利益，其效果比他真的想促进社会利益时所能够得到的那一种要更好。

(7) 原理七：政府有时可以改善市场结果

虽然市场通常是组织经济活动的一种好办法，但这并不意味着市场可以解决所有的问题。有时在市场失灵的情况下，需要政府的干预，以提高整个经济的效率和促进公平。

(8) 原理八：一国的生活水平取决于它生产物品与服务的能力

不同国家之间的贫富差距是政治家、学术界、公众和媒体普遍关注的问题。无论它是旅行者的观察，还是电视报道的画面，都显示出世界上不同国家和地区的经济和生活水平存在极大的差别。国际比较统计数据表明，欧美、日本等发达国家的人均收入，可能是缅甸、卢旺达这些比较贫穷国家的几十倍。与收入差异相适应，富国居民在营养水平、人均汽车或计算机拥有量、国外旅行次数、住房、教育以及医疗卫生等物质生活质量指标方面，与穷国也存在巨大反差。以我国情况而论，改革开放之初，国外访问归来者像天方夜谭般描述发达国家的富裕生活，衬托出我国当时经济的封闭和落后。经过30多年改革开放和经济高速发展，我国经济水平有了很大提高，但与发达国家相比仍有很大差距。

(9) 原理九：当政府发行了过多货币的时候，物价会上升

经济学家把一般物价水平的持续上升称为通货膨胀。如果人们能够预见到将要发生严重通货膨胀，一种理性应对行为就是事先购买很多商品，因为只要物品存储成本低于未来物价上升幅度，事先囤积就可能减少损失。但是如果每个人都进行囤积，那么需求就会进一步上升，物价也会上升。经济学把这种通货膨胀叫做拉上型通货膨胀。通货膨胀有很多原因，比如需求拉上型、成本型、结构型。但是无论哪种通货膨胀都归因于政府发行了太多的货币。因此著名经济学家弗里德曼说，通货膨胀归根结底是一种货币现象。

(10) 原理十：社会面临通货膨胀和失业之间的短期交替关系

通常人们认为，降低通货膨胀会引起失业率暂时增加。通货膨胀和失业之间的这种交替关系被称为菲利普斯曲线。这个名称是为了纪念第一个研究了这种关系的荷兰经济学家菲利普斯而命名的。

【阅读1-9】

假设的意义

有一个广为流传的笑话：一个物理学家、一个化学家、一个经济学家漂流到一个孤岛上，十分饥饿。这时海面上漂来一个罐头，对这个罐头的打开方式，几个科学家进行了激烈争论。物理学家说："我们可以用岩石对罐头施以动量，使其表层疲劳而断裂。"化学家说："我们可以生火，然后将罐头加热，使它膨胀以至破裂。"经济学家

说："假设我们有一个开罐头的起子……" 据说，这个调侃经济学家的笑话正是美国经济学家萨缪尔森发明的。

在人们听来，这个故事显然是讽刺经济学家的，因为经济学家在分析问题时总是从假设开始，但这种假设有时又不存在。这就让人觉得经济理论远离现实。正如孤岛上没的开罐头的起子，而经济学家的解决办法却是从"假设有一个开罐头的起子"开始的，由此得出的方法又有什么用呢？

但在经济学家看来，这个故事说明了假设在形成理论中的作用，以及假设、理论和现实之间的关系。事实上，任何一门科学的研究都是从假设开始的，因此现代科学哲学把科学理论的本质看作是假设。普尔认为：必须把一切科学定律和理论都看作是假说或者猜想。因为假设使得对象简单化，它一方面使科学分析成为可能，另一方面又使分析结论是具有条件的。

假设是一种现实简单的方法，它抓住了本质性特征，而忽略了其他关系不大的细节，因此它是认识世界的正确方法。其实在现实生活中我们也经常使用假设的方法，如生物课上我们用的人体模型都是真人的复制品，只包括有关的主要人体器官。它与现实的人不同，是人体本质的一种简单化概括，但对我们认识人体机能却非常有用。经济学的假设和这种简单化的人体模型一样，有助于我们认识经济世界的内在规律。

（资料来源：李自杰. 管理经济学. 北京：清华大学出版社，2007.）

[本章小结]

本章介绍了管理、经济学和管理经济学的基本概念，指出管理经济学是研究如何配置资源以最有效率地实现预期管理目标的科学。管理经济学致力于运用经济学的概念、原理和分析工具来分析和解决企业的各种经营决策问题。管理经济学的诸多概念、原理与方法均来自于经济学，是经济学（主要是微观经济学）向企业管理实践领域的应用性延伸，但管理经济学是为企业服务的，它将经济学理论和企业管理实践联系在一起，形成了一套自成体系的理论和方法。

本章阐述了管理经济学的边际分析、最优化分析以及博弈分析方法等基本分析方法。由于管理经济学的研究对象是企业，而企业是市场的主体，又是市场经济中基本的决策单元，因而本章还对企业理论进行了详细介绍，包括：企业的性质、企业的目标、企业的利润以及横向和纵向一体化等。

[练习与思考]

一、选择题

1. 决定商品市场与要素市场均衡是商品或要素的（　　）。

A. 需求量　　B. 供给量

C. 价格　　D. 以上三项

2. 西方经济学可以定义为（　　）。

A. 研究如何配置资源　　B. 政府如何干预市场
C. 消费者如何获得收益　　D. 企业如何进行管理

3. 资源稀缺是指（　　）。
A. 世界上大多数人处于贫困之中
B. 资源要保留给我们的未来
C. 相对于人们的欲望而言，资源是不足的
D. 资源最终会被耗光

4. 经济学的四个基本问题可以归纳为（　　）。
A. 什么、为谁、何时、为什么　　B. 为谁、何时、什么、哪里
C. 如何、什么、何时、哪里　　D. 什么、如何、为谁、多少

5. 运用数学和现代计算工具，确定经济运行目标最优化的论证方法是（　　）。
A. 边际分析　　B. 最优分析
C. 规范分析　　D. 实证分析

二、简答题

1. 何谓经济学？其经济含义是什么？
2. 管理经济学是研究什么的？它与微观经济学之间存在什么关系？
3. 宏观经济学与微观经济学之间的区别是什么？
4. 什么是边际分析法？在管理决策中使用它的意义是什么？
5. 横向一体化和纵向一体化的收益和成本分别是什么？

三、问答题

1. 企业有哪些经营目标？试举例说明。

2. 找到一个现实中进行纵向一体化的企业案例，说明在该案例中企业是如何通过纵向一体化来扩大企业边界的？

四、计算题

某公司的总收益和总成本函数估计为：$TR=100-2Q^2$，$TC=4Q$。请问：

（1）什么样的产量水平使该公司的总收益最大化？
（2）什么样的产量水平使该公司的总成本最小化？
（3）什么样的产量水平使该公司的利润最大化？

2 市场供求决策理论

[本章结构图]

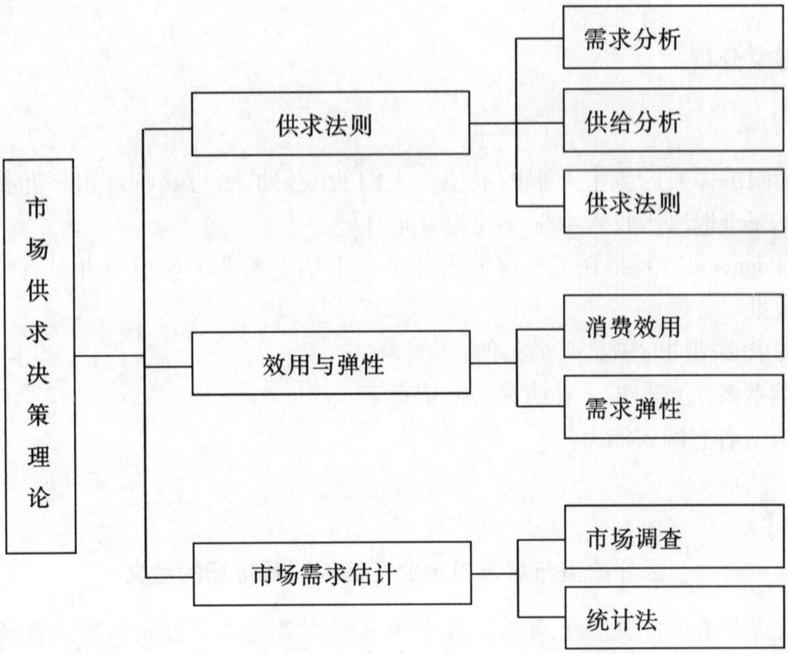

[本章学习目标]

在本章中，您将学习到：

- 需求与供给概念及其影响因素。
- 需求与供给变动基本规律及均衡价格的决定。
- 消费者效用、基数效用与序数效用论。
- 边际效用分析法、无差异曲线分析法和消费者预算线。
- 消费者最优购买的实现。
- 需求弹性及其对企业生产经营决策的作用。
- 基本市场需求估计方法。

企业的目标是在适应社会需要的基础上，实现利润最大化。要做到这一点，关键在于企业生产的产品必须适销对路，能有效地满足消费者的需要。离开消费者的需要，利润最大化是不能实现的。为此，必须深入研究和分析消费者的需求及其需求变动规律，认识、利用这些规律，必将大大提高企业适应市场经济发展的能力与水平。

本章从需求与供给分析入手回顾了供求法则、效用理论、消费者均衡、需求弹性等问题，最后再简要介绍了基本市场需求估计方法。

2.1 供求法则

2.1.1 需求分析

2.1.1.1 需求

人类无限的需要产生了无限的欲望。人们的欲望虽然与其收入水平和贫富程度有关，但并不完全取决于收入水平及其购买能力。

需求（demand）是指在某一时期内的某一市场上消费者所愿意并且有能力购买的该商品的数量。

构成需求必须同时满足两个条件。

（1）消费者愿意购买，有购买的欲望；

（2）消费者有购买能力。

【阅读2-1】

区分欲望与需求对企业正确地了解市场的意义

区分欲望与需求对企业正确地了解市场具有重要意义。首先，需求与欲望的区别意味着产品的市场容量并不取决于人口的数量，而主要是取决于消费者的收入水平和购买的能力。可以用对私人轿车的需求来说明这个问题。我国作为一个人口众多的国家，如果按家庭计算，私人轿车的需求量极小，只有在近几年随着经济的高速增长和高收入阶层的出现，对私人轿车的需求量才迅速上升。如果汽车制造企业在预期和估算市场需求量时，不严格区分欲望与需求的区别，只考虑数量而忽略了他们的支付能力，那么就不能做出正确的需求估计，而且可能会对生产决策起误导作用。其次，由于需求与欲望的区别，在现实经济中才会出现供过于求、市场疲软等需求不足的情况，即市场购买力不足的情况。而购买力直接受商品价格的影响，因而价格对需求起着重要的作用。在消费者收入水平一定的情况下，价格的降低常能增加市场的需求。显然，对于企业来说，价格是生产经营决策中的重要变量。

2.1.1.2 需求的影响因素

在市场经济中，企业必须对消费者的需求做出反应。因此，了解需求的影响因素对管理者来说十分重要。

（1）商品的价格

这是影响需求量的一个最重要的因素。通常，消费者在不同的价格条件下，就有不同的购买数量，而且购买量随着价格的变化作反方向的变化。即商品的价格上涨，其需求数量就会减少；反之，其需求数量就会增加。

（2）消费者的收入水平

一般情况下，在其他条件不变的情况下，消费者的收入越高，对商品的需求越多，而收入越低，对商品的需求越少。

（3）消费者的嗜好与偏好

所谓嗜好（偏好）是指消费者喜欢或愿意购买、使用的商品，也就是对商品的喜爱程度。当消费者对某种商品的偏好程度增强时，该商品的需求量就会增加。反之，偏好度减弱时，商品的需求量就会减少。针对消费者的广告宣传，其目的不仅是要告诉消费者有什么商品，更主要是通过改变人们的偏好而增加对商品的需求量。

（4）相关商品的价格

当一种商品本身的价格保持不变，而与其相关的其他商品的价格变动时，也会影响该种商品的需求量。商品之间的关系通常有两种：一种是互补关系，另一种是替代关系。

替代（substitute）关系是指两种商品可以互相代替来满足同一欲望。这种有替代关系的商品，当一种商品价格上升引起另一种商品需求增加的两种商品。如大米和面粉、咖啡和茶叶、电视和电影等。

互补（complement）关系是指两种商品共同满足一种欲望。这种有互补关系的商品，当一种商品价格上升引起另一种商品需求减少的两种商品。如录音机和磁带，汽车与汽油等。

（5）消费者对未来的预期

消费者对未来的预期也会影响到消费者对物品和劳务的现有需求，如消费者自己的收入水平，商品价格水平的预期等。如果预期的未来收入水平上升，商品价格水平上升，则会增加现在的需求；反之，如果预期未来收入水平下降，商品价格水平下降则会减少现在的需求。我国 1998 年曾经出现过“抢购风”，其原因就是消费者预期商品将涨价，都想在涨价前多买一些，结果导致某些生活必需品的需求量猛增。

（6）其他因素

影响需求量的因素有很多，除上述因素外，如市场规模、结构的变动、政府的消费政策、社会收入分配状况等，显然也会对需求产生影响。

如果把影响需求的各种因素作为自变量，把需求作为因变量，则可以用函数关系来表示影响需求的因素与需求之间的关系，这种函数称为需求函数。

以 Q_d 代表需求量（quantity），a，b，c，d，…，n 代表影响需求量的因素，则需求函数为

$$Q_d = f(a, b, c, d, \cdots, n)$$

为了简化分析，通常假定影响需求量的其他因素不变，只研究需求量对商品价格的依存关系。因此，需求函数可以简写成：

$$Q_d = f(p)$$

对商品的需求进行定量分析时一般采用：

$$Q_d = aP^{-b} \text{（非线性形式）}$$

$$Q_d = a - bP \text{（线性形式）}$$

将需求函数所反映的商品价格与需求数量关系以列表法与图示法表示出来，则分别称为需求表（demand schedule）与需求曲线（demand curve）。

需求曲线是指用图示法把需求量与价格之间的关系表示出来的曲线，如图2－1所示。

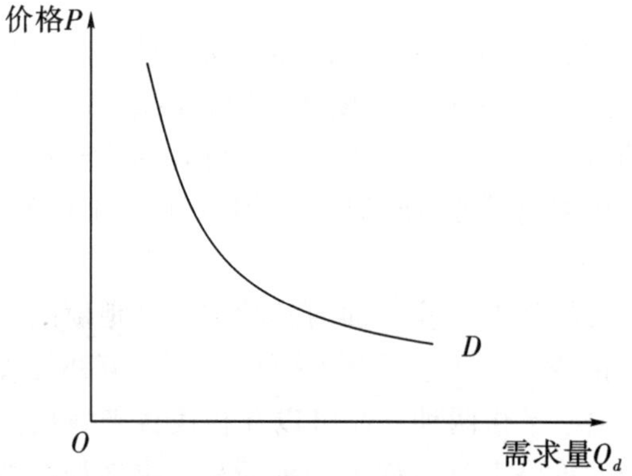

图2－1　需求曲线

需求曲线的特点如下：

①通常情况下是从左向右下倾斜的曲线，这表明需求量与价格之间是反方向变动的关系；

②需求曲线可以是直线，当需求函数是线性时，直线上各点斜率是相等的；也可以是曲线，当需求函数是非线性时，曲线上各点斜率是不相等的。

【阅读2－2】

消费比例会影响你的决策

假设某天你在A商店看中一瓶售价100元的葡萄酒，觉得值得购买。但就在你准备掏钱的时候，你突然得到可靠消息，在B商店这一款一样的葡萄酒正在搞促销活动，售价为50元。你知道从A商店到B商店骑车只需要10分钟，此时你会不会去B商店购买呢？

看另一种情况：假设某天你在A商店看中一台售价9000元的数码相机，觉得值得购买，但就在你准备掏钱的时候，你突然得到可靠消息，在B商店这一款一样的数码相机售价为8950元，你知道从A商店到B商店只需要10分钟，此时你不会不去B商店购买呢？

2.1.1.3　需求定理（需求量与价格的关系）

需求定理是用来说明商品本身价格与其需求量之间的理论。其基本内容是：在其他条件不变的情况下，某商品的需求量与价格之间成反方向的变动，即需求量随着商品本身价格的上升而减少，随商品本身价格的下降而增加。

在理解需求定理时，需注意以下两点。

（1）需求定理是在假定影响需求的其他因素不变的前提下，研究商品本身价格与需求量之间的关系。离开了这一前提，需求定理就无法成立。例如，如果收入在增加，商品本身的价格与需求量就不一定成反方向的变动。

（2）需求定理指的是一般商品的规律，但这一定理也有例外，如炫耀性商品、吉芬商品、投机商品等。

①某些炫耀性的消费商品，如珠宝、名画、名车等。这类商品的价格已成为消费者地位和身份的象征。价格越高，越显示拥有者的地位，需求量也越大；反之，当价格下跌，不能再显示拥有者的地位时，需求量反而下降。

②某些低档商品，在特定条件下当价格下跌时，需求会减少；而价格上涨时，需求反而增加。最著名的是以英国人吉芬而得名的“吉芬商品”。吉芬发现，在1845年爱尔兰发生灾荒时，马铃薯的价格虽然急剧上涨，但它的需求量反而增加。原因是灾荒造成爱尔兰人民实际收入急剧下降，不得不增加这类生活必需的低档食品的消费。

③某些商品的价格小幅度升降时，需求按正常情况变动；价格大幅度升降时，人们会因不同的预期而采取不同的行动，需求发生不规则变化，如证券、黄金市场。

【阅读2-3】

需求规律的理论解释：替代效应和收入效应共同作用的结果。

替代效应。例如，假设丝绸的价格下降，而棉布的价格没有变化，那么，消费者会在一定程度上减少棉布的购买量，转而增加丝绸的购买量。也就是说，丝绸价格下降促使人们用丝绸来替代棉布，从而引起丝绸需求量的增加。

收入效应。在丝绸价格下降，而其他商品的价格都不变的情况下，同等数量的货币收入在不减少其他商品消费量的同时，可以购买更多的丝绸。这就是说，虽然消费者的货币收入数量（名义收入）没有变，但实际收入即实际购买力却增加了。

2.1.1.4 需求的变动与需求量的变动

（1）需求的变动

需求的变动指的是在商品本身价格不变条件下，由于其他因素变动所引起的需求数量的变化。就是说，需求的变化是同一价格下需求量的变化，其表现为整条需求曲线的移动。

在图2-2中，价格是P_0，由于其他因素变动（如收入变动）而引起的需求曲线的移动是需求的变动。例如，收入减少了，在同样的价格水平P_0时，需求从Q_0减少到Q_1，则是需求曲线由D_0移动到D_1；收入增加了，在同样的价格水平时，需求从Q_0增加到Q_2，则是需求曲线由D_0移动到D_2。可见，需求曲线向左方移动是需求减少，需求曲线向右方移动是需求增加。

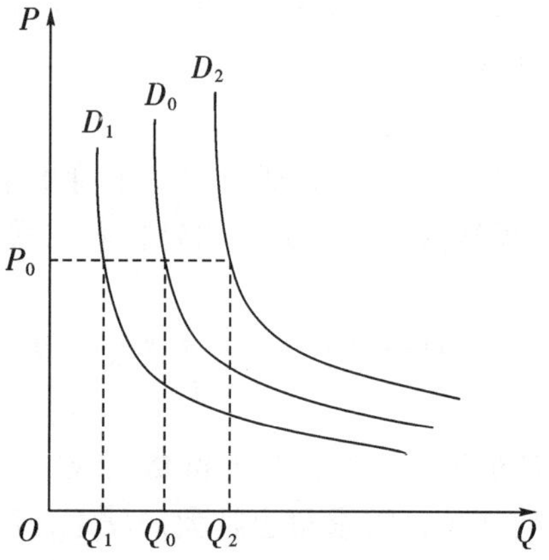

图 2-2　需求的变动

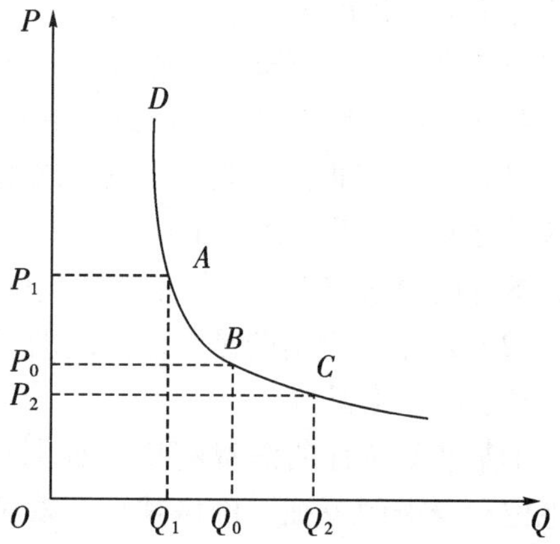

图 2-3　需求量的变动

（2）需求量的变动

需求量的变动是指其他条件不变的情况下，商品本身价格变动所引起的需求量的变动。需求量的变动表现为在同一条需求曲线上的上下移动，如图 2-3 所示。

在图 2-3 中，当价格由 P_0 上升为 P_1 时，需求量从 Q_0 减少到 Q_1 在需求曲线 D 上则是从 B 点向上方移动到 A 点。当价格由 P_0 下降到 P_2 时，需求量从 Q_0 增加到 Q_2 在需求曲线 D 上则是从 B 点向下方移动到 C 点。可见，在同一条需求曲线上，向上方移动是需求量减少，向下方移动是需求量增加。

2.1.2　供给分析

2.1.2.1　供给

供给总是指在一定时期内该商品市场上企业所愿意提供并有能力提供的该商品的数量。构成供给与需求相同，同样必须同时具备两个条件——意愿与有能力。

2.1.2.2　供给的影响因素

（1）商品的价格

一般而言，一种商品的价格越高，企业提供的产量就会越大；反之，商品的价格越低，企业提供的产量就越小。

（2）生产成本

在商品价格不变的条件下，生产成本的提高会减少利润，从而使得商品企业不愿意生产，进而减少供给量。

（3）生产技术水平

一般而言，技术水平的提高可以降低生产成本，增加企业的利润，企业愿意提供更多的产量。

（4）相关商品的价格

企业角度的所谓相关商品主要是指使用相同资源生产的商品。例如，土地可以用来种棉花，也可种小麦，棉花和小麦在同样都要使用土地这一要素的意义上是相关商品。那么，当棉花价格提高而小麦价格不变时，生产者将会增加棉花的种植面积，相应地减少小麦的种植面积。这就是说，棉花价格的提高会使小麦的供给量减少。

（5）供给者对商品价格的预期

如果生产者对未来的预期看好，比如价格上升，则制订生产计划时就会增加产量供给；反之如果生产者对未来的预期是悲观的，在制订生产计划时，就会减少产量供给。

（6）政府的税收政策

对一种产品的课税使卖价提高，在一定条件下会通过需求的减少而影响供给增加；反之，则可能影响供给的减少。

2.1.2.3 供给函数

供给函数反映供给量与影响因素之间的关系：

$$Q_s = f\,(P,\ W,\ r,\ T,\ P_r,\ P_b,\ X,\ \cdots\cdots)$$

式中：Q_s 为商品供给量；P 为该商品的价格；W 为劳动力价格；r 为资本价格；T 为该商品的生产技术水平；P_r 为相关商品的价格；P_b 为该商品的预期价格；X 为政府税收。式中的省略号则表示其他未予明确讨论的影响因素。

把其他因素作为给定的参数，只考察价格变动对商品供给量的影响，则供给函数可以简化为如下表达式：

$$Q_s = f\,(P)$$

2.1.2.4 供给基本规律

供给基本规律内容：在影响供给量的其他因素给定不变的条件下，在一种商品的供给量与其价格之间存在正向变动的关系，价格越高（或提高），供给量越多（或增加）；价格越低（或降低），供给量越少（或减少）。

供给基本规律的理论解释。一般而言，对一个企业来说，当其产品在市场上可以按比原先更高的价格出售时，它就会增加该产品在市场上的销售量，以获取更多的利润；反之，当产品价格降低时，企业则会减少其产量，此时也会使利润增加或亏损减少。由此我们也可以得到单个企业的供给曲线，如图 2－4 所示。

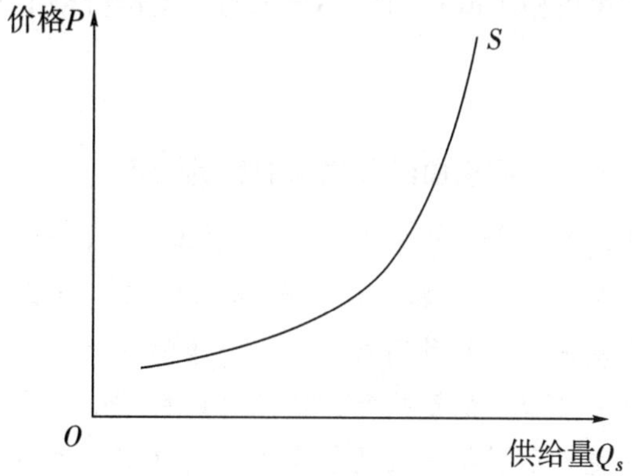

图 2－4 供给曲线

同需求的变动与需求量的变动一样，供给的变动与供给量的变动有着类似的规律。

供给的变动：非价格因素发生变化，供给曲线平移（供给函数发生了变化）。

供给量的变动：供给量发生了变化（沿着同一根曲线移动）。

2.1.3 供求法则

将供给曲线和需求曲线画在同一个平面上，可清楚地分析供给与需求相互作用的结果。此时的横坐标既表示需求量，也表示供给量。

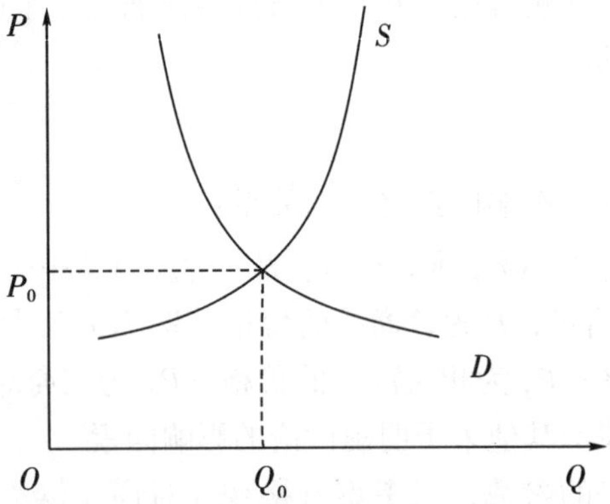

图2-5 市场均衡

所谓市场均衡是指，在影响需求和供给的其他因素都给定不变的条件下，市场上的商品价格达到这样一种水平，即使得消费者愿意购买的数量等于生产者愿意供给的数量。在这种状态下，买者与卖者都不再希望改变当时的价格与买卖的数量。

市场处于均衡状态时的价格称为均衡价格，与均衡价格相对应的成交数量称为均衡交易量（或均衡产量、均衡销售量）。

用函数形式将市场均衡状态表示如下：

$$Q_s = Q_d$$

因此，当需求曲线和供给曲线都已给定，由此就可以求解均衡状态下的市场均衡价格和相应的均衡交易量。

当供大于求时，均衡价格下降；当供小于求时，均衡价格上升。

【阅读2-4】

需求曲线和供给曲线的应用

需求曲线和供给曲线以及由需求和供给所决定的供求规律在经济学中是极其有用的。它们有助于我们解释为什么某些商品的价格比较高，而某些商品的价格比较低，还可以帮助我们相当准确地预测某种因素变化所产生的结果。

当分析某个事件对一个市场的影响时，我们可以按三个步骤进行：

第一，确定该事件是移动供给曲线还是需求曲线（或者两者都移动）。

第二，确定曲线移动的方向。

第三，用供求关系曲线说明这种移动如何改变均衡。

例如：假设某一年鸡瘟，这个事件如何影响猪肉市场呢？我们可以按上面的三个步骤来分析这个问题：

(1) 鸡瘟影响猪肉市场的需求曲线。由于发生鸡瘟，减少了鸡肉的供给量，鸡肉的价格提高了，猪肉是鸡肉的替代品，人们会更多地吃猪肉来代替吃鸡肉，因而鸡瘟影响猪肉市场的需求曲线。猪肉市场的供给曲线不变。

(2) 需求曲线向右移动。由于发生鸡瘟使人们更多地吃猪肉来代替吃鸡肉，因而增加了猪肉的需求量，所以猪肉市场的需求曲线向右移动。图2-6表示猪肉市场的需求曲线从 D_1 移动到 D_2。这种移动表明：在猪肉价格水平升高的同时，猪肉的需求量增加了。

(3) 如图2-6所示，猪肉需求的增加使均衡价格和均衡数量都增加了。也就是说，鸡瘟提高了猪肉价格，增加了猪肉销售量。

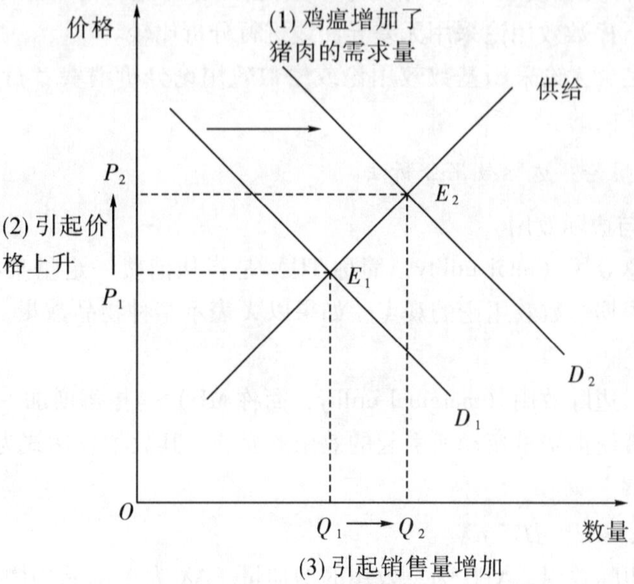

图2-6 需求移动

2.2 效用与弹性

2.2.1 消费效用

(1) 效用

效用（utility）就是消费者通过消费某种物品或劳务所能获得的满足程度。消费者消费某种物品能满足欲望的程度高效用就大；反之，效用就小。如果不仅得不到满足感，反而感到痛苦，就是负效用。

效用的特点主要表现在以下方面：

①效用具有主观性。效用是消费者的主观感受，随消费者本身所处环境的变化而变化，并且因人而异。

②效用是中性的。一种商品或劳务是否具有效用，只看它能否满足人的欲望或需要，而不论这种欲望是好是坏。

（2）基数效用和序数效用

既然效用是一种心理感受，那么对这种心理现象如何去衡量？经济学家持基数效用与序数效用两种观点，进而形成了基数效用论与序数效用论两种理论。

基数效用论的基本观点是：效用的大小可以计量并加总求和，因此，效用的大小可以用基数（1、2、3…）来表示。根据这种理论，可以用具体的数字来研究消费者效用最大化问题。基数效用论采用边际效用分析法。

序数效用论的基本观点是：效用作为一种心理现象是无法计量的，也不能加总求和，只能表示出满足程度的高低与顺序，因此效用只能用序数（第一、第二、第三……）来表示。序数效用论采用无差异曲线进行分析比较。

应该指出的是，无论采用基数效用论或序数效用论分析消费者行为，得出的消费者均衡的结论是相同的。

2.2.1.1 基数效用论：边际效用分析法

（1）总效用与边际效用

①总效用。总效用（total utility，简称 TU）是指从消费一定量某种物品中所得到的总满足程度。根据基数效用论的观点，如果以 X 表示某种物品数量，TU 就是 X 的函数，即 $TU=f(X)$。

②边际效用。边际效用（marginal utility，简称 MU）是指每增加一单位物品消费所增加的效用。或者说消费量变动所引起的效用的变动。其数学表达式为：

$MU=\Delta TU/\Delta X$

当 $\Delta X \to 0$ 时，$MU=dTU/dX$

其中 MU 为边际效用，ΔTU 为总效用的增加量，ΔX 为 X 商品的增加量。

③总效用与边际效用

边际效用是总效用函数的导数。一定消费量的边际效用，可用总效用曲线在该消费量的斜率表示。

总效用为边际效用函数的积分。该消费量的总效用，可用其边际效用曲线与两轴所包围的面积表示。

当边际效用为 0 时，总效用最大。这是因为，尽管边际效用是递减的，但只要边际效用大于 0，总效用就会增加，但当边际效用为负时，总效用开始下降。边际效用为 0 时，总效用达到最大。

需要指出，通常的理性消费者的消费数量不会超过 X_0 点，这里为便于解释，在图 2-7 上做出了边际效用为负的情况。

（2）边际效用递减规律

从图 2-7 可以看出：在其他商品消费保持不变下，则消费者从连续消费某一特定商品中所得到的满足程度将随着这种商品消费量的增加而递减，这种现象被称为边际效用递减规律，也叫戈森第一法则。

为什么边际效用会递减呢？一般认为有以下两个方面原因。

①生理或心理上的原因。消费一种物品的数量越多，即某种刺激的反复，使人生理上的满足或心理上的反应减少，从而满足程度减少。例如一个异常口渴的人连续喝水的感觉。

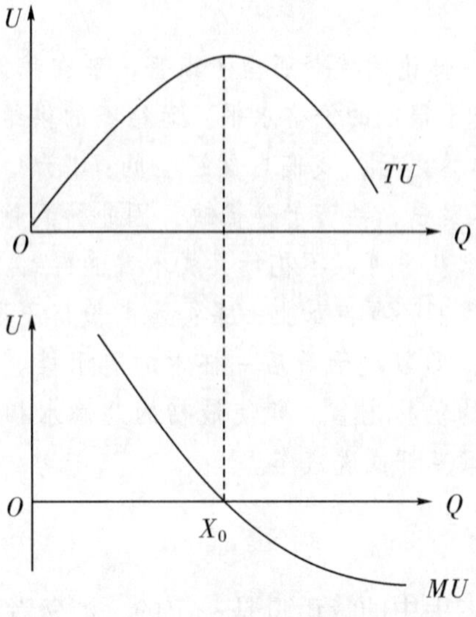

图 2-7　总效用与边际效用的关系

②物品用途的多样性原因。每一种物品都有多种用途，这些用途的重要性不同。消费者总是先把物品用于最重要的用途，而后用于次重要的用途。这样前者的边际效用就大于后者。

换言之，当消费者有若干某一种物品时，把第一单位用于最重要的用途，其边际效用就大；把第二单位用于次重要的用途，其边际效用就小了。以此顺序用下去，用途越来越不重要，边际效用就递减了。

一般说来，大多数商品都符合边际效用递减规律，但也有极个别商品的边际效用是递增的，一类是由于商品的成套性产生的。例如，集邮爱好者收集一套邮票时，恰好缺一张，那么在他得到这一张邮票时，显然这张邮票比整套邮票中的哪一张的效用都要大，至少在得到的当时是这样。另一类是由于极端的癖好产生的。如嗜酒如命的人，酒对他来说，越多越好，不过对于这类情况，事实上已经不符合理性人假设了，这一点值得强调。

【思考】为什么一个人的货币收入很少时，他将会对每一元钱看得很重要，花钱小心谨慎。但当他发财之后，对钱的看法就不一样了，出手阔绰，甚至挥金如土。又有人说每一元钱的效用都是一样的。这两种有什么矛盾吗?

【案例分析 1】

价值悖论

200 多年以前，亚当·斯密在《国富论》中提出了价值悖论:“没有什么能比水更有用，然而水却很少能交换到任何东西。相反，钻石几乎没有任何使用价值，但却经常可以交换到大量的其他物品。”

换句话说，为什么对生活如此必不可少的水几乎没有价值，而只能用作装饰的钻石却索取高昂的价格?

尽管 200 年以前，这一悖论困扰着亚当·斯密，现在我们已经可以对此作出解释:“水的供给和需求曲线相交于很低的价格水平，而钻石的供给和需求曲线决定了它的均衡价格十分昂贵。”这样作答之后，我们自然还会问:“为什么水的供给和需求曲线相交于如此低的价格?”其答案是，钻石十分稀缺，因此得到钻石的成本很高，而水相对丰裕，在世界上许多地区都几乎可以不花什么成本就能得到。

为了解释这一悖论，我们还要再加上一条：水的价格不取决于它在整体上的效用，而是取决于它的边际效用，即取决于最后一杯水的有用性。由于有如此之多的水，所以最后一杯水只能以很低的价格出售。即使最初的几滴水相当于生命自身的价值，但最后的一些水仅仅用于浇灌草坪或洗汽车。

(3) 消费者均衡

在一定条件下，消费者手中的货币量是一定的，消费者用这一定的货币来购买各种商品时可以有多种多样的安排。一个理性的消费者总是在选择和购买商品时寻求获得最大的效用。

①消费者均衡。消费者均衡（consumer's equilibrium）是指在既定收入的条件下，如何实现效用最大化。也就是当消费者如何把有限的货币收入分配在各种商品的购买中以获得最大效用。

这里的均衡是指实现最大效用时既不想再增加也不想再减少任何商品购买数量的一种相对静止状态。(因为增加或减少某一种商品时，都会使消费者总效用减少)

②消费者均衡条件。在消费者收入和商品价格既定的情况下，消费者所消费的各种物品的边际效用与其价格之比相等，即每一单位货币所得到的边际效用相等，也叫戈森第二法则。

假定消费者用一定的收入 M 购买 X、Y 两种商品，两种物品的价格分别为 P_x 和 P_y，购买数量分别为 Q_x 和 Q_y，两种物品所带来的边际效用分别为 MU_x 和 MU_y，每一单位货币的边际效用为 MU_I。那么消费者效用最大化的均衡条件可以表示为:

$$P_xQ_x + P_yQ_y = M \tag{2.1}$$

$$MU_x/P_x = MU_y/P_y = MU_I \tag{2.2}$$

(2.1) 式表示消费预算约束条件。如果消费者的支出超过收入，消费者购买是不现实的；如果支出小于收入，就无法实现在既定收入条件下的效用最大化。

(2.2) 式表示消费者均衡的实现条件。每单位货币无论是购买 X 物品或 Y 物品，所得到的边际效用都相等。

消费者之所以按照这一原则来购买商品并实现效用最大化，是因为在既定收入的条件下，多购买 X 物品就要减少 Y 物品的购买。随着 X 购买量的增加，X 物品的边际效用就会递减，相应的 Y 物品边际效用就会递增。为了使所购买的 X、Y 的组合能够带来最大的总效用，消费者就不得不调整这两种物品的组合数量，其结果是增加对 Y 物品的购买，减少对 X 物品的购买。当消费者所购买的最后一单位 X 物品所带来的边际效用与其价格之比等于其所购买的最后一单位 Y 物品所带来的边际效用与价格之比时。也就是说，无论是购买哪种物品，每一单位货币所购买的物品其边际效用都是相等的，于是就实现了总效用最大化，即消费者均衡，两种物品的购买数量也就随之确定，不再加以调整。

【阅读 2-5】

需求曲线的边际效用说明

需求曲线之所以向右下方倾斜是由于边际效用递减规律造成的。

需求曲线上的每一个点都是消费者效用最大化的点，也就是均衡点。

需求曲线的每一个点反映的是消费者在这样的消费数量上愿意支付的最高价格。

【案例分析 2】

如何最佳地利用你的时间?

如果你是一名中学生，你应该如何利用有限的时间来提高你的总成绩呢? 你应该在每一门功课上花费相同的学习时间吗? 当然不是，你可能发现在语文、数学、英语、物理和化学上花费相同的学习时间时，各门课所用的最后一分钟，并没有给你带来相同的分数。如果花费在化学上的最后一分钟提高的边际分数大于物理，那么就把学习时间从物理转移到化学上，直到花费在每一门功课上的最后一分钟所提高的分数相等时为止。这样你就最佳地利用了你的时间，因而就会提高你的总成绩。

【案例分析 3】

应该用实物还是现金救济穷人?

张三是一个穷人，政府想救济他。政府既可以给他 200 元的实物，也可以简单地给他 200 元现金。那么这两种方法那一种较好呢?

根据等边际效用原则，一般地说，现金救济要好于实物救济。因为现金救济使张三可以随自己的偏好来选择花钱，他自己最了解什么物品能给他带来最大的效用，他会把钱花费到对他效用最大化的商品组合上去，相较之下，实物救济则未能留予他更多选择余地。除非救济的实物是他最需要的，才能给他带来与现金救济同等的效用。

2.2.1.2 序数效用论：无差异曲线分析法

（1）无差异曲线

①无差异曲线（indifference curve）又称为效用等高线、等效用线，是指给消费者带来相同满足程度的不同商品组合的轨迹。

也就是说，对同一条无差异曲线上的所有商品组合，消费者的偏好程度是完全相同的，或者说，消费者觉得它们在效用上是没有差异的。

无差异曲线的效用函数为：

$$U=f(X, Y)$$

假设有苹果（X）与梨（Y）两种水果，它们在数量上可以有多种消费组合。下列任何一个组合的总效用是相等的。

表2-1 无差异组合表

组合方式	X苹果	Y梨
a	8	2
b	6	4
c	2	8

据上表的数据，可以作出无差异曲线（如图2-8所示）。

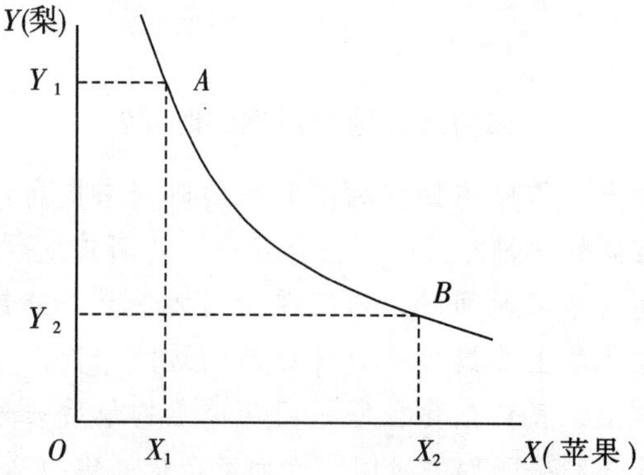

图2-8 无差异曲线

②无差异曲线的特点。

A. 无差异曲线是一条向右下倾斜的曲线。这是因为，在收入和价格既定的条件下，消费者要得到同样的满足程度，在增加一种商品的消费时，必须减少另一种商品的消费。

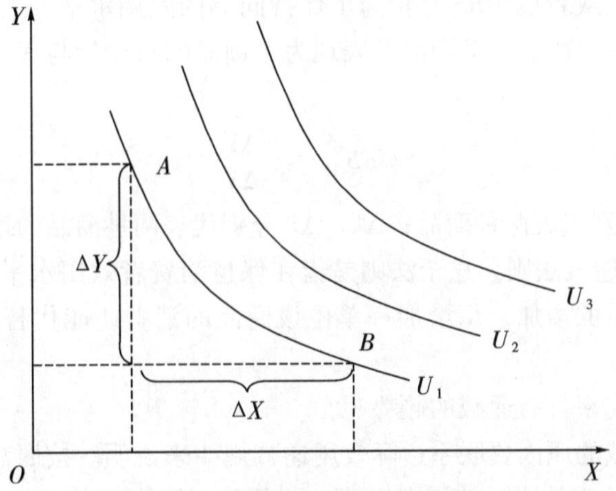

图 2-9 MRS_{xy}与多条无差曲线

B. 在同一平面坐标图上可以有无数条无差异曲线。不同的无差异曲线代表不同的效用。离原点越远的无差异曲线所代表的效用水平越高。如图 2-9 是三条不同的无差异曲线，分别代表不同的效用，其顺序为 $U_1 < U_2 < U_3$。

【阅读 2-6】

为什么在同一平面坐标图上可以有无数条无差异曲线

无差异曲线是在一定价格水平和收入水平下得出的，它代表某一特定的消费水平或满足水平。当价格不变而消费者的收入改变时，情况发生变化。如果他的收入增加，他可以购买更多的商品，无差异曲线相应向右上方移动；反之，如果他的收入减少，他可以购买的商品数量减少，无差异曲线相应向左下方移动。因此，对应不同收入水平，应有许多条无差异曲线。

价格变化也有类似的效应。因此，对应不同价格水平，同样可能有许多条无差异曲线。

C. 在同一平面图上，任意两条无差异曲线不允许相交。

否则，在交点上两条无差异曲线代表了相同的效用，出现与上述无差异曲线特征相矛盾的结果。

D. 无差异曲线是一条凸向坐标原点的曲线。它是由边际替代率递减规律所决定的。边际替代率是一个十分重要的概念，在下面进行介绍。

③边际替代率及其递减法则。

一条无差异曲线上的各点都表示能提供同等效用的两种商品的不同组合，为了保持同等的效用，可以用一种商品代替另一种商品，即两种商品必须一增一减，这样两种商品之间就存在替代比率问题。

A. 边际替代率（marginal rate of substitution，简称 MRS）。边际替代率就是指在保持消费者效用水平不变的前提下，消费者增加一单位某种商品的消费所能代替另外一种商品的消费数量。或者说 MRS 是指为了保持同等的效用水平，消费者要增加一单位 X 商品就必须放弃一定数量的 Y 商品，表现为 Y 商品的减少量与 X 商品的增加量之比。公式如下：

$$MRS_{XY} = -\frac{\Delta Y}{\Delta X}$$

式中，X、Y 分别代表两种商品；ΔX、ΔY 分别代表两种商品的增量。

B. 边际替代率递减法则。这个法则是指在保持消费者效用水平不变的前提下，随着一种商品消费数量的增加，每增加一单位该商品的消费所能代替的另一种商品的数量是逐渐减少的。

为什么边际替代率具有递减的趋势呢？

边际替代率递减的原因要联系边际效用递减规律来说明。按照总效用不变的原则，随着 X 商品的增加，它的边际效用在递减；随着 Y 商品的减少，它的边际效用在递增。这样，增加 X 消费所增加的效用必须等于减少 Y 的消费所减少的费用，于是有：

$$MU_x \Delta X = MU_y \Delta Y$$

也可以写为：

$$\frac{\Delta Y}{\Delta X} = \frac{MU_X}{MU_Y}$$

故有：

$$MRS_{XY} = \frac{MU_X}{MU_Y}$$

从上式可以看出，两种商品的边际替代率等于两种商品的边际效用之比。由于边际替代率递减规律的作用，无差异曲线的形状都是凸向坐标原点的。

④边际替代率与无差异曲线的形状。

边际替代率作为无差异曲线的斜率（如图 2－9 所示）必然决定无差异曲线的形状。

A. 如果 X、Y 两种商品是完全替代的，则边际替代率是常数，无差异曲线就是一条从左上方向右下方倾斜的直线，如百事可乐与可口可乐，如图 2－10(a) 所示。

B. 如果 X、Y 两种商品是互补的，则边际替代率等于零，无差异曲线就是一条直角折线，如我们穿的鞋，需要一双，缺一不可，如图 2－10(b) 所示。

C. 如果 X、Y 两种商品是独立的，那以无差异曲线就是一条垂线，如食盐与汽车，如图 2－10(c) 所示。

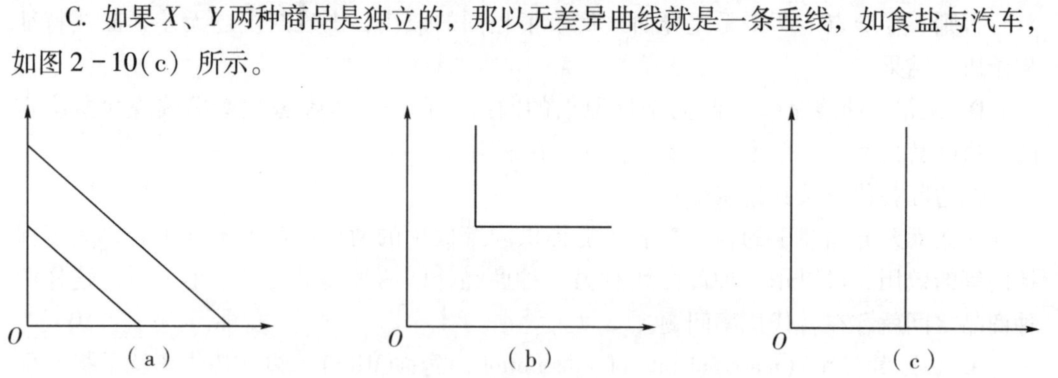

图 2－10　特殊的无差异曲线

（2）消费者可能线

①消费可能线（consumption possibility line）又称家庭预算线、等支出线、消费约束线，是表示在消费者收入和商品价格既定的条件下，消费者用其全部收入所能购买到的各种商品的最大组合点的轨迹。

假定，消费者的全部货币收入为 I，商品 X 的价格为 P_x，商品 Y 的价格为 P_y，则消费者的预算方程为：

$$P_xX+P_yY=I$$

根据预算方程，就可以绘出预算线，如图 2-11 所示。

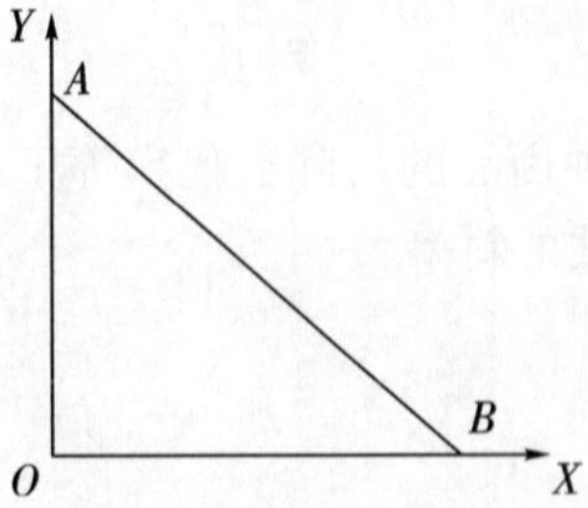

图 2-11　预算曲线

消费可能线表明了消费者行为的限制条件，这种限制就是购买商品的总花费不能大于消费者收入，也不能小于消费者收入。大于收入在收入既定的条件下是无法实现的，小于收入则无法实现效用最大化。只有 AB 线上的点正好让消费者花掉所有收入，是消费者的购买量与可购买的最大数量一致的点，因此选择都是在消费可能线上进行的。

②影响预算线的因素。

A. 收入变化对预算线的影响。如果商品价格不变，消费者收入增加，则消费者可能线平行向右移动，即预算水平增加；反之，向左平移，如图 2-12(a)。

B. 价格变化对预算线的影响。如果消费者收入不变，而两种商品的价格中一种（如 Y）不变，一种（如 X）上升或下降，则消费可能线顺时针或逆时针旋转，如图 2-12(b)。

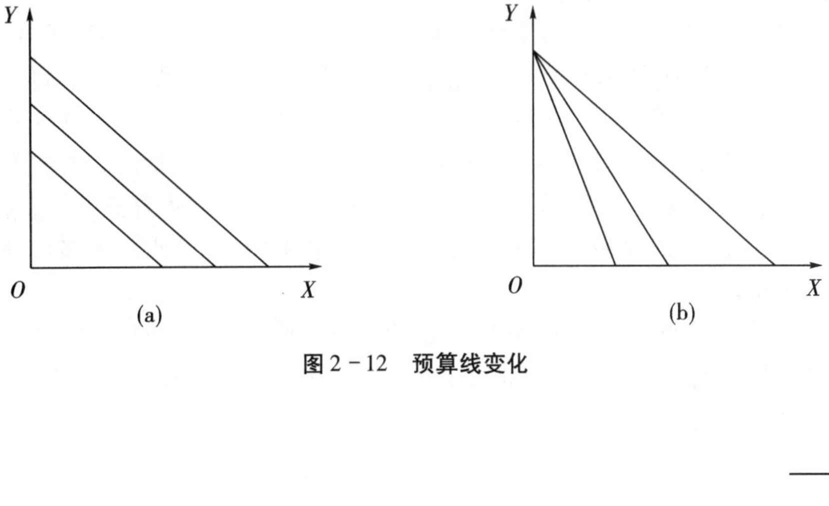

图 2-12　预算线变化

【思考】预算线的实质是什么？

（3）消费者均衡

根据序数效用论的无差异曲线分析法，如果将无差异曲线与消费可能线合在一个坐标系内，两者的关系有三种情况：相交、相离和相切，如图 2-13 所示，AB 为预算线，无差异曲线 U_1、U_2 和 U_3 分别和预算线相交，相切和相离。即消费可能线必定总能与若干条无差异曲线中的一条相切，这个切点就是消费者均衡点，消费者实现了效用最大化，如图 2-13 中 E 点。在该点，显然有：

$$\frac{MU_X}{P_X}=\frac{MU_Y}{P_Y}$$

此即为消费均衡条件。两种商品的边际替代率等于这两种商品的价格之比，或无差异曲线的斜率等于消费可能线的斜率。

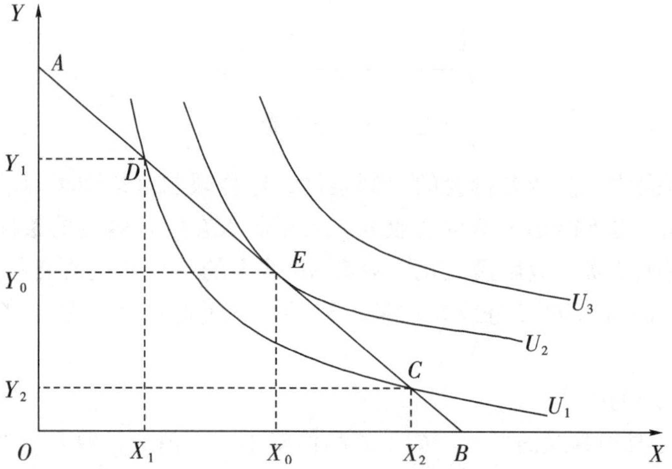

图 2-13　均衡点的确定

U_3 代表较高的效用水平，和 AB 没有交点。这说明，由于消费者收入太低或商品价格太高而使消费者难以达到这样的效用水平，于是消费者不得不选择其他的效用水平以便使其消费具有现实可行性。

U_1 代表较低的效用水平，和预算线 AB 有两个交点 C 和 D，这意味着在 C、D 两点，消费者既能达到 U_1 的效用水平，又能满足预算约束。但这两点是否最优呢？换句话说，调整两种商品的数量，是否可以达到更大的效用水平呢？回答显然是肯定的。事实上，只要从 C 点出发，在满足约束的前提下，减少 X_2 的数量同时增加 Y_2 的数量（沿 AB 线把 C 点向上移），就可以使效用水平不断增加。或者从 D 点开始，在满足约束的前提下，减少 Y_1 的数量同时增加 X_1 的数量（沿 AB 线把 D 点向下移），同样可以使效用水平不断增加。

在 E 点，无差异曲线 U_2 正好和预算线 AB 相切，此时，任何的 X 和 Y 的替换都会使效用水平下降，而要达到更高的效用水平也不可能，此时，我们说消费者在既定约束条件下达到了均衡。

2.2.2 需求弹性

我们已经知道，价格的变动会引起需求量的变动，但生活中不同的商品，价格的变动引起需求量变动的程度是不同的。如打火机与房子都降价50%，显然市场需求量响应的程度会大不相同的，何以会出现这样的现象。弹性理论正是要说明价格变动与需求量或供给量变动之下的这种量的变化关系。

当两个经济变量之间存在函数关系时，作为自变量的经济变量的变化，必然引起作为因变量的经济变量的变化。弹性表示作为因变量的经济量的相对变化对作为自变量的经济变量的相对变化的反应程度或灵敏程度，它等于因变量的相对变化对自变量的相对变化的比值，于是有：

$$弹性系数 = \frac{因变量的变动比例}{自变量的变动比例}$$

设两个经济变量之间的函数关系为 $Y=f(X)$，则具体的弹性公式为：

$$E = \frac{\frac{\Delta Y}{Y}}{\frac{\Delta X}{X}} = \frac{\Delta Y}{\Delta X} \cdot \frac{X}{Y}$$

式中，E 为弹性系数；ΔX、ΔY 分别为变量 X、Y 的变动量。

弹性（Elasticity）分为需求弹性和供给弹性。这里我们分析需求，所以只重点讨论需求弹性，而需求弹性又分为需求的价格弹性、需求的收入弹性、需求的交叉弹性。

2.2.2.1 需求的价格弹性

通常影响需求的因素很多，但价格是一个决定性的因素。价格升高，需求会相应减少；价格降低，需求会相应增大，反之亦然。企业想通过调整价格的方式来增加收益，因为价格受到需求函数的制约，提价和降价都可能要冒减少收益的风险，因此应充分考虑该商品目前在市场上的需求所能承受价格变化的能力，即需求价格弹性。

（1）需求价格弹性（price elasticity of demand）

当商品的价格发生变动时，需求量也会发生变动。需求量变化的百分比（相对变化率）与价格变化的百分比（相对变化率）之比，称作需求的价格弹性，需求的价格弹性反映了需求量对价格变动反应的敏感程度。

需求量变化的百分比（相对变化率）与价格变化的百分比（相对变化率）的比值，称为需求价格弹性系数，通常以 E_d 表示。

E_d = 需求量变动百分比/价格变动百分比

$= (\Delta Q/Q)/(\Delta P/P)$

$= (\Delta Q/\Delta P) \cdot (P/Q)$

当 $\Delta P \to 0$ 时，$E_d = -(\mathrm{d}Q/\mathrm{d}P) \cdot (P/Q)$。

【例2-1】假定每斤猪肉的价格从12元上升到15元使你购买的猪肉从每月6斤减少为4斤，那么猪肉的需求价格弹性系数是多少呢？

解：我们可以计算出：

价格变动百分比为：（15－12）/12×100%＝25%

需求量变动百分比为：（6－4）/6×100%＝33%

则：需求价格弹性 $E_d=33\%\div25\%=1.32$

在这个例子中，猪肉的需求价格弹性是1.32，反映出需求量变动的比例是价格变动比例的1.32倍。

需求价格弹性几何表现，如图2－14。

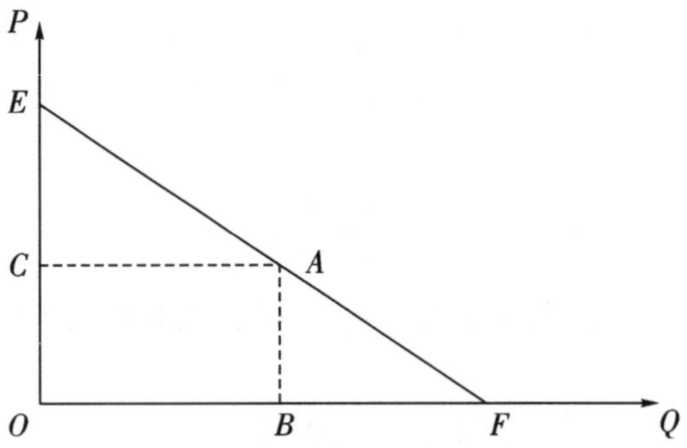

图2－14　需求价格弹性几何表现

$E_d=AF/AE=BF/OB=OC/CE$

通过对需求价格弹性几何表现分析，我们是否可判断一条需求曲线的弹性大小的直观方法呢？这里我们需要记住一条原则：需求曲线越平坦，需求的价格弹性就越大；需求曲线越陡峭，需求的价格弹性就越小。

（2）需求价格弹性的分类

当 $E_d=0$ 时，需求对价格完全无弹性，即需求量与价格无关，需求曲线为一垂直于产量轴的垂线，如丧葬费、骨灰盒。

当 $E_d=1$ 时，需求对价格为单位弹性。

当 $E_d>1$ 时，需求对价格富有弹性，奢侈品的需求价格弹性一般大于1。

当 $E_d<1$ 时，需求对价格弹性不足，生活必需品需求价格弹性一般小于1。

当 $E_d=\infty$ 时，需求对价格完全弹性，需求曲线为一条平行于产量轴的水平曲线，这类情况是完全竞争市场的特点。

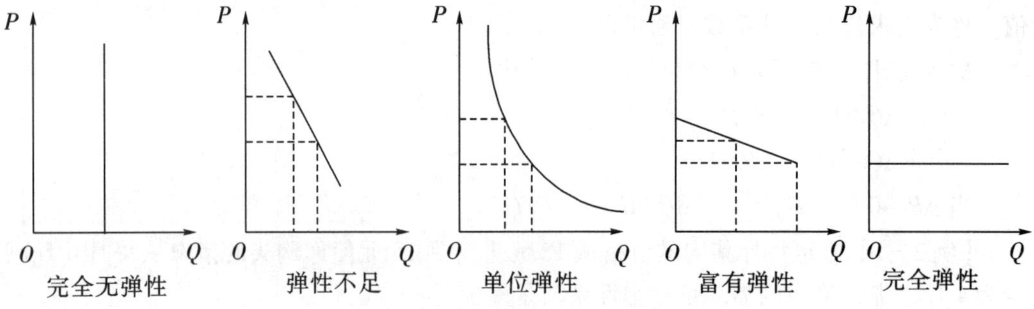

图2－15　需求弹性的类型

表2－2是一些常见商品的需求价格弹性估计值。

表2－2 一些常见商品的需求价格弹性估计值

行业	需求价格弹性
金属	1.52
机电产品	1.39
机械产品	1.30
家具	1.26
汽车	1.14
专业服务	1.09
运输服务	1.03
煤气、电、水	0.92
石油	0.91
化工产品	0.89
各种饮料	0.78
医生服务	0.60
厨房用具	0.60
烟草	0.61
食物	0.58
银行与保险服务	0.56
住房	0.55
汽油、燃料油（长期）	0.50
法律服务	0.50
服装	0.49
农产品	0.42
珠宝	0.40
出租汽车	0.40
图书、杂志、报纸	0.34
煤	0.32
汽油、燃料油（短期）	0.20

（3）需求价格弹性的决定因素

①商品的需要程度：需要程度越高，弹性越小。

②紧密替代品的多少：替代品越多，弹性越充足。

③独特价值效应（用途的广泛性）：产品的差异化越大，弹性越小。

④允许调整（观察）的时间长短：一般地讲，时间越长，弹性越大。

⑤商品支出占预算的比例：比例越大，弹性越充足。

（4）需求的价格弹性与边际收益、总收益的关系

$TR = P_{(Q)} \times Q$

$MR = \mathrm{d}TR/\mathrm{d}Q$

$= \mathrm{d}\ [P_{(Q)} \times Q]\ /\mathrm{d}Q$

$= P + Q \times \mathrm{d}P/\mathrm{d}Q$

$= P\ [1 + (Q/P) \times (\mathrm{d}P/\mathrm{d}Q)]$

$= P\ (1 - 1/E_d)$

如果 $E_d > 1$，则 $MR > 0$，此时 P 上升（即 Q 下降），TR 减少；P 下降（即 Q 上升）TR 增加；

如果 $E_d < 1$，则 $MR < 0$，此时 P 上升（即 Q 下降），TR 增加；P 下降（即 Q 上升）TR 减少；

如果 $E_d = 1$，则 $MR = 0$，此时总收益达到最大。

【案例分析4】

风景区门票的定价

如果你是某一个著名风景区的负责人，你的财务经理告诉你，公司缺乏资金，并建议你考虑改变门票价格以增加总收益。你将怎么办呢？你是要提高门票价格，还是降低门票价格？回答取决于需求弹性。

如果旅游的需求是缺乏弹性的，那么，提高门票价格会增加总收入。

如果旅游的需求是富有弹性的，那么提高价格就会使参观者人数减少得如此之多，以至于总收入减少。在这种情况下，你应该降价。参观者人数会增加得如此之多，以至于总收入会增加。

显然，接下来你最想知道的是：我所在景区的需求是缺乏弹性还是富有弹性呢？

为了估算需求的价格弹性，你需要用历史资料来研究门票价格变化。旅游人数的逐年变动情况，或者用其他风景区旅游人数的资料来说明门票价格如何影响旅游人数。当然，在研究时，你还需要考虑影响旅游人数的其他因素，例如天气、人口、收入多少等，以便把价格因素独立出来。最后，这种分析会提供一个需求价格弹性的估算，你可以用这种估算来决定对门票问题作出什么反应。

【思考】什么商品可以薄利多销？

需求富于弹性的商品，其销售收益与价格是反方向变动的，即随总收益随价格的提高而减少，随价格的降低而增加，即降价会使销售收入增加，提价会使消费者花费在该商品的支出减少；需求缺乏弹性的商品，其销售收益与价格则是同方向变动的，即总收益随价格的提高而增加，随价格的降低而减少，企业可以适当涨价；需求是单位弹性的商品，总收益与价格的变动无关。

【案例分析5】

广告及其对需求曲线的影响——如何增加销售和价格

在各种传媒中，总能听到商品生产者说如下的广告话语：使用某品牌的商品，将使我们更加美丽，使我们的生活更加丰富多彩，把我们的衣服洗得更加洁白，使我们的干劲更加十足，让我们感觉到一种新的口味，令我们成为朋友的羡慕对象等。那么，广告商想干什么？其中是否蕴含着什么经济学知识？

实际上，广告商在试图做两件事：①使该产品的需求曲线向右位移；②使该产品缺乏价格弹性。

这可用下图2-16来说明。

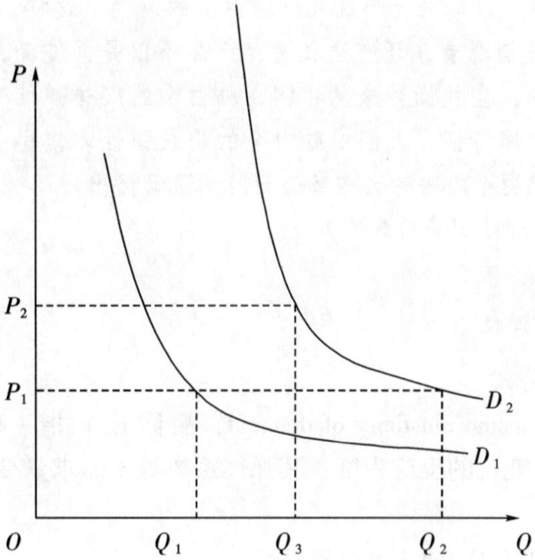

图2-16 广告对需求曲线的影响

在图2-16中，D_1 表明的是价格为 P_1，销售量为 Q_1 时的原始需求曲线，D_2 表明的是广告大战之后的需求曲线。需求曲线向右移位，使得销售量在原始价格是增加到 Q_2。如果还使该需求具有很高的无弹性，那么，该企业还可以提高该产品的价格，销售量仍然有很大的增加。因此，在图中，价格可以提高到 P_2，销售量将为 Q_3，它仍然大大高于 Q_1。阴影的面积表明了所获得的总收入。

广告怎能产生这种新的需求曲线（D_2）？

使需求曲线向右位移。

①如果广告使这种产品引起更多人的注意，如果提高了人们购买这种产品的欲望，就会使需求曲线向右位移，从 D_1 变动到 D_2。

②使需求曲线缺乏弹性。如果广告使人们忠于这个品牌，让人们相信（无论是正确的还是错误的）竞争对手的品牌是劣质的，那么该需求曲线就会缺乏弹性。这样，该企业就可以把价格提高到其对手的价格之上而不出现销量锐减。这时，只有微小的替代效应，因为消费者已经相信没有密切的替代品。

【阅读2-7】

脑白金广告策略

近年来，脑白金的名称可以说家喻户晓，无论是报纸还是电视，都以各种方式冲击人们的视听，脑白金成了一个出现频率比较高的词汇，在很多人看来，脑白金广告一无是处，更有业内人士骂其毫无创意，“土得令人恶心”。有趣的是，就靠着这在网上被传为“第一恶俗”的广告，脑白金创下了几十个亿的销售额，在2001年更是每月平均销售额高达两亿，“巨人”史玉柱也翻了身，再次踌躇满志地重出江湖。“土”广告打下大市场，不是用偶然性能解释的，对其广告策略进行剖析，对我们一定能有不少启示。首先脑白金的策划者们对脑白金软性功能加以发挥并进行了扩散性定位——送礼，送礼不如送健康，送礼就送脑白金，好东西自然可以送礼，通过礼品定位，并且借助于产品名称的有利，加以强力倡导，以期社会形成礼送脑白金的风尚。这样，送的有理，收的高兴，脑白金的购买者不仅是消费者，还有送礼者，产品不仅是保健品，而且还是礼品，产品市场自然扩大了。因此，在礼尚往来的中国，脑白金的广告弹性变得非常大，同时好面子又是中国人普遍的心理特征，人们对脑白金的需求弹性非常小——脑白金的价格越高越是有人去买，因此脑白金广告每天在黄金段时间滚动播出。

（资料来源：根据各方面公共资料整理。）

2.2.2.2 需求的收入弹性

（1）定义及计算公式

需求收入弹性（income elasticity of demand，简称 E_I）指一种商品的需求量（Q）相对消费者收入（I）变化的反应程度，其弹性系数等于需求量变动的百分比除以收入变动的百分比：

E_I = 需求量变动百分比/收入变动百分比

$= (\Delta Q/Q)/(\Delta I/I)$

$= (\Delta Q/\Delta I) \times (I/Q)$

当 $\Delta I \to 0$ 时，$E_I = (dQ/dI) \times (I/Q)$

不同的商品在一定的收入范围内具有不同的收入弹性；同一商品在不同的收入范围内也具有不同的收入弹性。这说明收入弹性并不取决于商品本身的属性，而取决于消费者购买时的收入水平。

随着收入水平的提高，原先的必需品可能变为低档品；而原先的奢侈品可能变为普通正常品，即必需品。

（2）需求收入弹性的类型

如果某商品的需求收入弹性大于零（$E_I > 0$），则该商品为正常品；如果某商品的需求收入弹性大于零但小于1（$0 < E_I < 1$），则该商品为生活必需品；如果某商品的需求收入弹性大于1（$E_I > 1$），则该商品为奢侈品；如果某商品的需求收入弹性小于零（$E_I < 0$），则该商品为劣等品。

【例 2－2】假定某消费者的需求的价格弹性 $E_d=1.3$，需求的收入弹性 $E_I=2.2$。求：①在其他条件不变的情况下，商品价格下降 2% 对需求数量的影响。

②在其他条件不变的情况下，消费者收入提高 5% 对需求数量的影响。

解：①由于 $E_d=-\dfrac{\frac{\Delta Q}{Q}}{\frac{\Delta P}{P}}$，于是有：

$$\frac{\Delta Q}{Q}=-E_d\cdot\frac{\Delta P}{P}=-(1.3)\cdot(-2\%)=2.6\%$$

即商品价格下降 2% 使得需求数量增加 2.6%。

②由于 $E_I=\dfrac{\frac{\Delta Q}{Q}}{\frac{\Delta I}{I}}$，于是有：

$$\frac{\Delta Q}{Q}=E_I\cdot\frac{\Delta I}{I}=(2.2)\cdot(5\%)=11\%$$

即消费者收入提高 5% 使得需求数量增加 11%。

2.2.2.3 需求的交叉弹性

(1) 需求交叉价格弹性的定义与计算

需求交叉价格弹性（cross price elasticity of demand，简称为 $E_{X,Y}$）是指一种商品的需求量（Q_X）对其相关商品价格（P_Y）变动的反应程度，需求交叉价格弹性系数可以用该商品需求量变动百分比与其相关商品价格变动百分比之间的比率来表示：

$E_{X,Y}$ = 某商品需求量变动百分比/相关商品价格变动百分比

$=(\Delta Q_X/Q_X)/(\Delta P_Y/P_Y)$

$=(\Delta Q_X/\Delta P_Y)\times(P_Y/Q_X)$

当 $\Delta PY\to 0$ 时，$E_{X,Y}=(\mathrm{d}Q_X/\mathrm{d}P_Y)\times(P_Y/Q_X)$

(2) 需求交叉价格弹性类型

如果 $E_{X,Y}<0$，则商品 X 与商品 Y 之间存在互补关系；如果 $E_{X,Y}>0$，则商品 X 与商品 Y 之间存在替代关系；如果 $E_{X,Y}=0$，则商品 X 与商品 Y 互不相关。

【例 2－3】假定某企业获悉竞争对手将把产品价格从 1000 元降到 800 元，并根据资料计算出本企业与竞争对手产品的需求交叉弹性为 0.8。若该企业保持原价格，那么竞争企业降价后，对该企业会产生什么影响？

解：需求交叉弹性 $E_{X,Y}=(\Delta Q_X/Q_X)/(\Delta P_Y/P_Y)$

$$0.8=\frac{\Delta Q_X/Q_X}{(1000-800)/1000}$$

据题意则有：

所以 $\Delta Q_X/Q_X=0.8\times0.2=0.16$

该企业产品需求量会下降 16%。

值得一提的是，在经济学中，交叉弹性还是从经济学上划分不同行业的标志。交叉弹性的绝对值大，说明产品之间的相关程度很高，从而说明它们在经济上属于同一行业。反之，说明产品之间的相关程度低，它们在经济上属于不同行业。

【阅读2－8】供给弹性

（1）供给弹性的定义与计算

供给弹性（elasticity of supply，简称为 E_S）是指一种商品的供给量（Q_S）对其价格（P）变动的反应程度，供给弹性系数可以用供给量变动百分比与价格变动百分比之间的比率来表示：

E_S = 供给量变动百分比/价格变动百分比

$= (\Delta Q_S/Q_S)/(\Delta P/P) = (\Delta Q_S/\Delta P)\cdot(P/Q_S)$

当 $\Delta P \to 0$ 时，$E_S = (dQ_S/dP)\cdot(P/Q_S)$

（2）供给弹性的分类及其几何表现形式

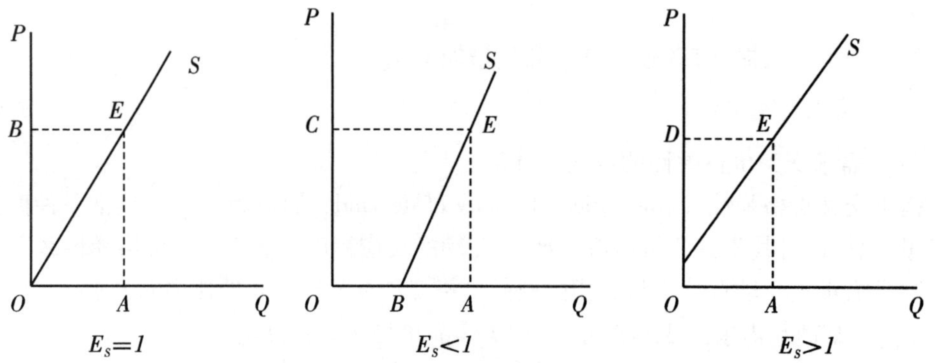

图2－17　供给弹性的分类及几何表现形式

（3）影响供给弹性的因素

①生产的难易程度；

②生产规模及规模变化的难易程度；

③成本的变化；

④时间的差异。

（4）供求弹性对市场均衡价格的影响。

①谷贱伤农（农产品：弹性小）。

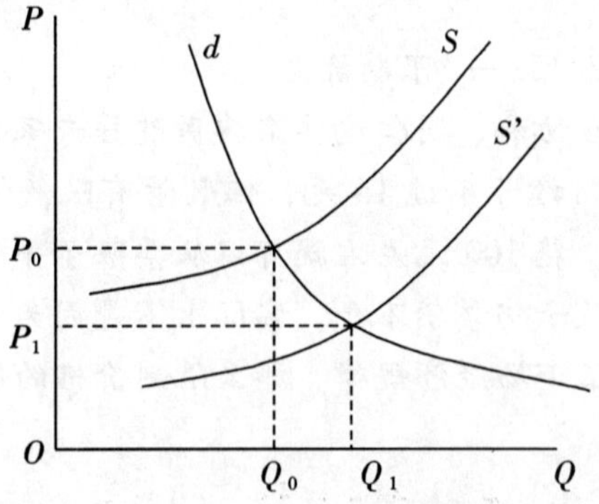

图 2－18 弹性小的供给曲线

②药品价格管制（弹性≈0）。

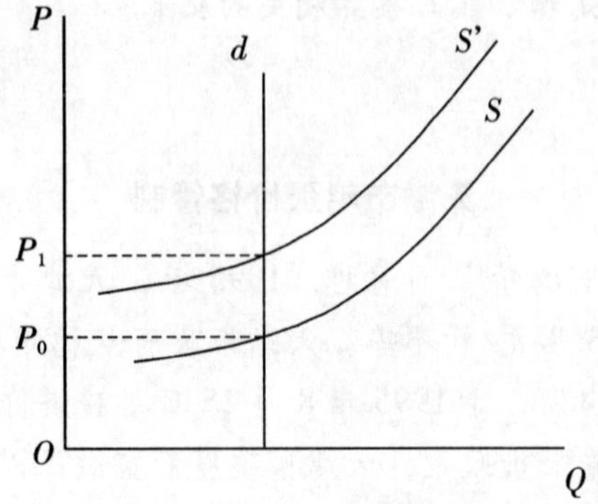

图 2－19 管制价格下的供给曲线

③商品税赋。

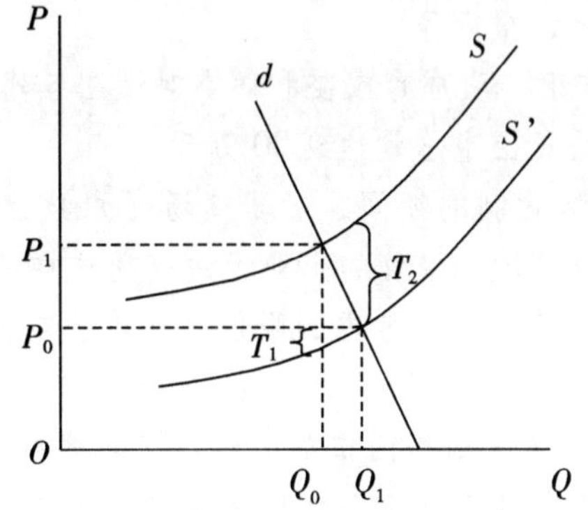

图 2－20 商品税赋的供给曲线

T_1 为生产者增加的税；

T_2 为消费者承担。

当 $E_d > E_s$ 时，$T_1 >> T2$。

当 $E_d < E_s$ 时，$T_1 << T_2$。

【思考】

1. 票贩子屡禁不止的原因—— 限制价格

看过病的人都知道，在协和、同仁这些名牌医院挂专家门诊号有多难？价钱倒不贵，在协和正教授级专家门诊号不过14元，但数量有限，你半夜去也不一定能挂上号。要看专家门诊也不难，花100元左右就可以从票贩子手中买到票。尽管公安部门一直加大打击力度，但票贩子仍屡禁不止。实际上不是因为公安部门打击不力，而是这种限制价格的做法违背了市场经济规律。那么限制价格的做法违背市场经济的什么规律呢？

2. 农产品保护价格

许多国家出于保护农业和扩大农产品出口的需要都对农产品实施价格保护或出口价格补贴。在我国实行的是“保护价敞开收购”，这一政策有什么利弊。

3. 禁毒政策是减少还是增加了与毒品相关的犯罪？

【阅读2-9】

天津市鸡蛋价格管制

天津市一直以来以“低物价”而著称。1995年，天津市鸡蛋价格持续不断上扬，市场价格有时高达3.5至3.8元/斤不等。天津市政府从稳定物价、保证人民群众生活不受大的影响的良好愿望出发，于1995年8月25日对鸡蛋价格实行管制，最高限价定为每斤3.3元。为了能实施限价政策，天津市政府着重做了以下工作：

（1）成立专门机构。为了对价格管制工作进行组织、协调和统一领导，市政府成立专门机构——天津市鸡蛋调节工作组。工作组如同“战斗指挥部”每天都要以报告的形式向市主要领导陈述当日的鲜蛋调市量，完成日调市任务的比例，以及未完成任务的原因，还要制作各种统计报表等。

（2）鲜蛋调市。“工作组”责成市农委和商委对设在各郊县的鸡蛋生产基地逐层下达鲜蛋调市任务，保证鸡蛋日上市总量达到20万斤。

（3）层层补贴。在价格管制的期间，对养鸡场（户）来说，生产不仅没有利润，而且部分赔本，在市场经济环境下经营的企业无法接受这样的事实，因此一段时间内，天津市国有副食店的鸡蛋有价无货。考虑到限价收购给养鸡户带来的损失，“工作组”做出决定：实行价格补贴。

（4）挂牌销售。由于市区内销售门市部的组织工作多数比较简单，各销售点均未发放任何凭证，只是每人限购3斤，反复排除反复购买或为卖而买（自由市场鸡蛋小贩雇人购买）也无人干涉，各销售点排除人数一般在200-300人左右。为此市公安局曾派出100多名干部分别到各鸡蛋销售点维持秩序。物价、交通、工商部门也都抽调了大批人员进行监督，防止各种哄抬物价、“卖大号”、走后门、私分等意外情况的发生。

天津市政府在实施价格管制过程中组织成本非常高。它从各级政府及有关部门抽调大量人员（包括各级行政负责人、一般业务人员，估计涉及几千人）组成专门机构，以对限价措施运转进行管理、协调、监督，这些组织包括市政府成立的领导决策机构“鸡蛋调市工作组”、市农委、商委联合成立的鸡蛋调市实施办公室，市财政局成立的鸡蛋价格补贴发放办公室，市物价局、工商局专门安排的鸡蛋价格监督人员，各郊县乡村成立的相应办公室，市公安局向各限价销售点分派的维持秩序人员，市交通局设专门人员为各销售点运输车发放特别通行证，派专人在各主要交通要道设卡防止鲜蛋外流。

1996 年天津市政府最终放弃了鸡蛋价格管制制度。放弃价格管制后的事实证明，像鸡蛋、大白菜这类生产周期较短、替代性较强的产品的价格水平和供求关系，最好交由市场制度来来调节：在短期内，鸡蛋价格的上升，一方面正好刺激了其替代品(如肉类消费等）的消费量上升，调整了消费结构；另一方面吸引了外部（地）市场供给量，很快就能增加本地供给；同时刺激资源向生产领域流动，从而在稍长的下一生产周期使本地供给上升，价格又会再度回落下来，1996 年天津市场上的鸡蛋价格曾一度下降到 2.9 元/斤，一般也就维持在 3 元多，这是最好的证明。看来，至少在某些产品领域里，即使从维持物价稳定、保证人民生活安定的目的出发，选择市场调节也是最理想的制度安排。

（资源来源：陈宗胜. 价格管制复归的制度变迁分析——天津市鸡蛋价格管制剖析［J］. 经济研究，1997（11）.）

【阅读 2-10】

自发演进的市场

市场是自发演进的，即使有外界的禁止也不例外。它可以在艰难的时期顽强存在，可以像野草一样四处发芽、生长并且有效地运作——至少能实现简单直接的交易，创造出新的市场，或者设计出更好的市场机制以改变自己的命运。下面的两个例子可以充分地说明这一点，充分表明市场自有爆发的办法。

越南河内的路边小贩大多数是那些戴着圆锥形草帽、领着小孩的农村妇女，她们销售一些水果、蔬菜和小商品。城里人把这样的货摊戏称为“跳蚤市场”，因为这些商贩通常都把自己的货物装在小推车上，她们需要快速地逃避警察，否则商品会被警察拿走。对于当局来说，无证经营不能容许的，但是他们又没有办法彻底地查禁，小贩们的顽强再次印证了越南的一句俗话：“要想阻止市场，就像让红河停止奔流。”

同样，在第二次世界大战期间的战俘集中营里，也出现了类似的市场，一位被德国人俘虏的英国军人回忆说，战俘之间用红十字会配给的食品、香烟和衣服做交易。香烟替代了现金，成为交换的媒人和价值储存的工具。价格会根据供给和需求的情况而波动。当一批饥饿的新战俘到来的时候，食品价格将上涨，刚开始，每周的食品补给到来的时候，价格会出现下跌，但是到后来，战俘们开始储存食物，从而缓和了食品供给的波动。有些战俘开始充当中间人，在集中营里从价格较低的地方买进商品，然后到价格较高的地方卖出，于是平衡了各处的价格。这里甚至出现了一个劳动力市场，有战俘提供诸如洗衣服、画肖像的服务，还有原始的金融市场，买方可以给卖者提供一定的信用。

（资料来源：麦克米兰．市场演进的故事［M］．北京：中信出版社，2006.）

2.3 市场需求估计

前面对供求法则和需求弹性等问题的分析，都是假定需求函数或需求曲线是已知的。那么，企业怎样得到它们，并根据它们对未来的市场需求进行预测，这个问题称为市场需求估计或市场需求测定。

需求估计的方法很多，但基本上可以归结为两种方法：一是进行市场调查，根据所得资料估计需求；二是根据积累的统计资料，用统计方法估计。这两种方法是不能分割的，对调查所得资料的分析和判断，离不开统计方法；而统计资料不足时，也需以市场调查资料作补充，才能进行统计分析。需求估计与预测属于市场调查和统计学专门的学科领域，本节只介绍其梗概。

2.3.1 市场调查

市场调查就是通过对消费者直接进行调查，来估计某种商品的需求量和各个变量之间的关系。亦即通过调查来了解顾客在不同的价格、不同的收入以及不同的相关产品的价格等条件下，他们愿意购买某种产品的数量。

市场调查的方法通常有访问调查法和市场实验法两种。

2.3.1.1 访问调查法

访问调查法，就是访问者通过口头交谈等方式向被访问者了解社会实际情况的方法。访问调查，一般都是访问者向被访问者做的面对面的直接调查，是通过口头交流方式获取社会信息的口头调查。

访问调查的最大特点在于，整个访谈过程是访问者与被访问者互相影响、互相作用的过程。在实地观察中，观察过程主要是观察者单方面的活动，被观察的对象一般都是被动地处于观察者的观察之中。为了防止或减少被观察者的反应性心理或行为，观察者应努力控制自己的观察活动，尽量减少对被观察者的影响。访问调查则恰恰相反，整个访谈过程不是单向传导过程，而是双向传导过程，即一方面是访问者通过提问等方式作用于被访问者的过程，另一方面又是被访问者通过回答等方式反作用于访问者的过程。因此，在访问调查中，访问者不是尽量减少对被访问者的影响，而是积极影响被访问者，并努力掌握访谈过程的主导权，尽可能使被访问者按照预定计划回答问题。

访问调查的目的是了解市场实际情况。但是，访问对象都是有思想、有感情、有心理活动的活生生的人。因此，访谈过程，首先是人与人之间的交往过程。访问者只有在人际交往中，与被访问者建立起基本的信任和一定的感情，并根据对方的具体情况采取恰当方式进行访谈，才能使被访问者积极提供他所掌握的社会情况。这说明，要取得访问调查的成功，访问者不仅要认真做好访谈前的各项准备工作，而且要善于人际交往，熟练掌握访谈技巧，并有效控制整个访谈过程。

访问调查法的这些特点说明，它是比实地观察高出一个层次的调查方法，它能比实地观察获得更多、更有价值的市场情况，同时也是比实地观察更复杂、更难以掌握的一种市场调查方法。

2.3.1.2 市场实验法

市场实验法是指从影响调查问题的许多因素中选出一至两个因素，将它们置于一定条件下进行小规模的实验，然后对实验结果做出分析的调查方法。如根据一定的调查研究目的创造某种条件，采取某种措施把调查对象置于非自然状态下观察其结果。实验法的最大特点，是把调查对象置于非自然状态下开展市场调查，可提高调查的精确度。但也要注意其实验结果不易比较、限制性比较大的缺点。在采用市场实验法时，应注意实验法的有效性。

2.3.2 统计法

估计需求的统计方法有很多种，但最常用的是回归分析法。回归分析（regression analysis）是确定两种或两种以上变量间相互依赖的定量关系的一种统计分析方法。运用十分广泛，回归分析按照涉及的自变量的多少，可分为一元回归分析和多元回归分析；按照自变量和因变量之间的关系类型，可分为线性回归分析和非线性回归分析。如果在回归分析中，只包括一个自变量和一个因变量，且两者的关系可用一条直线近似表示，这种回归分析称为一元线性回归分析。如果回归分析中包括两个或两个以上的自变量，且因变量和自变量之间是线性关系，则称为多元线性回归分析。

回归分析的主要内容为：①从一组数据出发确定某些变量之间的定量关系式，即建立数学模型并估计其中的未知参数。估计参数的常用方法是最小二乘法。②对这些关系式的可信程度进行检验。③在许多自变量共同影响着一个因变量的关系中，判断哪个（或哪些）自变量的影响是显著的，哪些自变量的影响是不显著的，将影响显著的自变量选入模型中，而剔除影响不显著的变量。④利用所求的关系式对某一生产过程进行预测或控制。

【阅读2-11】

一元线性回归分析预测法模型分析

一元线性回归分析预测法，是根据自变量 x 和因变量 Y 的相关关系，建立 x 与 Y 的线性回归方程进行预测的方法。由于市场现象一般是受多种因素的影响，而并不是仅仅受一个因素的影响。所以应用一元线性回归分析预测法，必须对影响市场现象的多种因素做全面分析。只有当诸多的影响因素中，确实存在一个对因变量影响作用明显高于其他因素的变量，才能将它作为自变量，应用一元相关回归分析市场预测法进行预测。

一元线性回归分析法的预测模型为：

$\hat{Y}_t = a + bx_t$

式中，x_t 代表 t 期自变量的值；

$\hat{Y}_t$ 代表 t 期因变量的值；

a、b 代表一元线性回归方程的参数。

a、b 参数由下列公式求得（用 $\sum$ 代表 $\sum_{i-1}^{n}$）：

$$\begin{cases} a = \dfrac{\sum Y_i}{n} - b\dfrac{\sum X_i}{n} \\ b = \dfrac{n\sum X_iY_i - \sum X_i \sum Y_i}{n\sum X_i^2 - (\sum X_i)^2} \end{cases} \quad (1)$$

为简便计算,我们作以下定义：

$$\begin{cases} S_{xx} = \sum (X_i - \bar{X})^2 = \sum X_i^2 - \dfrac{(\sum X_i)^2}{n} \\ S_{yy} = \sum (Y_i - \bar{Y})^2 = \sum Y_i^2 - \dfrac{(\sum Y_i)^2}{n} \\ S_{xy} = \sum (X_i - \bar{X})(Y_i - \bar{Y}) = \sum X_iY_i - \dfrac{\sum X_i \sum Y_i}{n} \end{cases} \quad (2)$$

式中:$\bar{X} = \dfrac{\sum X_i}{n}, \bar{Y} = \dfrac{\sum Y_i}{n}$

这样定义 a、b 后，参数由下列公式求得：

$$\begin{cases} a = \bar{Y} - b\bar{X} \\ b = \dfrac{X_{xy}}{S_{xx}} \end{cases} \quad (3)$$

将 a、b 代入一元线性回归方程 $Y_t = a + bx_t$，就可以建立预测模型，那么，只要给定 x_t 值，即可求出预测值 $\hat{Y}_t$。

在回归分析预测法中，需要对 X、Y 之间相关程度作出判断，这就要计算相关系数 Y，其公式如下：

$$r = \frac{\sum (x_i - \bar{X})(Y_i - \hat{y})}{\sqrt{\sum (x_i - \bar{x})^2 \sum (y_i - \bar{y})^2}}$$

相关系数 r 的特征有：

① 相关系数取值范围为：$-1 \leqslant r \leqslant 1$ 。

②r 与 b 符合相同。当 $r > 0$，称正线性相关，X_i 上升，Y_i 呈线性增加。当 $r < 0$，称负线性相关，X_i 上升，Y_i 呈线性减少。

③$|r| = 0$,X 与 Y 无线性相关关系；$|r| = 1$，完全确定的线性相关关系；$0 < |r| < 1$，X 与 Y 存在一定的线性相关关系；$|r| > 0.7$，为高度线性相关；$0.3 < |r| \leqslant 0.7$，为中度线性相关；$|r| \leqslant 0.3$，为低度线性相关。

$$r = \frac{S_{xy}}{\sqrt{S_{xx} \cdot S_{yy}}}$$

例如：某地区轻工部门要求预测 1998 年轻工产品销售总额。根据初步分析，销售总额直接同本地区的职工工资总额有关。已知资料如下表，同时预计 1998 年职工工资总额比 1995 年增加 30%，要求预测 1998 年销售总额。

单位：万元

年份	1985	1986	1987	1988	1989	1990	1991	1992	1993	1994	1995	1996
销售总额 Y	19. 5	22. 2	24. 9	25. 2	19. 1	34. 5	41. 1	46. 2	53. 1	61. 5	66. 9	38. 6
职工工资总额 X	61	75	94	107	146	174	211	244	298	349	380	194. 5

解：1）建立回归分析模型，计算 a、b 系数值。

$$Y = a + bx$$

根据最小二乘法原理，a、b 值可由下式求得：

$$b = \frac{n\sum(x_i y_i) - \sum x_i \sum y_i}{n\sum x_i^2 - (\sum x_i)^2}$$

$$a = \frac{\sum y_i - b\sum x_i}{n}$$

根据已知资料,列出下表：

单位:万元

年份	商品销售额 Y	职工工资总额 X	$X \cdot Y$	X^2	Y^2	$X - \bar{X}$
1985	19. 5	61	1189. 5	3721	380. 3	- 135. 5
1986	22. 2	75	1665. 0	5652	492. 8	- 119. 5
1987	24. 9	94	2340. 6	8836	620. 0	- 100. 5
1988	25. 2	107	2696. 4	11449	635. 0	- 87. 5
1989	29. 1	146	4248. 6	21316	846. 8	- 48. 5
1990	34. 5	174	6003. 0	30276	1190. 3	- 20. 5
1991	41. 1	211	8672. 1	44821	1689. 2	16. 5
1992	46. 2	244	11272. 0	59836	2134. 2	49. 5
1993	53. 1	298	15823. 0	88804	2816. 6	103. 5
1994	61. 5	349	21463. 0	121801	3782. 3	154. 5
1995	66. 9	380	25422. 0	144400	4475. 6	185. 5
$\sum$	$\sum y = 424.2$	$\sum X = 2139$ $\bar{x} = 194.5$	$\sum(x \cdot y)$ $= 100797$	$\sum x^2$ $= 540285$	$\sum y^2$ $= 19063.3$	$\sum(x - \bar{x})^2$ $= 1243466$

将上表最末一行计算值代入上式，求得：

$$b = \frac{11 \times 100797 - 424.2 \times 2139}{11 \times 540285 - (2139)^2} = 0.147$$

$$a = \frac{424.2 - 0.147 \times 2139}{11} = 9.98$$

2）确定相关系数，进行相关性检验。相关性检验就是 Y 与 X 相关程度的检验。

相关系数 r 的计算公式为：

$$r = \frac{n\sum(x \cdot y) - \sum x \cdot \sum y}{\sqrt{[n\sum x^2 - (\sum x)^2][n\sum y^2 - (\sum y)^2]}}$$

将上表数据代入相关系数公式。

$$r = \frac{11 \times 100797 - 2139 \times 424.2}{\sqrt{(11 \times 540285 - 2139^2)(11 \times 19063.3 - 424.2^2)}}$$

$$= 0.988$$

相关性检验通过，所以回归模型 $Y = 9.98 + 0.147x$ 是可用的。

3）利用回归方程进行预测。1998 年工资总额：

380×130% =494（万元），将其代入回归方程，就可预测出 1998 年产品销售总额：$Y = 9.98 + 1.47 \times 494 = 82.6$（万元）。

［本章小结］

本章介绍的内容在管理经济学中占据着十分重要的地位。因为掌握市场需求变化规律是在市场经济条件下，企业经营管理决策的基本前提和出发点。

需求是指在某一时期内的某一市场上消费者所愿意并且有能力购买的该商品的数量。影响需求的主要因素有：商品的价格、消费者的收入水平、消费者的嗜好与偏好、相关商品的价格、消费者对未来的预期等。需求函数是需求量与影响这一数量的诸因素之间的数学表达式。需求函数所反映的商品价格与需求数量关系以列表法与图示法表示出来，则分别称为需求表与需求曲线。需求曲线有从左向右下倾斜并具有负斜率的特点。需求的变动指的是在商品本身价格不变条件下，由于其他因素变动所引起的需求数量的变化。需求量的变动是指其他条件不变的情况下，商品本身价格变动所引起的需求量的变动。

供给总是指在一定时期内该商品市场上企业所愿意提供并有能力提供的该商品的数量。其影响因素、供给函数与曲线以及供给与供给量的变动等同需求有类似规律。

市场均衡是指在影响需求和供给的其他因素都给定不变的条件下，市场上的商品价格达到这样一种水平，即使得消费者愿意购买的数量等于生产者愿意供给的数量。

消费者效用是指消费者通过消费某种物品或劳务所能获得的满足程度。对购买行为有着重大影响。需要懂得消费者边际效用递减规律、消费者效用最大化的均衡条件、边际替代率递减、消费者在既定约束条件下的均衡。

需求弹性是一个用于测试需求量对需求因素变动敏感程度的指标。它主要包括：需求的价格弹性、需求的收入弹性、需求的交叉弹性。它们分别是制定企业价格策略的基础、企业调整产品结构的新思路以及为企业统筹兼顾制定竞争策略提供了相对量化的依据。

需求曲线方程是企业进行需求分析的基础，而需求曲线方程的获得方法很多，但基本上可以归结为两种方法：一为进行市场调查法；二为统计法。统计法最主要的是回归分析法。

[思考与练习]

一、判断题

1. 如果对小麦的需求高度缺乏弹性，粮食丰收将减少农民的收入。（　）
2. 一般来说生活必需品的需求弹性比奢侈品的需求弹性要小。（　）
3. 如果价格和总收益呈同方向变化，则需求是富有弹性的。（　）
4. 某商品价格下降没有引起销售量增加，这是因为在这个价格段需求完全无弹性。（　）
5. 完全没有弹性是指价格的变化对总收益没有影响。（　）
6. 生产者预期某商品未来价格要下降，就会减少该商品当前的供给。（　）
7. 当某种商品的价格上涨时，其互补商品的需求将上升。（　）
8. 原油的价格下降会促使人们对别的替代能源的开发。（　）
9. 某商品的价格的上升会使其补充品的需求曲线向右上方移动。（　）
10. 维持农产品价格的主要目的是防止其价格的大幅度的波动。（　）
11. 购买某种商品的支出占全部收入的比例越小，其价格弹性就越小。（　）
12. 一般来说，价格上涨就会增加销售收入，而价格下跌则要减少销售收入。（　）
13. 在价格缺乏弹性的时候，价格变化的方向与销售收入的变化方向是相反的。（　）
14. 某种商品如果很容易被别的商品代替，那么该种商品的价格弹性就比较大。（　）
15. 高档商品因占人们收入的比例较大，所以它的弹性就比较小。（　）
16. 垂直的需求曲线的价格弹性一定等于无穷大。（　）
17. 必需品的价格弹性必定大于高级品的价格弹性。（　）
18. 如果价格弹性绝对值等于2，说明价格上涨1%，需求数量会上升2%。（　）
19. 如果一种商品的用途越广泛，会使该种商品的价格弹性变小。（　）
20. 如果价格弹性的绝对值等于零，说明该种商品是低等品。（　）
21. 在无差异曲线图上存在无数条无差异曲线是一位消费者的收入有时高有时低。（　）
22. 同一杯水具有相同的效用。（　）
23. 无差异曲线表示不同的消费者消费两种商品的不同数量组合所得到的效用是相同的。（　）
24. 如果一个商品满足了一个消费者坏的欲望，说明该商品具有负效用。（　）
25. 在消费者均衡条件下，消费者购买的商品的总效用一定等于他所支出的货币的

总效用。 (　　)

26. 如果 $MU_x/MU_y > P_x/P_y$，作为一个理性的消费者则会增加购买 X 商品，减少购买 Y 商品。 (　　)

27. 预算线的平行移动说明效法收入发生变化，价格没有变化。 (　　)

28. 预算线上的各点说明每种商品的组合是相同的。 (　　)

29. 一个消费者喜欢 X 商品甚于 Y 商品的主要原因是 X 商品的价格比较便宜。 (　　)

30. 如果消费者的偏好和趣味不发生变化，效用极大的均衡点也不会发生变化。 (　　)

二、选择题

1. 需求的弹性系数是指（　　）。

A. 需求函数的斜率　　B. 收入变化对需求的影响程度

C. 消费者对价格变化的反应程度　　D. 以上说法都正确

2. 假定需求表中 D_1，D_2，D_3 和 D_4 的弹性系数分别为 2.3，0.4，1.27 和 0.77，哪种情况在价格提高后将导致总收益的增加？（　　）

A. D_1 和 D_3　　B. D_3 和 D_4

C. D_2 和 D_4　　D. 仅 D_1

3. 假定某商品的价格从 10 元下降到 9 元，需求量从 70 增加到 75，需求为（　　）。

A. 缺乏弹性　　B. 富有弹性

C. 单位弹性　　D. 不能确定

4. 供给曲线的位置由下例哪种因素决定（　　）。

A. 厂商的预期　　B. 生产成本

C. 技术状况　　D. 以上皆是

5. 某商品价格下降导致其互补品的（　　）。

A. 需求曲线向左移动　　B. 需求曲线向右移动

C. 供给曲线向右移动　　D. 价格上涨

6. 如果甲商品价格下降引起乙商品曲线向右移动，那么（　　）。

A. 甲和乙产品是互相替代商品　　B. 甲和乙产品是互补商品

C. 甲为低档商品，乙为高档商品　　D. 甲为高档商品，乙为低档商品

7. 收入和偏好是（　　）。

A. 影响供给的因素　　B. 影响需求的因素

C. 在经济分析中可以忽略　　D. 上述都不正确

8. 需求大于供给时的价格（　　）。

A. 在均衡价格之上　　B. 在均衡价格之下

C. 将导致需求曲线的移动　　D. 是不可能出现的

9. 下例哪种情况不会引起玉米的需求曲线移动？（　　）

A. 消费者收入增加　　B. 玉米价格上升

C. 大豆供给量锐减　　D. 大豆价格上升

10. 假定某商品的需求价格为 $P = 100 - 4Q$，供给价格为 $P = 40 + 2Q$，均衡价格与均衡产量应为（　　）。

A. P = 60，Q = 10　　B. P = 10，Q = 6

C. P = 40，Q = 6　　D. P = 20，Q = 20

11. 如果商品 A 和商品 B 是替代的，则 A 的价格下降将造成（　　）。

A. A 的需求曲线向右移动　　B. A 的需求曲线向左移动

C. B 的需求曲线向右移动　　D. B 的需求曲线向左移动

12. 下列因素中除哪一种以外都会使需求曲线移动？（　　）。

A. 消费者收入变化　　B. 商品价格下降

C. 其他有关商品价格下降　　D. 消费者偏好变化

13. 一个商品价格下降对其互补品最直接的影响是（　　）。

A. 互补品的需求曲线向右移动　　B. 互补品的需求曲线向左移动

C. 互补品的供给曲线向右移动　　D. 互补品的供给曲线向左移动

14. 如果某商品的需求价格弹性是 -2，要增加销售收入（　　）。

A. 价格必须下降　　B. 价格必须提升

C. 保持价格不变　　D. 在提升价格的同时，增加推销开支

15. 某商品的需求价格 100 元，需要数量是 100 件，价格下降到 80 元，需求数量没有发生变化，还是 100 件，说明该种商品为需求价格弹性是（　　）。

A. 等于 1　　B. 等于 -1

C. 等于零　　D. 不能确定

16. 预算线的位置和斜率取决于（　　）。

A. 消费者的收入

B. 消费者的收入和商品的价格

C. 消费者的偏好

D. 消费者的偏好，收入和商品的价格

17. 消费者的收入增加可能会是（　　）。

A. 无差异曲线向右移动　　B. 预算线的斜率变平

C. 需求增加　　D. 需求量增加

18. 消费者均衡的条件是（　　）。

A. $P_x / P_y = MU_y / MU_x$　　B. $P_x / P_y = MU_x / MU_y$

C. $P_x \cdot X = P_y \cdot Y$　　D. 以上三者都不是

19. 总效用达到最大时（　　）。

A. 边际效用为零　　B. 边际效用最大

C. 边际效用为负　　D. 边际效用为正

20. 如果无差异曲线上任一点的斜率 -1/4，这意味着消费者意愿放弃几个单位 X 而获得一个单位的 Y（　　）。

A. 5　　B. 1

C. 1/4　　D. 4

21. 消费者购买每位物品所支付的价格一定等于（　　）。

A. 消费者从消费第一单位的这种物品中获取的边际效用

B. 消费者从消费这种物品中获得的总效用

C. 消费者从平均每单位物品的消费中获得效用

D. 消费者从消费最后以单位物品中获得的效用

22. 已知 X 商品的价格为 5 元，Y 商品的价格为 2 元，如果消费者从这两种商品的消费中得到最大效用时，商品 Y 的边际效用为 30 元，那么此时 X 商品的边际效用为（　　）。

A. 60　　B. 45

C. 150　　D. 75

23. 如果一个消费者所选择的商品的边际效用都递减，说明（　　）。

A. 这个消费者的收入没有增加

B. 这个消费者的生活状况恶化了

C. 这个消费者减少了各种商品的消费

D. 这个消费者的生活水平提高了

24. 处在不同的无差异曲线上的各种商品组合（　　）。

A. 效用是不可能相等的

B. 一般情况下，效用是不可能相等的，但在个别场合，有可能相等

C. 效用是否相等要视情况而定

D. 效用是可能相等的

25. 处于同一条无差异曲线的两个点，说明（　　）。

A. 两种商品组合不同，效用水平也不同

B. 两种商品组合相同，但效用水平不同

C. 两种商品组合相同，效用水平也相同

D. 两种商品组合不同，但效用水平相同

三、问答题

1. 试分析下列三种情况是需求还是需求量发生变化？

（1）大葱价格每公斤下降 5 元，消费者购买更多的大葱。

（2）汽车价格大幅上升，对汽车的影响如何？

（3）收入增加使某消费者购买更多的高档商品。

2. 试分析下列情况是供给变化还是供给量变化？

（1）气候不好使葡萄歉收，葡萄的供给量大幅减少。

（2）面粉涨价使面包价格提高。

（3）皮鞋价格提高后制鞋商增加了产量。

3. 什么是边际效用递减规律？

4. 什么是边际替代率递减规律？物品的边际替代率为什么递减？

5. 什么是消费者均衡，其条件是什么？

6. 对于厂商来说，其产品的需求弹性大于1和小于1对其价格战略（采取降价还是涨价）将产生何种影响？

7. 我国许多大城市，由于水资源不足，自来水供应紧张，请根据边际效用递减原理，设计一种方案供政府来缓解或消除这个问题，并说明具体措施：

（1）对消费者剩余有何影响？

（2）对生产资源的配置有何有利或不利的效应？

（3）对于城市居民的收入分配有何影响？能否有什么补救的办法？

四、计算题

1. 某商店出售土豆条，如果每袋35美分，店主希望每周出售450袋，而消费者需求却为50袋。如果每袋价格降低5美分，店主希望每周出售350袋，消费者需求却增加了100袋。试找出均衡点。

（答案：$P=25$；$Q=250$）

2. 某国为了鼓励本国石油工业的发展，采取措施限制石油进口，估计这些措施将使石油数量减少20%，如果石油需求的价格弹性在0.8～1.4之间，试问第二年该国石油价格预期会上涨多少？

（答案：14.3%～25%）

3. 假定某商品的需求价格为$P=100-5Q$，供给函数为$P=40+10Q$，求：该商品的均衡价格和均衡产量。

（答案：$P=80$；$Q=4$）

4. 某人每月收入120元可花费在X和Y两种商品上，他的效用函数为$U=XY$，$P_x=2$元，$P_y=3$元。要求：

（1）为获得最大效用，他会购买几单位X和Y？

（2）假如X的价格提高40%，Y的价格不变，为使他保持原有的效用水平，收入必须增加多少？

（答案：$X=30$，$Y=20$；收入必须增加24元）

5. 找出$P=10$，$I=20$，$P_s=9$时的点价格弹性，点收入弹性和点交叉弹性，需求函数估计为：$Q_d=90-8P+2I+2P_s$。此产品的需求弹性是充足还是不足？是一个奢侈品还是必需品？两种产品是替代品还是互补品？

（答案：需求弹性不足）

6. 某产品市场由消费者A、B及生产者I、J构成。A、B的需求分别为：$D_a=200-2P$，$D_b=150-P$，并且I、J的供给分别为：$S_i=-100+2P$，$S_j=-150+3P$，p为产品价格。试求：

（1）市场均衡价格。

（2）消费者A、B的需求量。

（3）I、J的供给量。

（答案：$p=75$；$Da=50$，$Db=75$；$Si=50$，$Sj=75$）

7. 设现阶段我国居民对新汽车需求的价格弹性是$E_d=-1.2$，需求的收入弹性是

$E_I = 3.0$，计算：

（1）在其他条件不变的情况下，价格提高3%对需求的影响；

（2）在其他条件不变的情况下，收入提高2%对需求的影响；

（3）假设价格提高8%，收入增加10%。2004年新汽车的销售量为800万辆。利用有关弹性系数估算2005年新汽车的销售量。

（答案：其他条件不变时，价格提高3%使需求降低3.6%；其他条件不变收入提高2%时，需求增加6%；2005年新汽车的销售量为963.2万辆）

8. 已知某人消费的两种商品X和Y的效用函数$U = X^{1/3}Y^{2/3}$，商品价格分别为P_x和P_y，收入为M。试求：此人对商品X和Y的需求函数。

（答案：$X = M/3P_x$，$Y = 2M/3P_y$）

9. 已知：某产品的价格下降4，致使另一种商品销售量从800下降到500。

试问：这两种商品是什么关系？弹性是多少？

（答案：略）

10. 假设：消费者张某对X和Y两种商品的效用函数为：$U = X^2Y^2$，张某收入为500元，X商品和Y商品的价格分别为P_X为2元，P_Y为5元。

试求：张某对X和Y两种商品的最佳组合。

（答案：$X = 50$，$Y = 125$）

3 生产决策理论

[本章结构图]

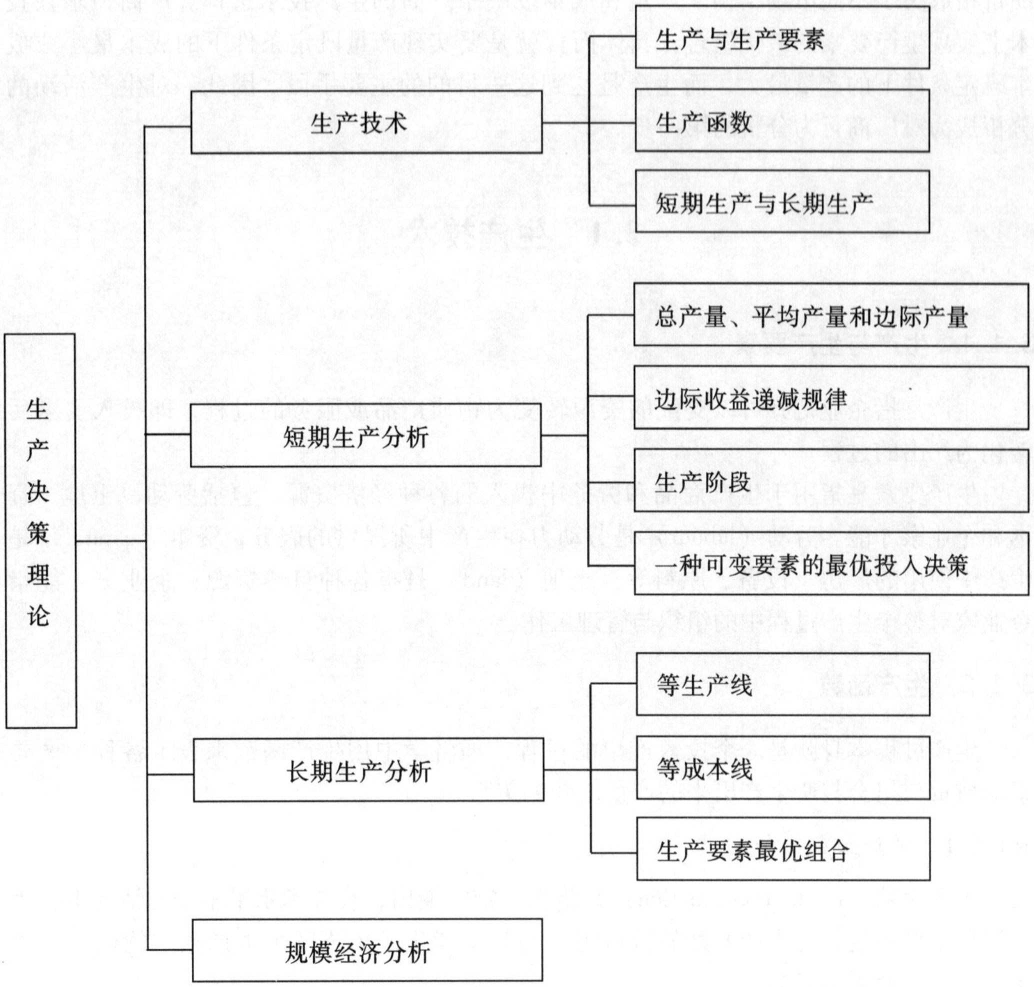

[本章学习目标]

通过本章的学习，你可以了解：

- 生产与生产要素。

- 生产函数、长期生产和短期生产。
- 短期生产分析、边际收益递减规律。
- 长期生产分析、等产量曲线、等成本曲线、生产扩展线。
- 生产报酬递减规律、规模报酬、规模经济。

企业的任务是把资源组织起来加工以生产产品，直接或间接满足消费者需求。它们面临的一般生产问题是如何确定多少产量和使用多少以及何种资源，从而最有效地达到这些产量，以实现利润最大化。

我们知道，利润是总收益和总成本的差额。总收益受价格和产量的影响，其中产品价格取决于不同市场结构。产量和成本取决于厂商的生产技术选择。厂商力求在技术上实现生产要素的最优组合，具体而言就是要实现产量既定条件下的成本最小或成本既定条件下的产量最大，而生产是达到这一目的的主要手段。因此，对生产活动的分析成为对厂商行为分析的第一步。

3.1 生产技术

3.1.1 生产与生产要素

生产是指企业把其可以支配的资源转变为物质产品或服务的过程，即投入要素后转化为产出的过程。

生产要素是指用于生产商品和劳务中投入的各种经济资源，包括劳动、土地、资本和企业家才能。劳动（labour）是劳动力在生产中所提供的服务；资本（capital）是生产中使用的厂房、设备、原料等；土地（land）是指各种自然资源；企业家才能指企业家对整个生产过程中的组织与管理工作。

3.1.2 生产函数

生产过程本身就是一个投入产出的过程，经济学中用生产函数来表示各种生产要素的数量与组合与所生产出来的产量之间的关系。

3.1.2.1 生产函数的含义

生产函数（production function）是指在一定时期内，在技术水平不变的情况下，生产过程中投入的各种生产要素的数量组合与其所能生产出来的最大产量之间的对应关系。它的一般表达式为：

$$Q=f(L, K, N, E)$$

式中：Q 为产量；

L 为劳动要素；

K 为资本要素；

N 为土地要素；

E 为企业家才能要素。

为了简化分析，一般常把劳动和企业家才能合并统称为劳动因素，用 L 表示，把资本和土地合并统称为资本因素，用 K 表示，则生产函数表示为：

$$Q=f(L, K)$$

3.1.2.2 技术系数

生产不同产品时，厂商所投入的各种生产要素的配置比例是不同的。技术系数（technological coefficient）是指为生产一定量的产品所需要投入的各种生产要素的组合比例。如果这个比例是不能改变的，则称为固定技术系数，表明两种生产要素之间不能相互替代。与之相对应的生产函数是固定配置比例生产函数。如果配置比例是可以改变的，则称为可变技术系数，表明生产要素之间可以相互替代，如果多用某种生产要素，就可以少用另一种生产要素，与之相对应的生产函数是可变配置比例生产函数。

3.1.3 短期生产与长期生产

在经济分析中，常把生产分为短期和长期两种。经济学对短期与长期的划分不是根据时间的长短来判断，而是根据在一定时期内生产要素是否可以随产量变化而变化。

短期生产（Short run）是指生产期间至少有一种生产要素的投入量固定不变的时期。这种固定不可变动的生产要素称为固定要素或固定投入（Fixed Inputs）。固定要素决定企业的生产潜力和生产规模。

长期生产（Long run）是指生产期间所有生产要素的投入量都可以变动的时期。这些可变动的生产要素称为可变要素或可变投入（Variable Inputs）。可变要素只决定厂商在既定生产规模下的某个确定产量水平。

在短期，因为固定要素（厂房、设备等）无法变动或变动成本无限大，企业只能通过增加可变要素（工人、原料等）的投入来扩大产量。而在长期，由于所有要素都能变动，企业就可以扩建厂房、增添设备、扩大生产能力以更经济有效地增加产量。

根据短期与长期的划分，可相应地得出短期生产函数和长期生产函数。

短期生产函数是以一种可变要素的生产函数来考察厂商的短期生产行为。假如资本的投入量是固定的，用 $\bar{K}$ 表示，劳动 L 的投入量是可以改变的，则短期生产函数为：

$$Q=f(L, \bar{K}) \text{ 或 } Q=f(L)$$

长期生产函数是以两种可变生产要素的生产函数来考察厂商的长期生产行为，长期生产函数为：

$$Q=f(L, K)$$

【讨论】从实际情况看，任何厂商从事生产活动，一定是短期生产行为。该说法是否正确？

3.2 短期生产分析

短期生产分析主要通过研究短期生产函数，寻求短期内生产要素的合理投入问题。当生产中只有一种生产要素的投入量（如劳动 L）可变，而其他要素投入不变时，这种可变投入的使用量为多少时能使企业的利润最大。为此，首先要了解总产量、平均产量和边际产量及其相互关系。

3.2.1 总产量、平均产量和边际产量

3.2.1.1 总产量、平均产量与边际产量的定义

（1）总产量（total product，简称 TP）是指一定的生产要素投入量所提供的全部产量。如果只考察一个可变生产要素，如劳动对产量的影响则有：$TP_L = Q = f(L)$。

（2）平均产量（average product，简称 AP）是指单位生产要素所生产出来的产量。如果研究劳动因素的平均产量，可用 AP_L 表示，则有：$AP_L = Q/L = TP_L/L = f(L)/L$。

（3）边际产量（marginal product，简称 MP）是指增加一个单位可变要素投入量所增加的产量。如研究劳动的边际产量，可用 MP_L 表示，则：$MP_L = dQ/dL = dTP_L/dL$ 或 $MP_L = \Delta Q/\Delta L = \Delta TP_L/\Delta L$。

根据总产量、平均产量和边际产量的定义，再用具体的数字来对上述的量进行说明。假定资本量不变，可变量为劳动的投入量，随着劳动量投入的不断增加，总产量、平均产量和边际产量的变动如表 3－1 所示：

表 3－1　总产量、平均产量和边际产量

资本(K)投入量	劳动(L)投入量	劳动增量(ΔL)	总产量(TP_L)	平均产量(AP_L)	边际产量(MP_L)
2	1	1	15	15.0	15
2	2	1	32	16.0	17
2	3	1	48	16.0	16
2	4	1	59	14.7	11
2	5	1	67	13.4	8
2	6	1	72	12.0	5
2	7	1	73	10.4	1
2	8	1	72	9.0	-1
2	9	1	70	7.8	-2
2	10	1	67	6.7	-3

根据表 3－1，资本投入量为常数，在短期中始终是 2 单位，劳动的投入量则以 1 单位为增量不断增加。总产量、平均产量和边际产量均呈现先升后降的趋势，且它们之间存在着密切的联系。

3.2.1.2 总产量曲线、平均产量曲线与边际产量曲线

根据表3-1，作图3-1。横轴 *OL* 代表劳动量，纵轴 *TP*、*AP*、*MP* 分别代表总产量、平均产量、边际产量。

我们可以清楚看出这三条曲线之间有以下特征：

(1) 边际产量反映了总产量变动的速度。在边际产量递增的区域，随着劳动投入量的增加，总产量以递增的速度增加；在边际产量递减但为正的区域，总产量增加的速度变缓；边际产量为零时（$MP=0$）总产量达到最大；边际产量为负时（$MP<0$）总产量下降。

在数学上，边际产量是总产量对可变生产要素求一阶导数，在图上表现为总产量曲线上相应各点切线的斜率。

另外，当边际产量为正数时（$MP>0$），总产量总会增加。

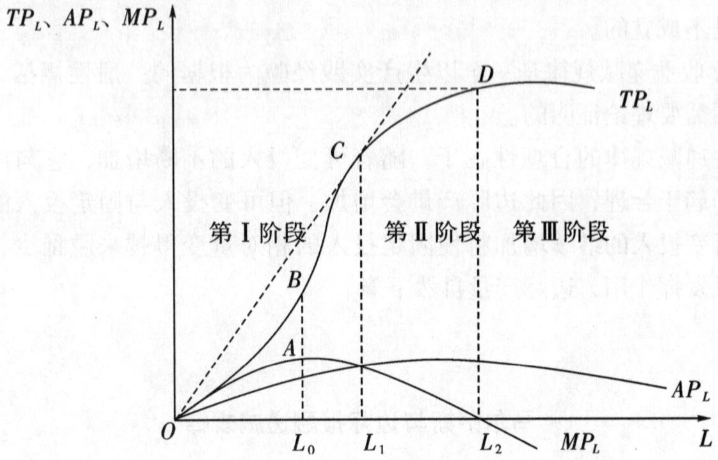

图3-1 总产量曲线、平均产量曲线与边际产量曲线

(2) 从平均产量定义和图3-1可知，从原点出发作一射线至总产量上的 *C* 点，这条射线的斜率就是与 *C* 点对应的平均产量。与总产量相切的射线 *OC* 的斜率在所有射线中的斜率是最大的，因此 *C* 点所对应的平均产量自然也是最大平均产量。

边际产量曲线与平均产量曲线相交于平均产量曲线的最高点。在相交左侧，边际产量大于平均产量（$MP>AP$），平均产量是递增的；在相交右侧，边际产量小于平均产量（$MP<AP$），平均产量是递减的；在相交时，边际产量等于平均产量（$MP=AP$），平均产量达到最大。

3.2.2 边际收益递减规律

在短期生产理论中，边际收益递减规律相当重要，它既可以说明上述三条曲线的走势关系，还能进一步解释在一种生产要素变动时生产者的合理投入区域。

边际收益递减规律亦称为生产要素报酬递减规律（the law of diminishing returns），该规律的基本内容是：在技术水平不变的情况下，当把一种可变的生产要素投入到一

种或几种不变的生产要素时，最初这种生产要素的增加会使产量增加，但当它的增加超过一定限度时，增加的产量将要递减，最终还会使产量绝对减少。

在理解这一规律时，要注意以下几点：

（1）这一规律发生作用的前提是技术水平不变。只有当技术水平不变时，一种要素的连续投入，边际产量才会出现递减趋势。否则，该规律不存在。

（2）随着可变要素投入量的增加，边际产量要经过递增到递减的过程。也就是说，可变要素的边际产量并不是一开始就是递减的，只有当可变要素投入超过一定量时，边际产量才开始递减。在此之前，边际产量是递增的。

在表3－1中，当劳动投入量小于2个单位时，劳动的边际产量是递增的。当劳动的投入量超过2个单位时，劳动的边际产量开始递减。这一变化规律在图3－1表现为边际产量的斜率先为正后为负的曲线。

（3）边际收益递减规律只适用于可变配置比例的生产函数。此规律对固定配置比例生产函数是不成立的。

（4）边际收益递减规律是一个以生产实践经验为根据的一般性概括，是一个基本的规律，是不需要理论证明的。

边际收益递减规律的合理性在于：随着可变投入的不断增加，它与固定投入量之间的匹配逐渐趋于合理，因此边际产量会增加；但可变投入与固定投入的匹配一旦超越最优后，可变投入的继续增加将使固定投入的相对量变得越来越稀少，则可变投入会越来越难以发挥作用，边际产量自然下降。

【阅读3－1】

马尔萨斯与边际报酬递减规律

马尔萨斯极为关注农业边际收益递减规律的后果。依据他的分析，在土地供给数量不变和人口增加的条件下，每个额外生产者耕作的土地数量不断减少，他们所能提供的额外产出会下降；这样虽然食物总产出会不断增加，但新增农民的边际产量会下降，因而社会范围内人均产量也会下降。在马尔萨斯看来，世界人口增加比例会大于食物供给增加比例。因此，除非能够说服人们少要孩子——马尔萨斯并不相信人口可以由此得到控制——饥荒将在所难免。

在马尔萨斯生活的年代，工业化进步尚未提供成熟到可以替代耕地的农业技术，使之能够大幅度提高单位耕地面积产量，克服人多地少的农业和食物生产边际收益递减带来的困难。从实证分析角度看，马尔萨斯的理论建立在边际收益递减的规律基础之上，对于观察工业化特定阶段的经济运行矛盾具有历史认知价值。换言之，如果没有现代替代耕地的农业技术的出现和推广，如果没有外部输入食物或向外部输出人口的可能性，英国和欧洲一些国家工业化确实会面临马尔萨斯陷阱所描述的困难。马尔萨斯观察暗含了农业技术不变与人均占有耕地面积下降这两点假设，如果实际历史和社会经济状况满足或接近这两个条件，马尔萨斯陷阱作为一个条件预测是有效的。例如，这一点对于中国经济史上某些现象具有分析意义，在我国几千年传统农业历史时期，农业技术不断改进，但没有突破性进步；在没有战乱和大范围饥荒的正常时期，人口长期增长率远远高于耕地面积增加的速度，由于越来越多的人口不得不在越来越小的人均耕地面积上劳作，劳动生产率和人均粮食产量难免下降，这一基本经济面的边际收益递减规律作用，加上其他一些因素（如制度因素导致的分配不平等、外族入侵等等）影响，可能是我们几千年传统农业社会周期振荡的重要原因。

然而，马尔萨斯结论作为一个无条件预言是错误的，近现代世界经济史告诉我们，在过去200多年间，农业科学技术不断取得革命性突破，与马尔萨斯生活时代的情况发生了根本性变化，与他的推论暗含的假设条件完全不同。化肥、机械、电力和其他能源、生物技术等现代技术和要素投入，极大地提高了农业劳动生产率，使农业和食品的增长率显著超过人口增长。从历史事实看，马尔萨斯理论是对边际收益规律的不适当运用，如果马尔萨斯当年的分析还有某种历史认识价值，那么形形色色的现代马尔萨斯预言则是完全错误的。

（资料来源：卢锋. 经济学原理. 北京：北京大学出版社，2002.）

【案例分析1】

人多真的好办事吗?

人（劳动力）只有与资本保持合适的比例，才能高效率地生产财富。所以，人多好办事是有条件的，即劳动力与资本之间必须保持合理的比例关系。如果一味只增加劳动力没有资本的相应增加必然会导致生产率的下降。

试想，如果汽车的需求增加了，为了适应这一增加，汽车制造商起初可以靠增加工人来增加产量，但这是有限度的，一旦工人人数达到最优，再增加工人，就会导致成本的增加和利润的降低。如果汽车需求的增加是持久的，更为明智的做法应当是扩建，即既增加工人，又增加设备。又比如种地，要提高土地的产量，光靠增加劳动量同样是行不通的。我国大跃进期间，在土地上大搞“人海战术”，并没有收到预期效果，就是例证。为什么我国要实行计划生育？一个最重要的原因，就是国家的耕地和其他许多资源是有限的，如果人口（劳动力）无限的增长，就必然会导致生产率的下降，从而降低人民生活的水平。

如果仅靠增加工人真的能无限增加产量，那么，在一家汽车厂里就能制造出全世界需要的汽车来。在一亩土地上就长出全球人口所需的粮食来。显然，这是不可能的，因为有边际收益递减规律在起作用。

（资料来源：陈立，等. 西方经济学. 北京：电力出版社，2006.）

3.2.3 生产阶段

从边际收益递减规律我们已经知道，在其他条件不变的前提下，一种可变要素的不间断追加必将导致边际收益的递减。那么，追求最大利润的生产者应如何控制其可变生产要素的投入呢?

图3－1可分为三个区域：从原点到平均产量的最高点C为第Ⅰ区间；从C到总产

量的最大值 D 点为第Ⅱ区间；D 点之后为第Ⅲ区间。

在第Ⅰ区间，投入劳动 L 从零增加到 L_1 点。其特点是：$MP>0$，TP 保持递增趋势；$MP>AP$，AP 递增，$MP=AP$ 时 AP 递增至最高点；MP 在达到最大值后递减，A 点是 MP 曲线的最高点，对应 TP 曲线的拐点 B。在 TP 递增阶段，TP 先是以递增的速度递增，然后以递减的速度增加。

在第Ⅱ区间，投入劳动 L 从 L_1 点增加到 L_2 点。其特点是：TP 保持递增趋势但增幅减缓直到最大值 D 点（$MP=0$）。$MP>0$，且 $MP<AP$，AP 下降。

在第Ⅲ区间，投入劳动 L 超过 L_2 点。其特点是：TP 由最高点依次递减；AP 一直保持递减趋势；$MP<0$。

显然，Ⅰ区间和Ⅲ区间都不是一种生产要素的合理投入区间，因为在Ⅰ区间，边际产量大于平均产量，再增加劳动的投入，不仅可增加总产量，还可以提高平均产量。而在Ⅲ区间，边际产量小于零，再增加劳动投入会使总产量绝对减少。相较之下Ⅱ区间为一种可变生产要素的投入合理区域，因为，在总成本既定的前提下，不考虑其他因素，只有总收益达到最大。若总收益既定的前提下，企业只有总成本最小，总成本最小就意味着企业需要追求平均产量的最大。因此，若要获得最大利润，企业的投入合理区域就应在平均产量最大值到总产量最大值之间，即劳动的投入量在 L_1 到 L_2 之间。

3.2.4 一种可变要素的最优投入决策

3.2.4.1 决策原理

通过前边分析，我们不难得出一种可变要素的最优投入决策原理：投入最后一个单位要素时的总成本的增加量等于它所带来的收益增加量。

3.2.4.2 数学表达

$$MRP=ME \text{ 或 } MRP=P_L$$

MRP（边际产量收益）是指增加一单位要素投入所获得的产品销售收益增加量，它等于生产要素的边际产量 MP 乘以相应的边际收益 MR，即 $MRP=MP\times MR$。

ME（边际支出）是指增加一个单位的投入要素所带来的总成本的增加量，即要素的价格，如劳动力或原料的价格。

当生产要素的边际产量收益等于它的边际要素支出（要素的价格）时，企业利润最大。

【例 3－1】假定已知某企业的生产函数为：$Q=21L+9L^2-L^3$

（1）求该企业的平均生产函数和边际产量函数。

解：

$AP=Q/L=21+9L-L^2$

$MP=dQ/dL=21+18L-3L^2$

（2）如果企业现在使用 3 个劳动力，试问是否合理？合理的劳动使用量应在什么范围内？

解：

合理区域在第二阶段，即在 $\max AP \sim \max Q$ 范围内。

$\max AP$：$dAP/dL = 9 - 2L = 0$，$L = 4.5$

$\max Q$：$MP = 0$，$L = 7$

合理的劳动使用量应该在4.5～7之间。

（3）如果该企业产品的市场价格为3元，劳动力的市场价格为63元，该企业的最优劳动投入量是多少？

解：

$MRP = P_L$

$MR \times MP = P_L$

$3\ (21 + 18L - 3L^2) = 63$

$L = 6$

即该企业的最优劳动投入量是6。

3.3 长期生产分析

在长期生产中，厂商有足够的时间根据市场调整改变所有的生产要素，因此不存在固定的生产要素，如前所述，为了简化分析，以两种可变生产要素的生产函数考察长期生产问题。

3.3.1 等产量线

3.3.1.1 等产量曲线的含义

等产量曲线（isoquant curve）是指在技术水平不变的情况下，生产一定产量的两种生产要素投入量的各种不同组合点的轨迹，如图3－2所示。L 和 K 为生产要素劳动和资本的数量，曲线 Q 即为等产量曲线。

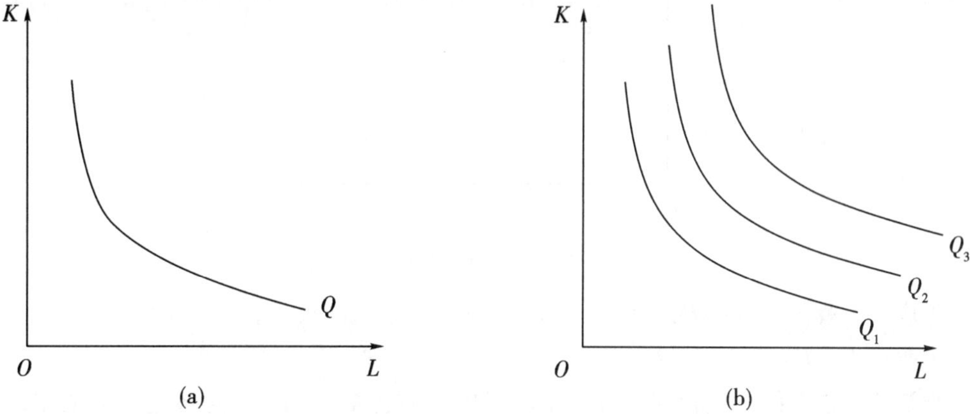

图3－2 等产量曲线

3.3.1.2 等产量曲线的性质

等产量曲线拥有与无差异曲线相类似的特征：

（1）同一条等产量曲线上的任意两点所代表的产量水平相等；

（2）等产量曲线斜率为负；

（3）等产量曲线凸向原点；

（4）越远离原点的等产量曲线所代表的产量水平越高；

（5）两条等产量曲线互不相交。

3.3.1.3 边际技术替代率及其递减法则

（1）边际技术替代率。边际技术替代率（marginal rate of technical substitution，简称 $\mathrm{MRTS}_{L,K}$）是指在产量保持不变的情况下，增加一单位的某种生产要素（L）的投入量所能代替的另一生产要素（K）的投入量。

$$MRTS_{L,K} = -\Delta K/\Delta L$$

当 $\Delta L \to 0$ 时，$MRTS_{L,K} = -\mathrm{d}K/\mathrm{d}L = MP_L/MP_K$

（2）边际技术替代率递减法则。边际技术替代率递减法则是指在保持产量不变的前提下，随着一种生产要素（L）的投入量的增加，它能替代的另一种生产要素（K）的数量是逐渐减少的。

3.3.2 等成本线

从企业的角度，企业当然希望等产量曲线离原点越远越好，但要受到生产要素价格和自身货币投入量的制约。等成本线（isocost）表示在既定的要素价格下，厂商用一定数量的资金所能购买的两种生产要素最大量组合的轨迹，如图 3－3 所示。

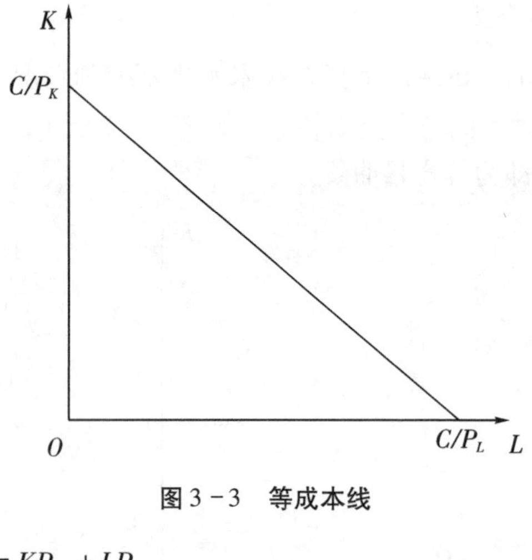

图 3－3 等成本线

等成本方程式：$C = KP_K + LP_L$。

可改写为：$K = C/P_K - LP_L/P_K$。

与消费可能曲线性质相同，等成本曲线的性质包括：①离原点较远的等成本曲线总是代表较高的成本水平。②同一等成本曲线上的任一两条等成本曲线都不能相交。

③等成本曲线向右下方倾斜，其斜率为负。这意味着要增加某一种要素的投入量而要保持总成本不变，就必须相应地减少另一种要素的投入量。④在要素价格给定的条件下，等成本曲线是一条直线，其斜率是一个常数。

【阅读3-2】

为什么不使用停车计时器

城市中心由于交通拥挤，停车需要缴费，把收缴停车费这一劳务供给活动看成一项特殊的产品生产过程，那么它既可以采用人工收缴方式，也可以采用停车计时器收缴方式。二者代表了不同的劳动和资本投入品组合方式。在欧美发达国家大城市，通常采用停车计时器收费，我国城市一般采用人工收费方式，这显然是符合经济学规律的选择。因为我国经济发展水平较低，资本比较缺乏，劳动相对价格较低，因而在技术条件允许劳动替代资本的场合，应当尽量使用较多劳动。发达国家则相反，那里资本比较充裕劳动相对价格较高，因而较多利用资本替代劳动技术。几年前某城市有关部门认为停车计时器比较现代化，花费几百万元从欧洲引入了几十个停车计时器，安装在道路两旁，但是这个办法效果不好，没有推广，为什么？原因之一是我们试图在劳动力价格很低的条件下，不适当的采用资本替代劳动的生产方式，不符合经济规律。

3.3.3 生产要素最优组合

把等产量曲线和等成本曲线结合起来，可以确定生产要素的最佳组合。

最优组合即是指要素的最优配置。在这里最优的条件是，在既定的产量目标下使成本最小，或在既定成本下使产量最大。

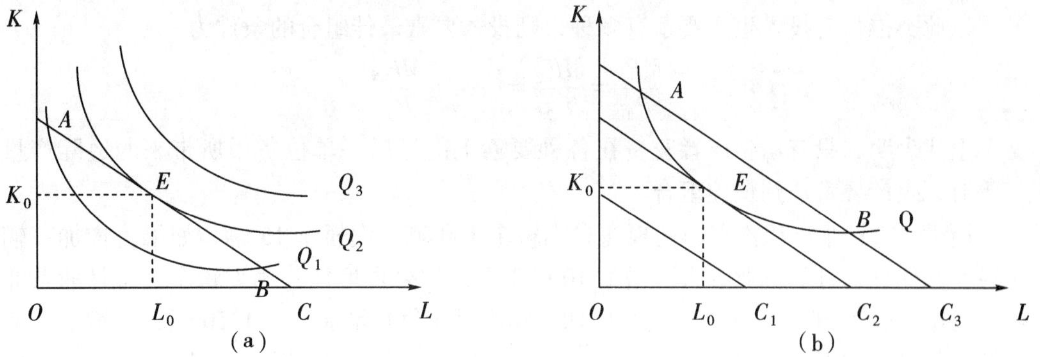

图3-4 生产要素的最佳组合

3.3.3.1 成本既定，产量最大

由于成本既定，所以只有一条等成本线 C，如图3-4（a）所示。Q_1、Q_2、Q_3 为三条等产量线。因为等产量线是凸向原点的，所以等成本线必然能与无数条等产量线中的一条相切。假定 C 与 Q_2 相切于 E 点，同时 C 与 Q_1 相交于 A、B 两点，那么 A、B、E 三点都在等成本线 C 上，而且都是既定成本下所购买的最大数量的要素组合，但

其中 E 点所生产的产量是最大的，因为 E 在等产量线 Q_2 上。

3.3.3.2　产量一定，成本最小

由于产量既定，所以只有一条等产量线 Q，如图 3－4（b）所示。C_1、C_2、C_3 为三条等成本线，无数条等成本线中必然有一条能与等产量曲线 Q 相切。假定 Q 与 C_2 相切于 E 点，同时 Q 与 C_3 相切于 A、B 两点，那么 A、B、E 三点都在等产量线 Q 上；相应地，三种要素投入组合都可以生产出产量 Q，但其中 E 点所花费的成本是最小的，因为 E 点在成本线 C_2 上。

从上述分析可知，要实现生产要素的最佳投入组合，必须使一定的成本获得最大的产量，或者使一定的产出水平只需付出最小的成本。

图形上表现为等产量线与等成本线相切时，在切点 E 才能实现最佳投入组合。如果在切点上，两条曲线的斜率是相等的。

等产量曲线的斜率为：

$$-MP_L/MP_K$$

等成本线的斜率为：

$$-P_L/P_K$$

因此，在切点有：

$$-\frac{MP_L}{MP_K}=-\frac{P_L}{P_K}$$

或

$$\frac{MP_L}{P_L}=\frac{MP_K}{P_K}$$

上式即为生产要素的最佳组合原则。

以此类推，若投入生产要素有多种，则投入要素最佳组合的条件为：

$$\frac{MP_1}{P_1}=\frac{MP_2}{P_2}=\cdots\cdots=\frac{MP_N}{P_N}$$

上式表明，只有当生产者花费在各种要素上的最后一单位货币所带来的边际产量相等时，生产要素达到最佳组合。

【例 3－2】某出租汽车公司现拥有小轿车 100 辆，大轿车 15 辆。如果再增加一辆小轿车，估计每月的营业收入可增加 10 000 元；如果再增加一辆大轿车，每月的营业收入可增加收入 30 000 元。假定每增加一辆小轿车每月增加开支 1250 元，每增加一辆大轿车每月增加开支 2500 元。该公司这两种车的比例是否最优？如果不是，应如何调整？

解：$\because$ $MP_{大}=30\ 000$　　$P_{大}=2500$

$\therefore \dfrac{MP_{大}}{P_{小}}=\dfrac{30\ 000}{2500}=12$（元）

$\because MP_{小}=10\ 000 P_{小}=1250$

$\therefore \dfrac{MP_{小}}{P_{小}}=\dfrac{10000}{1250}=8$（元）

即大轿车每月增加1元开支，可增加营业收入12元，而小轿车每月增加1元开支，却只能增加营业收入8元。两者不等，说明两种车的比例不是最优。如想保持总成本不变，而使总营业收入增加，就应增加大轿车，减少小轿车（需要说明的是，这里 $P_{大}$，$P_{小}$ 不是轿车的购置价格，是指每月开支的增加额，收入是指每月的增加额）。

3.4 规模经济分析

所有生产要素按原来的技术系数增加，即生产规模的扩大与所引起的产量变化之间的关系属于长期的生产理论，这就要涉及经济学中的另一个重要规律：规模经济。

规模经济是指在其他条件不变的情况下，厂商同比例地变动所有生产要素所引起的产量的变化。

根据投入变动与产出变动之间的关系，可以把规模经济的变化划分为规模收益递增、规模收益不变、规模收益递减三种类型。

（1）规模收益递增。这是指产量增加的比例大于各种要素投入增加的比例，如生产规模扩大了10%，而产量的增加大于10%。

产生规模收益递增的原因是由于厂商生产规模扩大所带来的生产效率的提高，表现为以下几个方面：

①生产规模扩大后，厂商能够利用更加先进的技术和机器设备等，而小规模的厂商则很难利用这样的技术和机器设备等。

②可以实行专业化生产。在大规模的生产中，专业和分工都可以分得更细，这样就会提高生产效率、提高工人的技术水平，从而使企业内部的生产分工更加合理化和专业化。

③可以提高管理效率。各种规模的生产都需配备必要的管理人员，在生产规模小时，这些管理人员无法得到充分利用，在生产规模扩大后，可以在不增加管理人员的情况下增加生产，这样就提高了管理效率。

④生产要素具有不可分割性。例如，一座产量为500吨的高炉，由于不可分割性，除非产量达到500吨；否则就不能充分利用。

⑤其他因素。大规模生产便于实行联合化生产和多角化经营；便于实行大量销售和大量采购。

（2）规模收益不变。这是指产量增加的比例等于各种要素投入增加的比例，如生产规模扩大了10%，产量也增加了10%。

规模收益递增的趋势不可能是无限的，当生产达到一定规模之后，上述促使规模收益递增的因素会逐渐得到充分利用后而受到限制。例如，工人分工过细，可能导致工人工作单调乏味，影响工作积极性；设备生产效率的提高，最终也可能要受当前技术水平的限制。因此企业通常会有一个最优规模。对厂商来说，当企业达到最优规模时，再扩大生产，它就要采用建若干个基本相同的工厂的方式。这时的规模收益基本处于不变阶段。这个阶段往往要经历相当长的时期，但最终它会走向规模收益递减阶段。

（3）规模收益递减。这是指产量增加的比例小于各种要素投入增加的比例，如生产规模扩大了10%，而产量的增加却小于10%，或者是负数。

产生规模收益递减的原因主要表现如下：

①生产要素价格与销售费用增加。生产要素的供给并不是无限的，生产规模过大必然大幅度增加对生产要素的需求，导致了生产要素的价格上升。同时，生产规模过大，产品大量增加，也增加了销售的困难，需要增设更多的销售机构与人员，增加了销售费用。可见，生产规模并不是越大越好。

②管理效率的下降。生产规模过大则会使管理机构过于庞大而不灵活，管理上也会出现各种漏洞，从而使产量和收益反而减少。

因此，当规模的扩大超过一定限度时，则会使产量的增加小于生产规模的扩大，甚至使产量绝对减少，出现规模不经济。

一般来讲，在长期生产过程中，当企业改变生产规模时，规模收益会随着生产规模的由小到大，依次经过规模收益递增、规模收益不变和规模收益递减三个阶段。规模收益递增的阶段通常被称为是规模经济阶段，而规模收益递减阶段被称为规模不经济阶段。

【阅读3-3】

“拒绝长大”的亚都加湿器

尽管身为全球IAQ（室内空气品质）产业的第二大企业，但北京亚都科技股份有限公司（下称“亚都”）并不为多数人所熟知。1987年年初，亚都董事长何鲁敏同另外两名归国的学者一起创办了亚都的前身——北京亚都建筑设备制品研究所，几个技术出身的合作伙伴在京城钟楼下租用一间破仓库开始了创业之路。

据国家统计局的报告，在加湿器、净化器两个领域里，当前亚都都占有70%以上的市场份额。如今，亚都不仅是中国最大的空气净化器厂商，也是加湿核心器件全球出口最大的行业制造商。据调查，在美国，亚都为holmes（全球第一的空气净化器产品制造商，北美市场占有40%的市场份额）提供产品主要零件；在日本，与东芝独家合作；在欧洲，飞利浦则是其唯一合作伙伴。

那么为什么亚都可以取得这样的成就呢？亚都董事长何鲁敏是这样解释的：“我研究过世界很多企业中的常青树，包括百年老店，其之所以长盛不衰，得益于两个条件：一是所在的行业较偏，市场不大，非常专业；二是有独到的技术，在行业里形成垄断，别人想进入这一行业，再投入得不偿失。以生产剃胡刀的吉列公司为例，它去年在全球的销售收入是36亿美元。应该说，吉列刀片价格并不便宜，但它没有竞争对手，大家都买它的产品，它是轻轻松松赚大钱，原因是它的市场规模就这么大，全球30多亿美元的销售额，大企业看不上。此外，吉列做了七八年了，它所积累的技术，其他企业很难一下掌握，要进入这一领域与它竞争是很困难的。”

加湿器也是属于比较专业，市场不大的行业，亚都最崇尚的企业就是吉列公司。

希望亚都能达到吉列这样的位置“在行业内是世界第一，说到这一行业，人们就会想到亚都，想不起其他品牌。“GE（通用电气）我们做不了，亚都没有那么大的能耐，但我们可以做吉列这样的企业，做一家百年老店。”

亚都既然把力量集中在一个很窄的行业里来提高自己的穿透力，就会同时面临另一个棘手的问题——企业会过分单一，为了解决这个问题，亚都就要逐渐发展企业的产品线，这个过程非常漫长，需要持之以恒。亚都有一个很重要的风险管理原则，叫做“缩短射程，提高精度”，在一步步实现目标的过程中，每个阶段都要有相应的市场支持，来降低整个研发风险。实际上亚都也正是沿着这样的轨迹在发展，亚都的定位就是卖空气，湿润的空气、干净的空气，没有禽流感的空气，但是这个过程需要逐步的实践、分解，所以通过加湿器、净化加湿器、空气净化器、新风机、空气服务器的研发过程，一步一步演进，最终比预定时间提早两年完成。亚都的原创技术水平是很高的，目前世界几大净化器知名品牌的核心部件都来自亚都。

亚都在国内已经有近千项发明专利，在国际上也有几十种重要的发明专利；其次，亚都有强大的市场改动和推广能力。亚都多年来一直坚持把年销售额的5%投入研发，10%投入市场推广。再者，多年培养起来的主要服务能力，也是许多企业很难做到的。

（资料来源：《中国隐形冠军阳谋奥运》，载《第一财经日报》2006-08-08。）

【例3-3】假定生产函数为 $Q=10K+8L-0.2KL$，如果 $K=10$，$L=20$。试问：该生产函数在投入量范围内，规模收益属于何种类型。

解：已知生产函数 $Q=10K+8L-0.2KL$

将 $K=10$，$L=20$ 带入，得

$Q=10\times10+8\times20-0.2\times10\times20=220$

如果投入量加倍，即 $K=20$，$L=40$，可求得

$Q'=10\times20+8\times40-0.2\times20\times40=360$

由于 $Q'/Q=1.64$，产量增加了64%，而投入却增加了1倍（100%），说明投入量的增加大于产量的增加，说明该函数在投入量范围内，规模收益递减。

【案例分析2】

上规模、降成本

四川长虹在其发展过程中实施过的规模化经营战略有其在成本上的计算。长虹通过集中精力、全力以赴地养大养好彩电这个“独生子”，当规模上去了，产品成本也就下来了。如长虹某个分厂为企业配套生产遥控板，当过去年产100万台彩电时，外购价格要在140元左右。现在长虹产量上去了，达到450万台，自己生产的遥控板成本才30元一件。彩电使用的输出变压器过去靠外购，大约200多元一台，而现在自己生产，成本才约70元左右。据公司财务部门的测算，年产450万台彩电时，彩电单机成本平均比1992年年产彩电100万台时减少了近1/4，这也是后来长虹能主动挑起价格战的强大基础。

类似的成功例子还有不少。广东“万家乐”热水器成功的主要经验就是在市场竞争中把热水器这个产品做大、做强，结果成本不断降低，从而抢占了行业40%的市场，拿到了市场竞争的主动权。

格力在发展过程中也是如此，格力只做家用空调，对其他空调如工业空调、汽车空调等一概不做。如此掌握了家用空调的先进技术，规模做到了250万台的生产能力，达到世界第一，具备了巨大的成本竞争优势。

不过相反的例子也是不少的。我国国产轿车成本比西方发达国家轿车的成本高出许多，其根本原因就在于企业规模过小，最大的年产也只有15万~20万辆，而美国通用汽车年产轿车在400万~600万辆。规模的巨大差距造成了产品成本的巨大差距。

（资料来源：陈立，等. 西方经济学. 北京：中国电力出版社，2006.）

[本章小结]

生产是指企业把其可以支配的资源转变为物质产品或服务的过程，即投入要素后转化为产出的过程。而生产函数是个技术上的概念，它表示的是投入一定量的资本和劳动力后，最大可能生产多少产量。把投入要素的价格和由生产函数提供的信息结合起来，才能进行最优投入量和高效率投入要素组合的决策。

等产量曲线来源于生产函数，表示某一固定数量的产品可以用所需要的各种生产要素的不同数量的组合生产出来，等产量曲线离原点越远，表明产量越大。企业当然希望等产量曲线离原点越远越好，但要受到生产要素价格和自身货币投入量的制约，即等成本线的制约。如果投入要素的价格发生变化，等成本曲线的斜率就会发生变化。当把等产量线与等成本线结合起来考虑，则可以找到限制条件下的生产要素的最佳组合。

规模经济的概念是指所有生产要素同时变动时对产量的影响。一般地在长期生产过程中，当企业改变生产规模时，规模收益会随着生产规模的由小到大，依次经过规模收益递增、规模收益不变和规模收益递减三个阶段。

[思考与练习]

一、判断题

1. 边际产量可由总产量曲线上的任一点的切线的斜率来表示。（ ）
2. 产出增加时，总成本亦上升，即为规模不经济。（ ）
3. 利用两条等产量线的相交点所表示的生产要素组合，可以生产出数量不同的产品。（ ）
4. 可变投入是指其价格和数量都发生变化的投入。（ ）
5. 只有当边际产品下降时，总产量才会下降。（ ）
6. 生产阶段Ⅱ开始于边际产品递减点。（ ）

7. 等成本线平行向外移动说明可用于生产的成本预算增加了。（ ）

8. 等产量线与等成本线既不相交，又不相切，那么要达到等产量线的产出水平就必须提高投入的价格。（ ）

9. 由于边际收益递减规律的作用，边际产品总是会小于平均产品。（ ）

10. 在同一条等产量线上的任何一点的投入的组合只能生产一种产出水平。（ ）

二、选择题

1. 如果连续地增加某种生产要素，在总产量达到最大值的时候，边际产量曲线与（ ）相交。

A. 平均产量曲线　　B. 纵轴

C. 横轴　　D. 总产量曲线

2. 边际收益递减规律发生作用的前提条件是（ ）。

A. 连续地投入某种生产要素而保持其他生产要素不变

B. 生产技术既定不变

C. 按比例同时增加各种生产要素

D. A和B

3. 在边际收益递减规律作用下，边际产量会发生递减，在这种情况下，如果要增加相同数量的产出，应该（ ）。

A. 停止增加可变生产要素　　B. 减少可变生产要素的投入量

C. 增加可变生产要素的投入量　　D. 减少固定生产要素

4. 生产的第Ⅱ阶段（ ）始于AP开始下降处。

A. 总是　　B. 绝不是

C. 经常是　　D. 有时是

5. 若厂商增加使用一个单位的劳动，减少两个单位的资本，仍能生产相同的产出，则$MRTS_{LK}$是（ ）。

A. 1/2　　B. 2

C. 1　　D. 4

6. 等成本线向外平行移动表明（ ）。

A. 产量提高了

B. 成本增加

C. 生产要素价格按相同比例上升了

D. 以上任何一个都是

7. 以横轴表示生产要素X，纵轴标示生产要素Y的坐标系中，等成本曲线的斜率等于2表明（ ）。

A. $P_X/P_Y=2$　　B. $Q_X/Q_Y=2$

C. $P_Y/P_X=2$　　D. 上述任一项

8. 一条等成本曲线与等产量曲线既不相交也不相切，此时，要达到等产量曲线所表示的产出水平，应该（ ）。

A. 增加投入　　B. 保持原投入不变
C. 减少投入　　D. 或A或B

9. 规模收益递减是在下述情况下发生的（　　）。
A. 连续地投入某种生产要素而保持其他生产要素不变
B. 按比例连续增加各种生产要素
C. 不按比例连续增加各种生产要素
D. 上述都正确

10. 反映生产要素投入量和产出水平之间的关系，称作（　　）。
A. 总成本曲线　　B. 生产函数
C. 生产可能性曲线　　D. 成本函数

11. 当劳动的总产量下降时（　　）。
A. 平均产量是递减的　　B. 平均产量为零
C. 边际产量为零　　D. 边际产量为负

12. 如果连续地增加某种生产要素，在总产量达到最大时，边际产量曲线（　　）。
A. 与纵轴相交　　B. 经过原点
C. 与横轴相交　　D. 与平均产量曲线相交

13. 下列说法中错误的一种是（　　）。
A. 只要总产量减少，边际产量一定是负数
B. 只要边际产量减少，总产量一定也减少
C. 边际产量曲线一定在平均产量曲线的最高点与之相交
D. 随着某种生产要素投入量的增加，边际产量和平均产量增加到一定程度将趋于下降，其中边际产量的下降一定先于平均产量

14. 等产量曲线是指在这条曲线上的各点代表（　　）。
A. 为生产同等产量投入要素的各种组合比例是不能变化的
B. 投入要素的各种组合所能生产的产量都是相等的
C. 为生产同等产量投入要素的价格是不变的
D. 不管投入各种要素量如何，产量总是相等的

15. 边际技术替代率是指（　　）。
A. 两种要素投入的比率
B. 一种要素投入替代另一种要素投入的比率
C. 一种要素投入的边际产品替代另一种要素投入的边际产品的比率
D. 在保持原有产出不变的条件下用一种要素投入替代另一种要素投入的比率

16. 产量为4时，总收益为100；当产量为5时，总收益为120，此时边际收益为（　　）。
A. 20　　B. 100
C. 120　　D. 25

三、问答题

1. 经济学中短期和长期的划分标准是什么？
2. 用图形说明总产量、平均产量和边际产量三者之间的关系？
3. 生产的三个阶段是如何划分的，为什么厂商只会在第二阶段生产？
4. 什么是边际报酬递减规律？这一规律发生作用的条件是什么？
5. 生产要素的最佳组合条件是什么？
6. 规模报酬的变动有哪些类型？原因是什么？
7. 说明等产量曲线与无差异曲线在性质上有何异同？

四、计算题

1. 假定某厂商只有一种可变要素劳动 L，产出一种产品 Q，固定成本既定，短期总生产函数 $TP=-0.1L^3+6L^2+12L$，试求：

(1) 劳动的平均产量 AP_L 为最大时雇用的劳动人数；

(2) 劳动的边际产量 MP_L 为最大时雇用的劳动人数；

(3) 平均可变成本 AVC 最小（平均产量 AP_L 最大）时的产量。

（答案：劳动的平均产量 AP_L 最大时雇佣的劳动人数为 30；劳动的边际产量 MP_L 最大时雇佣的劳动人数为 20；平均变动成本 AVC 最小时的产量为 3060）

2. 已知生产函数 $Q=LK$，当 $Q=10$ 时，$P_L=4$，$P_K=1$

求：(1) 厂商最佳生产要素组合时资本和劳动的数量是多少？

(2) 最小成本是多少？

（答案：$L=1.6$，$K=6.4$；最小成本为 12.8）

3. 已知可变要素劳动的短期生产函数的产量表如下：

劳动量（L）	总产量（TQ）	平均产量（AQ）	边际产量（MQ）
0	0	—	—
1		5	
2			7
3	18		
4		5.5	
5	25		
6			2
7	28		
8			0
9	27		
10		2.5	

(1) 计算并填表中空格；

(2) 在坐标图上做出劳动的总产量、平均产量和边际产量曲线；

(3) 该生产函数是否符合边际报酬递减规律？

答案：（2）如图所示：

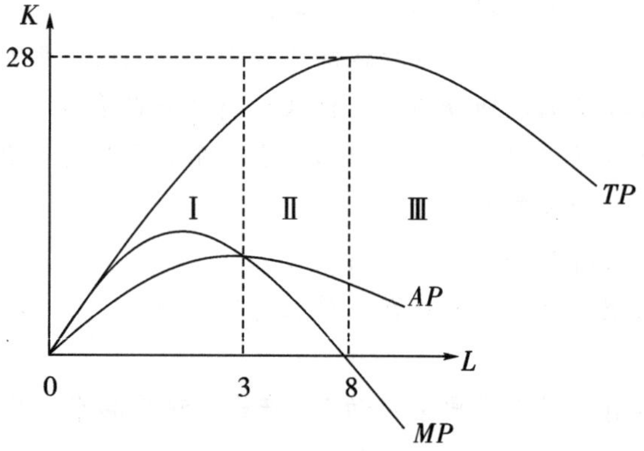

（3）符合边际报酬递减规律。

4. 假定某厂商只有一种可变要素劳动 L，产出一种产品 Q，固定成本为既定，短期生产函数 $Q=-0.1L^3+6L^2+12L$，求：

（1）劳动的平均产量 AP 为最大值时的劳动人数；

（2）劳动的边际产量 MP 为最大值时的劳动人数；

（3）平均可变成本极小值时的产量。

（答案：平均产量为最大值时的劳动人数为 30 人；边际产量 MP 为最大值时的劳动人数为 20 人；平均可变成本极小值时的产量为 3060）

4 成本决策理论

[本章结构图]

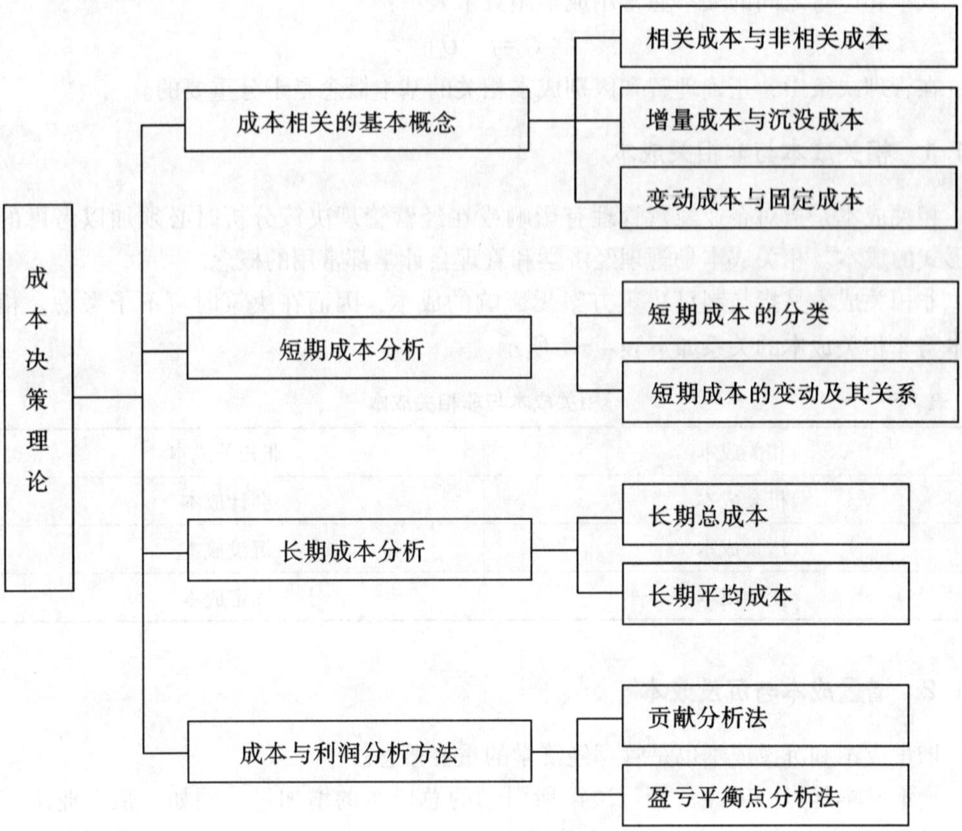

[本章学习目标]

通过本章的学习，你可以了解：

- 成本和成本相关的基本概念。
- 各类短期成本的变动规律及其相互关系。
- 短期产量与短期成本之间的关系。
- 各类长期成本的变动规律及其相互关系。
- 短期成本与长期成本之间的关系。
- 成本与利润常用分析方法。

生产者为了实现利润最大化，不仅要考虑物质技术关系，而且还要考虑成本与收益之间的经济关系，实现经济效率。所以，就必须分析成本与收益问题。

4.1 成本相关的基本概念

成本（cost）又称生产费用，是指厂商或企业在生产商品或劳务中所使用的生产要素的价格，更普遍一点说，成本是企业为获得所需资源而付出的代价。

成本和产量之间的关系通常用成本函数来表示：

$$C=f(Q)$$

在管理决策中，正确理解和区别成本相关的基本概念是十分重要的。

4.1.1 相关成本与非相关成本

相关成本是指对企业经营管理有影响或在经营管理决策分析时必须加以考虑的各种形式的成本。相关成本是管理经济学和管理会计学都常用的概念。

非相关成本是指与制订决策方案无影响的成本，因而在决策时可不予考虑。相关成本与非相关成本的关系如下表 4－1 所示。

表 4－1　相关成本与非相关成本

相关成本	非相关成本
机会成本	会计成本
增量成本	沉没成本
变动成本	固定成本

4.1.2 增量成本与沉没成本

增量成本和沉没成本也是管理经济学的重要概念。

增量成本是指一项经营管理决策所引起的总成本的增加量。例如，某企业决定增设一条 DVD 生产线以扩大产量，由此需引进设备、增雇工人、增加购买原材料等，所有这些经济活动都会增加企业的总成本，其增加量就是增量成本。

沉没成本是指已经投入并无法收回的成本。表现为过去已经支付费用或根据过去的决策将来必须支付的费用。由此可见，沉没成本通常是显性成本，但不成为后来决策及分析的组成部分。

【阅读 4－1】

沉没成本的妙用

宽带通信供应商奎斯特通讯公司通过 48 条每秒 1 万兆（10Gbps）的光纤电缆建立了它的超容量网络。这位电信供应商激活了 20 Gbps 的光纤，却使另外的 460 Gbps 成为了“黑暗纤维”。生产能力过剩2300%在其他行业是极不寻常的。一所医院不大可能在当前仅仅为20人服务时，建设为480名病人使用的设施。类似的，一家汽车制造厂商不会在一年只生产2万辆车的时候，去建造一座拥有年产48万辆车能力的工厂。

宽带通信和其他企业之间的一个关键差别是，建设宽带网的两项主要成本是固定的：获得通路使用权和挖沟的成本不会随着网络能力的不同而变化。无论建设1条或48条电缆，这些成本都是一样的。多建的网络能力的可变成本是多建的电缆的价格、安装它们增多的成本（安装第1条电缆以外的）和连接电缆的网络设备的成本。

奎斯特通讯公司故意安装46条多余的“黑暗纤维”电缆可能有两个原因：一个是在宽带网建设的规模经济太大了，为了预期的未来需求，建设多余的能力是值得的。另一个原因是生产能力过剩的成本一旦发生后，就是沉没的，大笔的沉没投资可能会有效地阻挡潜在的竞争者。

（资料来源：方博亮．管理经济学：现代观点．张初愚，等，译．北京：中国人民大学出版社，2005：224.）

4.1.3 变动成本与固定成本

在短期中，厂商不能根据它们所要达到的产量去调整其全部生产要素，其中不能在短期内调整的生产要素的费用，属于固定成本（Fixed Cost，简称FC）。如厂房和设备的折旧、管理人员的工资等。固定成本不随产量的变动而变动。在短期内可以调整的生产要素的费用，如原料、燃料的支出和工人工资，属于可变成本（Variable Cost，简称VC）。可变成本随产量的变动而变动。

在长期中，厂商可以根据它们所要达到的产量来调整其全部生产要素，因此一切成本都是可变的，不存在固定成本和可变成本的区别。

变动成本与固定成本两者划分的依据是看该成本是否随产量的变动而变动。把成本划分为变动成本与固定成本，是为了分析产量变化之间的关系，便于研究相关成本，以进行决策分析。

【阅读4－2】

通用汽车公司的固定成本与生产能力

1988年，通用汽车公司宣布它将减少汽车生产能力以便与当时的销量匹配，精简工作在五年内完成。这是该公司在20世纪80年代的历史上首次大规模地削减其生产能力。作为这项缩减规模决策的一部分，通用汽车公司计划到1990年从它的固定成本基础中削减125亿～130亿美元（与1986年水平相比）。作为这削减成本规划的一部分，通用汽车公司还计划关闭它的五条汽车装配线，1991年通用汽车公司决定关闭其他的装配线工厂，使总数降到10条。

通用汽车公司过去曾在以下两种选择之间调整：一是生产它所能生产的汽车，然后使用成本高昂的差价销售来吸引买主（例如，1988年用于刺激买主的支出为33亿美元）；二是减少产量，使开工的工厂产量低于生产能力，方法是减慢装配线速度，或者取消整个一班的生产。新的战略要求公司在1992年100%地使美国的汽车生产能力——这意味着所有的工厂都要每周开工五天，每天开两班。当汽车需求超过这个生产能力时，将采用加班、三班运营和新的生产效率来增加生产。这是福特汽车公司在一定时期内一直遵循的战略。福特公司并不是在经济高涨时保持有效的生产能力以满足需求、在需求低迷时解雇工人，而是按照经济处于低谷时的水平调整生产能力，在销售旺盛时再加紧生产满足需求。

事实上，通用和福特都是在以下两者之间进行权衡：在整个商业周期中降低固定成本和在经济高涨期不得不支出较高的变动成本（比如，采用成本更高的加班和三班运营等方法）。

（资料来源：麦圭根，莫耶，哈里斯. 管理经济学：应用的、战略与策略. 李国津，等，译. 北京：机械工业出版社，2004：349.）

4.2 短期成本分析

4.2.1 短期成本的分类

短期成本包括短期总成本、短期平均成本和短期边际成本。

（1）短期总成本

短期总成本（Short－run Total Cost，简称STC）是指短期内生产一定量产品所需要的成本总和。短期总成本由两个要素组成：总可变成本和总固定成本。如果以 STC 代表短期总成本，$STFC$ 代表短期总固定成本，$STVC$ 代表短期总可变成本。则有：

$$STC = STFC + STVC$$

（2）短期平均成本

短期平均成本（Short－run Average Cost，简称SAC）是指短期内生产每一单位产品平均所需要的成本。它等于短期总成本 STC 除以产量所得之商，即 $SAC = STC/Q$。短期平均成本也由两个要素构成：短期平均可变成本和短期平均固定成本。短期平均可变成本是可变成本除以产量的商。短期平均固定成本是固定成本除以产量的商。

如果以 SAC 代表短期平均成本，$SAFC$ 代表短期平均固定成本，$SAVC$ 代表短期平均可变成本，则有：

$$SAFC = STVC/Q$$

$$SAVC = STFC/Q$$

$$SAC = SAFC + SAVC$$

（3）短期边际成本

短期边际成本（Short－run Marginal Cost，简称SMC）是指厂商每增加一单位产量所增加的总成本量，如果以 SMC 代表短期边际成本，ΔSTC 代表短期总成本的增量，ΔQ 代表增加的产量，则短期边际成本可表达为：

$$SMC = \Delta STC/\Delta Q$$

短期边际成本告诉我们企业要增加多少成本才能增加一单位的产出。

短期总成本、短期平均成本、短期边际成本是互相联系、密切相关的，而其中短期边际成本的变动又是短期总成本和短期平均成本决定性因素。

4.2.2 短期成本的变动及其关系

各类短期成本随产量增加而变动的规律及其关系，可以通过表4-2所列数字表示出来（数据为举例）。

表4-2 短期成本变动情况表

产量 $Q(1)$	固定成本 $SFC(2)$	可变成本 $SVC(3)$	总成本 $STC(4)=(2)+(3)$	边际成本 $SMC(5)$	平均固定成本 AFC (6)=(2)/(1)	平均可变成本 AVC (7)=(3)/(1)	平均成本 $SAC(8)$=(6)+(7)
0	64	0	64	-	-	-	-
1	64	20	84	20	64	20	84
2	64	36	100	16	32	18	50
3	64	51	115	15	21.3	17	38.3
4	64	64	128	13	16	16	32
5	64	80	144	16	12.8	16	28.2
6	64	111	175	31	10.7	18.5	29.2
7	64	168	232	57	9.1	24	33.1
8	64	320	384	152	8	40	48

在表4-2的基础上，我们可以绘制出各类成本的曲线图。

（1）短期固定成本、可变成本和总成本曲线及其相互的关系

短期固定成本曲线 *STFC* 是一条平行于 *X* 轴的水平线，表明固定成本是一个既定的数量，它不随产量的增减而改变。短期可变成本 *STVC* 是产量的函数，是一条向右上方倾斜的曲线。其变动规律是从原点出发，成本随着产量的增加而相应增加。短期可变成本曲线最初比较陡峭，表示这时可变成本的增加率大于产量的增加率；然后较为平坦，表示可变成本的增加率小于产量的增加率；后又比较陡峭，表示可变成本的增加率又大于产量增加率。

短期总成本 *STC* 线是由固定成本线与可变成本线相加而成。其形状与短期可变成本曲线一样，但在总变动成本的正上方，可以看作是可变成本曲线向上平行移动一段相当于 *STFC* 大小的距离，即总成本曲线与可变成本曲线在任一产量上的垂直距离等于固定成本 *STFC*，但 *STFC* 不影响总成本曲线的斜率。因此，短期固定成本的大小与短期总成本曲线的形状无关，而只与短期总成本曲线的位置有关。短期总成本曲线也是产量的函数，其形状也取决于边际收益递减规律。短期总成本的变动趋势与短期可变

成本的变动趋势是一致的。三种成本的形状如下图 4 -1 所示。

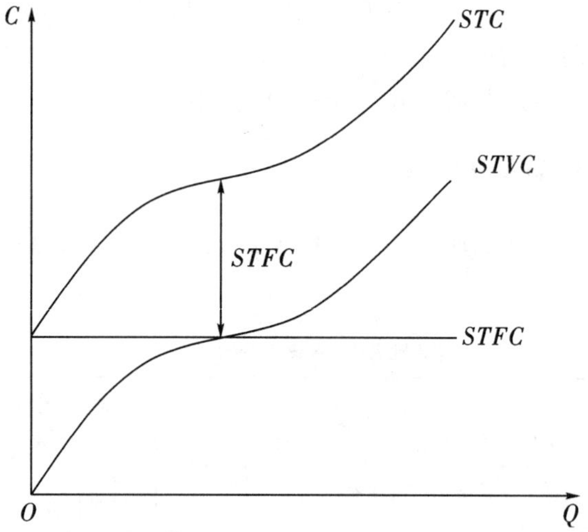

图 4 -1 STFC、STVC 和 STC 曲线

(2) 短期平均固定成本、平均可变成本和平均成本曲线及其相互的关系

短期平均固定成本曲线 SAFC 是一条向右下方倾斜的曲线，开始比较陡峭，以后逐渐平缓，这表示随着产量的增加，平均固定成本一直在下降，但开始下降的幅度大，以后下降的幅度越来越小。

短期平均可变成本曲线 SAVC 和短期总平均成本曲线 SAC 两者均是 U 型曲线，表明随着产量的增加呈先下降而后上升的变动规律。平均成本曲线在平均可变成本曲线的上方，开始时平均成本曲线比平均可变成本曲线下降的幅度大，以后的形状与平均可变成本曲线基本相同，两者的变动规律相似，但逐渐接近。如图 4 -2 所示。

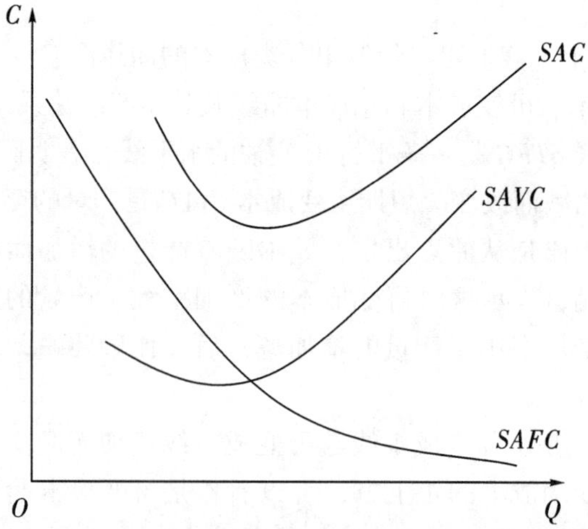

图 4 -2 SAC、SAVC 和 SAFC 曲线

(3) 短期边际成本、短期平均成本和短期平均可变成本曲线及其相互的关系

短期边际成本 SMC 曲线也是一条先下降而后上升的 U 型曲线，开始时，边际成本

随产量的增加而减少，当产量增加到一定程度时，就随产量的增加而增加。如图 4－3 所示。

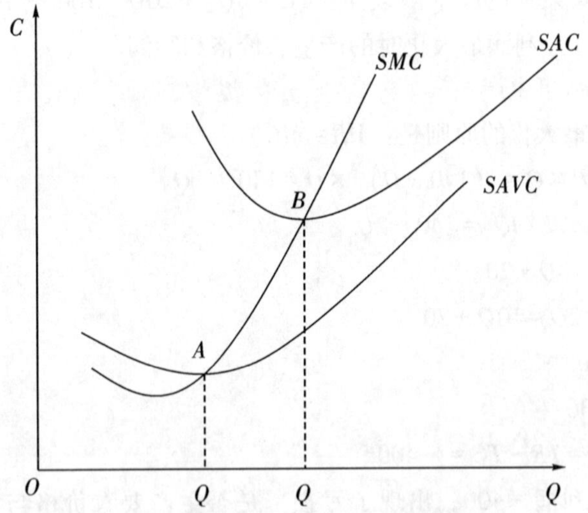

图 4－3　SMC、SAC 和 SAVC 曲线

①短期边际成本 SMC 和短期平均可变成本 SAVC 曲线间的关系。造成短期边际成本曲线 SMC 和短期平均可变成本曲线 SAVC 呈 U 型特征的原因是由于投入要素的边际成本的递减或递增：边际产量的递增阶段对应于边际成本的递减阶段，而边际产量的递减阶段对应的是边际成本的递增阶段，与边际产量最大值相对应的是边际成本的最小值。

但短期边际成本和短期平均可变成本的经济涵义和几何涵义不同，SMC 曲线反映的是 STVC 曲线上一点的斜率，而 SAVC 曲线则是 STVC 曲线上任一点与原点连线的斜率。SMC 曲线与 SAVC 曲线相交于 SAVC 曲线的最低点 A。由于边际成本对产量变化的反应是要比平均可变成本灵敏得多，因此，不管是下降还是上升，SMC 曲线的变动都快于 SAVC 曲线，SMC 曲线比 SAVC 曲线更早到达最低点。在 A 点上，SMC = SAVC，即边际成本等于平均可变成本。在 A 点左边，SAVC 在 SMC 之上，SAVC 一直递减，SAVC > SMC，即边际成本低于平均可变成本。在 A 点右边，SAVC 在 SMC 之下，SAVC 一直递增，SAVC < SMC，即边际成本高于平均可变成本（如图 4－3 所示）。A 点被称为停止营业点，即在这一点上，价格只能弥补平均可变成本，这时的损失是不生产也要支付平均固定成本（或者说损失全部固定成本）。如果低于 A 点，不能弥补可变成本，则生产者不能开工。

②短期边际成本 SMC 和短期平均成本 SAC 的关系。短期边际成本 SMC 和短期平均成本 SAC 的关系和短期平均可变成本 SAVC 的关系一样。SMC 曲线与 SAC 曲线的最低点 B 相交。在 B 点上，SMC = SAC，即边际成本等于平均成本。在 B 点左边，SAC 在 SMC 之上，SAC 一直递减，SAC > SMC，即平均成本高于边际成本。在 B 点右边，SAC 在 SMC 之下，SAC 一直递增，SAC < SMC，即平均成本低于边际成本（如图 4－3 所

示）。B点被称为收支相抵点，这时的价格为平均成本，平均成本等于边际成本，生产者的成本（包括正常利润在内）与收益相等。

【例4－1】已知某企业成本函数为：$TC=5Q^2+20Q+1000$，产品的需求函数为：$Q=140-P$，求：（1）利润最大化时的产量、价格和利润。

（2）厂商是否从事生产？

解：（1）利润最大化的原则是：$MR=MC$

因为　$TR=P\times Q=(140-Q)\times Q=140Q-Q^2$

所以　$MR=dTR/dQ=140-2Q$

$MC=10Q+20$

所以　$140-2Q=10Q+20$

$Q=10$

$P=130$

（2）最大利润$=TR-TC=-400$

（3）因为经济利润-400，出现了亏损，是否生产要看价格与平均变动成本的关系。平均变动成本$AVC=TVC/Q=(5Q^2+20Q)/Q=5Q+20=70$，而价格是130大于平均变动成本，所以尽管出现亏损，但厂商依然从事生产，此时生产比不生产亏损要少。

4.3 长期成本分析

4.3.1 长期总成本

长期总成本（Long－run Total Cost，简称LTC）是长期生产一定量产品所需要的成本总和。长期总成本随产量的变动而变动。没有产量时就没有长期总成本。如图4－4所示，LTC曲线是一条由原点出发向右上方倾斜的曲线，即随着产量的增加，长期总成本在增加。在开始生产时，要投入大量生产要素，而产量少时，这些生产要素无法得到充分利用，因此，成本增加的比率大于产量增加的比率。当产量增加到一定程度后，生产要素开始得到充分利用，这时成本增加的比率小于产量增加的比率，这也是规模经济的效益。最后，由于规模收益递减，成本的增加比率又大于产量增加的比率。长期总成本曲线LTC与可变成本SVC的形状一致。不同的是SVC曲线形状是由于可变投入要素的边际收益率先递增后递减决定的，而在长期，由于所有投入要素是可变的，因此，这里面对应的不是要素边际收益问题，而是要素的规模报酬问题，LTC曲线是由规模报酬先递增后递减决定的。

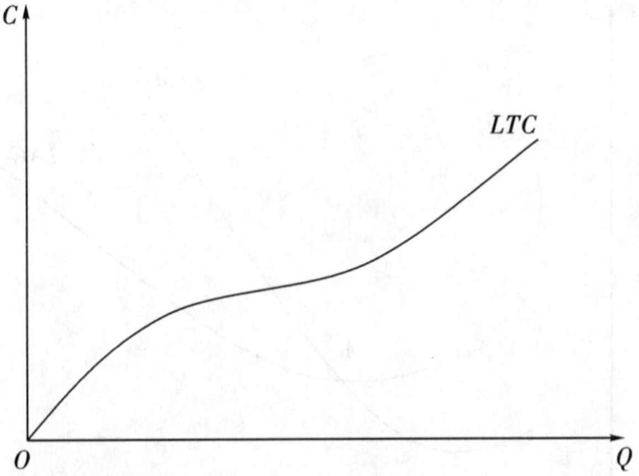

图 4-4 *LTC* 曲线

4.3.2 长期平均成本

（1）长期平均成本

长期平均成本（Long - run Average Cost，简称 LAC）是长期生产中平均每一单位产品的成本。它等于长期总成本 *LTC* 与产量 *Q* 之商，即 $LAC = LTC/Q$。

（2）长期平均成本曲线的特征

长期平均成本曲线反映产量与平均成本之间的关系。长期平均成本曲线是一条先下降后缓慢上升的 U 型曲线：随着产量的增加，在开始时呈递减趋势，达到最低点后转而递增。长期平均成本曲线之所以呈 U 型，是由规模收益递增—不变—递减的规律决定的。在规模收益递增阶段，平均成本呈下降趋势；在规模收益不变阶段，平均成本曲线呈水平状；在规模收益递减阶段，平均成本呈上升趋势。

（3）长期边际成本

长期边际成本（Long - run Marginal Cost，简称 LMC）是长期生产中增加每一单位产品所增加的成本。如果以 *LMC* 代表长期边际成本，ΔLTC 代表长期总成本的增量，ΔQ 代表增加的产量，则有：$LMC = \Delta LTC/\Delta Q$。

长期边际成本也是随产量的增加先减少后增加的，因此，长期边际成本曲线也是一条先下降而后上升的 U 型曲线，但它比短期边际成本曲线要平坦，与长期平均成本曲线 *LAC* 相交于 *LAC* 的最低点（如图 4-5 所示）。

长期边际成本与长期平均成本的关系和短期边际成本与短期平均成本的关系一样，在长期平均成本下降时，长期边际成本小于长期平均成本（$LMC < LAC$）；在长期平均成本上升时，长期边际成本大于长期平均成本（$LMC > LAC$）；在长期平均成本的最低点，长期边际成本等于长期平均成本。

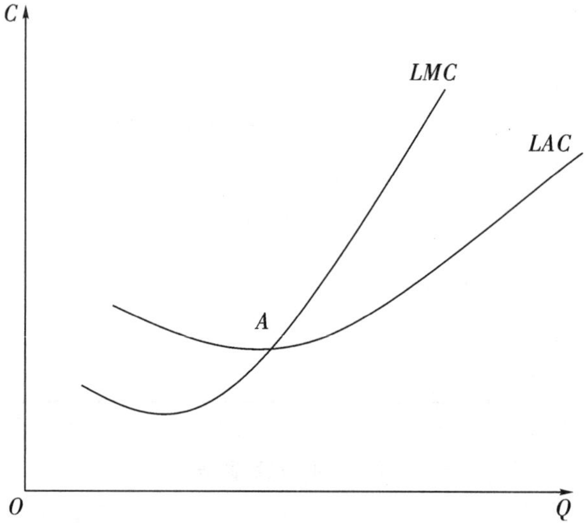

图 4－5　LMC 曲线

4.4　成本与利润分析方法

以上三节讨论了经济学的成本理论，现转入成本与利润分析的实践：贡献分析法和盈亏平衡点分析法。需要指出的是，由于这两种方法主要用于现有企业的经营决策，因此主要使用短期成本。为了简化分析过程，假定单位变动成本是一个常数，不随产量变化而变化。

4.4.1　贡献分析法

贡献分析法是增量分析法在成本利润分析中的应用。贡献是指一个方案能够为企业增加多少利润。通过贡献的计算和比较来判断一个方案是否可以接受的方法，称为贡献分析法。如果贡献大于零，说明这一决策可以使利润增加，因而是可以接受的。如果有两个以上的方案，它们的贡献都是正值，则贡献大的方案就是较优的方案。

贡献（利润增量）＝增量收入－增量成本

在产量决策中，常使用单位产品贡献这个概念，即增加一个单位产量能给企业增加多少利润。如果产品的价格不变，增加单位产量的增量收入就等于价格，增加单位产量的增量成本就等于单位变动成本，所以，单位产品贡献就等于价格减去单位变动成本，则有：

单位产品贡献＝价格－单位变动成本

由于价格是由变动成本、固定成本和利润三部分组成的，所以，贡献也等于固定成本加贡献。也即是说，企业得到的贡献，首先要用来补偿固定成本的支出，剩下部分就是企业的利润。当企业不盈不亏时（利润为零），贡献与固定成本的值相等。

贡献分析法主要用于短期决策，即是在一个已经建立起来并正在运营的企业中所实施的经营决策。在这里，厂房、设备、管理人员工资等都是固定成本，即使企业不生产，也仍然要支出，所以属于沉没成本，在决策时不予考虑。正因为这样，在短期决策中，决策的准则应是贡献（利润增量），而不是利润。贡献分析法被广泛运用于是否接受订货，选择自制还是外购、发展何种新产品、亏损产品要不要停产或转产、有限资源怎样最优使用以及最低可接受的价格等方面的决策。

【例4-2】某企业单位产品的变动成本为2元，总的固定成本为10 000元，原价为3元，现有人愿按2.5元价格订货5 000件。如不接受这笔订货，企业就无活可干。企业是否应承接此订货？

解：如果接受订货，则接受订货后的利润为：

利润=销售收入-（总变动成本+总固定成本）

=2.5×5 000-（2×5 000+10 000）

=-7 500（元）

接受订货后的贡献将为：

贡献=单位产品贡献×产量

=(2.5-2)×5 000

=2 500（元）

如果根据有无利润来作决策，那么企业接受订货后要亏损7 500元，所以，就不应该接受订货。但这是错误的，因为在计算中，把固定成本考虑进去了，而固定成本在这里是沉没成本。应当用有无贡献来作决策，贡献不是利润，而是指利润的变化。如果不接受订货，企业仍然要支出固定成本，即企业利润为-10 000元；接受订货后，企业利润为-7 500元。两者比较，企业若接受订货可以减少亏损2 500元，这就是利润的变化量，即贡献，有贡献就应接受订货。

贡献是短期决策的根据，但这并不等于说利润就不重要了，利润是长期决策的根据。如果问要不要在这家企业投资，要不要新建一家企业，就属于长期决策。在亏损的情况下，接受订货即使有贡献，也只能是暂时的。企业如果长期亏损得不到扭转，则就难以维持经营，最终是要破产的。

4.4.2 盈亏平衡点分析法

盈亏平衡点分析法又称量（产量）—本（成本）—利（利润）分析法，也是一种在企业里得到广泛应用的决策分析方法。盈亏平衡点分析法是根据决策方案中的产量、成本、利润三者之间相互关系来评价选择方案、进行决策的分析方法（参见图4-6）。

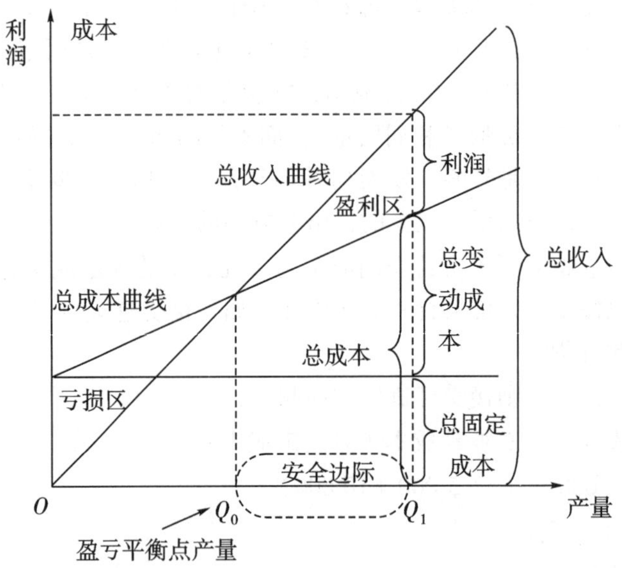

图4-6　盈亏平衡点分析法

盈亏平衡点分析法主要具有以下功能：

4.4.2.1　研究产量、成本变化与利润变化之间的关系

这是盈亏平衡点分析法的基本功能，其他的功能都是从这一功能中派生的。利润等于销售额减成本。利润、销售额、成本这三者之间存在着内在的联系，因此，企业的任何决策都有可能引起产量（销售量）、成本、价格等诸因素的变化。利用盈亏平衡点分析法这一工具，就能方便地分析诸因素的变化对利润所产生的影响，从而为决策提供依据。

4.4.2.2　确定盈亏平衡点产量

盈亏平衡点产量是指企业不盈不亏时的产量（保本产量，这时企业的总收入等于总成本）。企业家从事企业经营的目的就是为了获得利润，影响利润的因素很多，但最不确定的因素是销售量。所以，管理者总是希望抛开销售量的因素，先找出本企业的盈亏平衡点产量是多少，然后看某个方案所带来的销量是多少。如果一个方案的销售量大于盈亏平衡点产量，说明该方案有利可图，是可取的；否则就会亏本，是不可取的。

盈亏平衡分析的目的就是要找出盈亏平衡点，判断投资方案对不确定因素变化的承受能力，为决策提供依据。

因为盈亏平衡点分析是分析产量、成本与利润的关系，因此盈亏平衡点越低，说明项目盈利的可能性越大，亏损的可能性越小，因而项目有较大的抗经营风险能力。

4.4.2.3　确定企业的安全边际

在确定盈亏平衡点产量的基础上，就可以进一步确定企业的安全边际。安全边际是指企业预期（或实际）销售量与盈亏平衡点销售量之间的差额。这个差额越大，说明企业越能经得起市场需求的波动，经营比较安全，风险较小。

假定 P 为单位产品价格，Q 为销售量（产量），F 为总固定成本，V 为单位产品变动成本，π 为总利润，C 为单位产品贡献，则可得：

（1）求盈亏平衡点产量的公式。当不盈不亏时（利润为零），

$$P \times Q_0 = F + VQ_0$$

所以

$$Q_0 = F/(P - V) = F/C$$

这里，Q_0 为盈亏平衡点产量。

（2）求保目标利润的产量的公式：

由于

$$P \times Q_1 = F + VQ_1 + \pi$$

所以

$$Q_1 = (F + \pi)/(P - V) = (F + \pi)/C$$

这里，Q_1 为保目标利润 π 的产量。

（3）求利润公式：

$$\pi = P \times Q - (F + V \times Q)$$

（4）求因素变动后的盈亏平衡点产量的公式。由于采用一个新的方案，往往会引起成本利润分析中诸变量的变化。假定固定成本、价格、单位变动成本的变化分别为 ΔF、ΔP、ΔV，则这些因素变化的盈亏平衡产量应为：

$$Q = \frac{F \pm \Delta F}{(P \pm \Delta P) - (V \pm \Delta V)}$$

（5）求保税后利润的产量的公式。如果企业要缴所得税，税率为 t，又假定税前利润为 π，税后利润为 π'，

所以

$$\pi' = \pi - \pi t = (1 - t)\pi$$

$$\pi = \pi'/(1 - t)$$

由于保税前利润的产量为：

$$Q = (F + \pi)/(P - V)$$

所以，保税后利润的产量应为：

$$Q = \frac{F + \pi'/(1 - t)}{P - V}$$

（6）求安全边际和安全边际率的公式。

安全边际 = 实际（或预期）销售量 - 盈亏平衡点销售量

安全边际率 = 安全边际/实际或预期销售量

安全边际和安全边际率较大，说明当市场需求大幅度下降时，企业仍有可能免于亏损，故它的经营较为安全。一般地讲，企业的经营安全状况可用表 4-3 来衡量。

表 4-3　企业经营安全状况

安全边际率	30%以上	25%~30%	15%~25%	10%~15%	10%以下
经营安全状况	安全	较安全	不太好	要警惕	危险

盈亏平衡点分析法的运用范围很广，可以用于确定保本和保利润销售量；确定最佳的价格水平和质量水平；确定选用什么样的技术来生产某种产品；分析各种因素变动对利润的影响；判断企业经营安全状况等诸方面。

【例 4－3】假定某汽车公司开展风景点 A 地的旅游业务，往返 10 天，由汽车公司为旅客提供交通、住宿和伙食等服务。往返一次所需成本数据如表 4－4 所示。

表 4－4 单位：元

固定成本	
折旧	1 200
职工工资（包括司机）	2 400
其他	400
往返一次全部固定成本	4 000
变动成本	
每个旅客的住宿伙食费	475
每个旅客的其他变动费用	25
每个旅客的全部变动成本	500

问：(1) 如果向每个旅客收费 600 元，至少有多少旅客才能保本？如果收费 700 元，至少有多少旅客才能保本？

(2) 如果收费 600 元，预期旅客数量为 50 人；如果收费 700 元，预期旅客数量为 40 人。收费 600 元和收费 700 元的安全边际率各为多少？

(3) 如果公司往返一次的目标利润为 1 000 元，定价 600 元，那么，至少要有多少旅客才能实现这个利润？如定价 700 元，至少要有多少旅客？

(4) 如果收费 600 元/人，汽车往返一次的利润是多少？如果收费为 700 元/人，汽车往返一次的利润是多少？

解：(1) 如果定价为 600 元，则：

$Q_0 = F/(P-V) = 4\,000/(600-500) = 40$（人）

即保本的旅客数为 40 人。

如定价为 700 元，则保本的旅客数为：

$Q_0 = F/(P-V) = 4\,000/(700-500) = 20$（人）

(2) 如定价为 600 元，则：

安全边际 = 预期销售量 − 保本销售量

$= 50 - 40 = 10$（人）

安全边际率 = 安全边际/预期销售量 = $(10/50) \times 100\% = 20\%$

如定价为 700 元，则：

安全边际 $= 40 - 20 = 20$（人）

安全边际率 $= (20/40) \times 100\% = 50\%$

定价 700 元时的安全边际率大于定价 600 元时的安全边际率，说明在企业经营中，定价 700 元比定价 600 元更为安全。

(3) 如定价为 600 元，则：

$Q=(F+\pi)/(P-V)=(4\,000+1\,000)/(600-500)=50$ (人)

即保目标利润的旅客人数应为 50 人。

如定价为 700 元，则保目标利润的旅客人数为：

$Q=(4\,000+1\,000)/(700-500)=25$ (人)

(4) 如定价为 600 元，则：

$\pi=600\times50-500\times50-4\,000=1\,000$ (元)

如定价为 700 元，则：

$\pi=700\times40-500\times40-4\,000=4\,000$ (元)

【阅读 4-3】

多产品时盈亏平衡

以上分析只是对单一产品进行的，但实际上，几乎没有一个企业的机器设备只生产一种产品，而是生产多种产品。当由于订货或计划使得企业必须生产 Q_A 单位的 A 产品时，为了达到盈亏平衡，企业应该至少生产多少单位的 B 产品呢？这是企业管理者十分关心的问题。此时，可用凸组合公式。

首先按单一产品的盈亏平衡点分析求出 A 和 B 各自有多大产量时能单独达到盈亏平衡。假定 F 为企业总的固定成本，即可算出：

$Q_{A0}=F/(P_A-V_A)$ 和 $Q_{B0}=F/(P_B-V_B)$

然后写出凸组合公式：

$$\begin{cases}\alpha Q_{A0}+\beta Q_{B0} \\ \alpha+\beta=1 \qquad \alpha,\ \beta\geqslant 0\end{cases}$$

式中的 α、β 是待定的系数。当 A 产品必须生产 Q_A 单位时，可以计算出 $\alpha=Q_A/Q_B$，于是 $\beta=1-\alpha$，而 βQ_{B0} 就是要生产的 B 产品的数量，此时盈亏达到平衡。

凸组合公式也能推广到 3 个以上产品的场合。如果企业用现有的固定成本 F 可生产共 n 种产品，每种产品的价格分别为 P，单位产品的盈亏平衡点分别为 Q_{X_1}，Q_{X_n}，则：

$$\begin{cases}\alpha_1 Q_{X_1}+\alpha_2 Q_{X_2}+\alpha_3 Q_{X_3}+\cdots+\alpha_n Q_{X_n} \\ \alpha_1+\alpha_2+\alpha_2+\cdots+\alpha_n=1 \\ \alpha_i\geqslant 0 \qquad i=1,\ 2,\ \cdots,\ n\end{cases}$$

以上为多产品时满足平衡点的凸组合公式。

【例 4-4】某工业项目年设计生产能力为生产某种产品 3 万件，单位产品售价 3000 元，总成本费用为 7800 万元，其中固定成本 3000 万元，总变动成本与产品产量成正比例关系。求以产量、生产能力利用率、销售价格、单位产品变动成本表示的盈亏平衡点。

解：首先计算单位产品变动成本：$AVC=(7800-3000)\times10^4/30\,000=1600$（元/件）

盈亏平衡产量：$Q^*=3000\times10^4/3000-1600=21\,400$（件）

盈亏平衡生产能力利用率：$E^*=Q^*/Q\times100\%=21\,400/30\,000\times100\%=71.43\%$

盈亏平衡销售价格：$P^*=AVC+TFC/Q=1600+3000\times10^4/30\,000=2600$（元/件）

盈亏平衡单位产品变动成本：$AVC*=P-TFC/Q=3000-3000\times10^4/30\,000=2000$（元/件）

通过计算盈亏平衡点，结合市场预测，可以对投资方案发生亏损的可能性作出大致判断。在例4-4中，如果未来的产品销售价格及生产成本与预期值相同，项目不发生亏损的条件是年销售量不低于21 400件，生产能力利用率不低于71.43%。如果按设计能力进行生产并能全部销售，生产成本与预期值相同，项目不发生亏损的条件是产品价格不低于2600元/件；如果销售量、产品价格与预期值相同，项目不发生亏损的条件是单位产品变动成本不高于2000元/件。

【阅读4-4】

范围经济与学习曲线

一般来说，企业生产和销售产品的成本既取决于生产规模（即使用资本和劳动的数量），也取决于生产范围（即生产不同种类的物品）。平均成本与这两个因素之间的关系就称为规模经济和范围经济。另外，生产成本还会随着累计产量的增加而下降，这称为学习曲线效应。

1. 规模经济

在第三章中介绍了规模收益规律，它表明了产量与规模变化之间的关系。现在，将规模与平均成本联系起来，讨论两者之间的关系，讨论规模能提供什么样的经济信息。

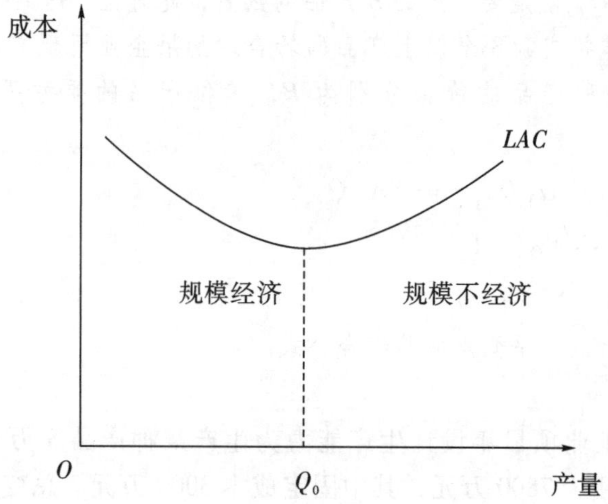

图4-7　规模经济

如图 4 -7 所示，长期平均成本曲线 *LAC* 的形状提供了关于这种关系的信息。随着产量的增加，当长期平均成本减少时，可以说存在规模经济（economics of scale），当期限平均成本增加时，可以说存在规模不经济（diseconomics of scale）。对于图 4 -7 中的生产过程，可以认为，在产量小于 Q_0 时存在规模经济；而在产量大于 Q_0 时，存在规模不经济。

2. 范围经济

范围经济（economies of scope）是指生产多产品企业，多种产品在一起生产的总成本低于各种产品分开生产的总成本之和。

假设某企业有产品 X 和 Y。$C(X)$ 为单独生产 X 时的成本函数，$C(Y)$ 为单独生产 Y 时的成本函数，$C(X, Y)$ 为一起生产 X 和 Y 的成本函数，如果有：

$$C(X, Y) < C(X) + C(Y)$$

则存在范围经济。

范围经济的大小（S）可以计算如：

$$S = \frac{C(X) + C(Y) - C(X, Y)}{C(X, Y)}$$

即由于一起生产而不是单独生产 X 和 Y 而产生范围经济，总成本可以降低 S。范围经济越大，S 的值越大。

导致范围经济的原因有多种。范围经济通常产生于投入要素的用途性。这是因为当生产和经营两种以上产品时，诸如共同生产设施、联合进行市场营销、共用相同的资源和共同管理等都有能带来相应的经济收益。特别是有时候企业在生产过程中能得到副产品，这种副产品能进一步加工为另外的产品。例如，炼铁厂利用矿渣生产建筑材料。有时候企业生产的是关联产品，即在生产一种产品的同时，只需增加少量成本（甚至不需要增加成本）就能得到另外一种产品。如屠宰场生产牛肉和牛皮，炼油厂生产汽油、柴油和沥青等。

3. 学习曲线

学习曲线（learning curve）是指随着累计产量的增加，平均成本下降的产量与成本之间的一种关系。

一般来说，随着累计产量的上升和生产经验的获得，企业生产的长期平均成本将会下降。例如，累计产量越高，人们更可能获得产品和生产过程的相关知识以降低成本，同时，他们也会变得更加熟练。学习曲线就是用来描述平均成本与累计产量之间的这种关系而引入的概念。累计产量是指企业在之前的所有生产阶段所生产产品的总数量。图 4 -8 展示了一条典型的学习曲线。在生产的早期阶段，学习曲线非常陡峭，这意味着平均成本明显下降，学习曲线效应非常显著。然而，随着累计产量的增加，学习曲线越来越平坦，学习曲线效应最终变得非常微弱。

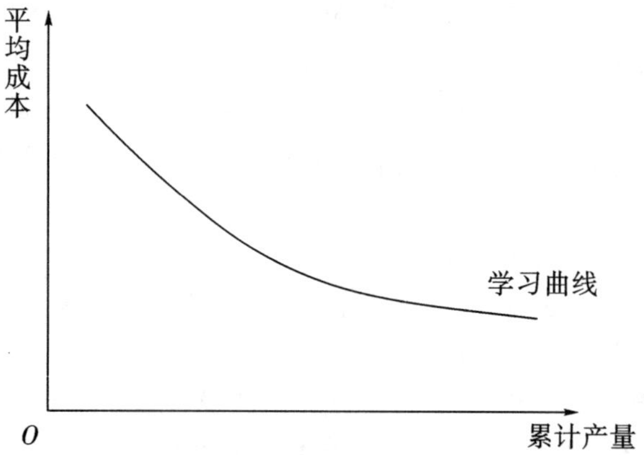

图4－8　学习曲线

人们常常把规模经济性与学习曲线效应相混淆。实际上，前者指长期平均成本随着单位时间内的产量增加而下降，而后者指平均成本随着累计的以往所有产量的总和的增加而下降。规模经济使得当经济处于一个比较大的规模时，能够以较低的单位成本来进行生产；学习曲线效应是指由于经济累计而导致的单位成本的减少。如果保持企业以往的累计产量一定，企业现期（一定时间内）的产量越高则平均成本越低的话，则这种成本的下降来自于规模经济。如果保持企业每期（相同时间段）的产量一定，企业的累计产量越高则平均成本越低的话，则这种成本的下降来自于学习曲线的作用。因此，在图4－8中，横轴的产量是存量，是在某时点上累计的以往所有产量的总和。而长期平均成本曲线横轴的产量是流量，即单位时间内的产量。

学习曲线效应能为企业提供竞争对手的竞争优势，在管理者的决策过程中发挥着重要作用。在学习曲线十分陡峭的行业，例如IT业，企业可以使自己产品的定价比市场平均价格低，以便占有市场，扩大产量，提高累计产量，充分利用学习曲线的作用。这样，企业的平均成本将会很快下降，其所定的低价也能够使企业盈利。而且，企业还可能有足够的空间不断压低价格，迫使竞争对手退出市场，从而企业可以进一步扩大生产，降低成本，获得更大的利润。

【阅读4－5】

学习曲线

规模经济是指在特定的时点上，大批量地生产所获得的成本优势。学习曲线（learning curve）是指由于经验和专有技术的积累所带来的成本优势。

这可能是因为以下几点原因：①工人在起初几次完成一定的任务时，需要较多的时间。当他们变得越来越熟练时，他们的速度会加快。②经营者在经营的过程中学会了如何将生产过程安排得更加有效率。③从事产品设计的工程师掌握了能够使设计更完善和成本更低方面的经验，更好的和更专业化的工具以及工厂组织也能降低成本。④材料供应者可能学会如何处理企业所需的原料，并且可能将此优势以较低的材料成本供应给企业。

学习曲线的存在表明公司希望在短期内通过降低价格来增加产量，并在长期中减少成本。我们用以下的例子来对此进行说明。假设芯片的制造商累积产出为 1 万块芯片。在此基础上，每增加一单位产出的成本为 25 元。根据以往的经验，厂商相信一旦它生产 2 万块芯片，则每块芯片的成本为 20 元，此后不再会有学习效应了。当厂商突然收到一份立即生产 1 万块芯片的请求时，该芯片制造商在这之前已有了一份生产 20 万块芯片的订单，那么厂商将愿意以何种报价接受这个请求呢？如果不考虑学习效应，那么显然这个厂商应该收取不低于 25 元的价格。但是如果考虑学习效应，那么接受 20 元以上的价格是可以接受的。

我们通常用进步比率（Progress rate）表示学习的效果。某一生产过程的进步比率可以通过计算平均成本随着累积产出增加而下降的程度而得到。我们用累计产出来代替在给定时段内的产出。在图 4－9 中，假设累积产出为 Q_x，平均生产成本为 AC_1；那么进一步假设厂商的累计产出增加到原来的 2 倍，为 $2Q_x$，这时的平均成本为 AC_2，那么进步的比率为 AC_2/AC_1。如果进步的比率小于 1，则学习效应就会发生了。

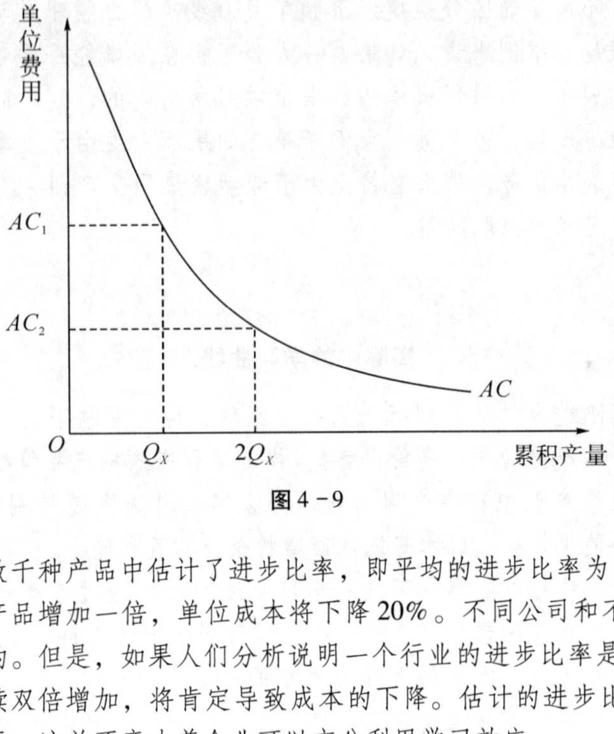

图 4－9

人们已经在数千种产品中估计了进步比率，即平均的进步比率为 0.80。这意味着，如果公司把它的产品增加一倍，单位成本将下降 20%。不同公司和不同行业之间，进步比率是不一样的。但是，如果人们分析说明一个行业的进步比率是 0.75，那么并不意味着产出的持续双倍增加，将肯定导致成本的下降。估计的进步比率通常代表在一定范围的平均水平，这并不意味着企业可以充分利用学习效应。

进步比率在不同的厂商和不同的产品之间的变化说明了这样一个观点，也就是，在不同的组织和不同的生产过程中，它们的学习效果是不同的。很少有人对学习的决定因素进行系统性研究，因此在确认学习效果在哪种情况下是更重要的时候，经理人员并不十分清楚。一般来讲，任务的复杂性提供了更多的学习机会。但是如果任务过于复杂，那么个人所获得的学习经验就很难在整个公司内进行交流。在有些行业中，个人所拥有的关于特定的顾客与市场的专门、详细的知识和在职能领域中的技能，能使个人获得在该领域里的优势，但是这些知识很难再传授给外人。另外，为了扩大学习效应，企业应该鼓励员工之间的互相学习，这包括鼓励信息的共享，建立包括新理念和减少离职在内的工作规则，以利于组织内的学习。

虽然进步比率主要被运用于衡量成本，但它同样可以很好地被应用于质量的研究。研究表明，经验丰富的医生在做一些常见的外科手术时的失败率要低得多，如果这一结论成立，那么中国应该建立专业的医院来进行专门的外科手术，以替代手术量少但是失败率较高的小医院的手术服务。

区分学习曲线所产生的成本节约和由于规模而产生的成本节约是很重要的。规模经济使得当经济处于一个比较大的规模时，能够以较低的单位成本来进行生产；学习效应是指由于累计经验而导致的单位成本的减少。即使是在学习效应很小的情况下，规模经济也可能是很大的，这通常存在于资本密集型的生产中。同样的，在规模经济很小时，学习曲线也可能是很大的，这通常存在于计算机软件开发等劳动密集型的产业中。

如果经理人员不能正确区分规模经济和学习曲线，那么经理对于市场的规模也就不能做出正确的推论。举例来说，如果某一大公司存在规模经济会带来低成本，则生产减少将增加平均成本。如果低成本的结果是学习所引起的，则厂商可以在不增加平均成本的情况下减少产量。另外的一个例子是，如果厂商是由于资本密集型而产生规模经济，从而产生成本优势，那么它将比由于劳动密集型生产而带来的低成本优势的厂商，更少地考虑劳动力离职问题。

【案例】

实际中的学习曲线

假定你作为刚刚进入化学处理行业的企业经理，你会面临下列问题：你该不该生产相对较低的水平的产出（并以高价出售），或者是否应该将产品价格定得较低，从而扩大销售量？如果该产业中存在学习曲线，那么第二种选择是特别吸引人的。然后，不断增加的产量会使平均生产成本降低从而增加企业的盈利能力。

要决定如何做，你可以考察一下能将学习曲线因素（通过劳动和工程技术改进来学习新的工序）和规模报酬递增区分开来的能够获得的统计资料。一项关于 37 种化工产品的调查表明，化工行业成本的下降与累积的行业产出、对改良了的资本设备的投资相关，而与规模经济的相关程度较低。实际上，整个化工产品来说，平均成本每年以 5.5% 的速度下降。这项研究表明企业规模每增长 1 倍，平均成本下降 11%。然而，累积产出增长 1 倍，平均生产成本则下降 27%。这项证据清楚地表明在化工行业中，学习曲线比规模经济更加重要。

在半导体行业中，学习曲线也是非常重要的。对于 1974—1992 年共七代动态随机存贮品（DRAM）半导体的研究发现，学习速度约为每年 20%（也就是说，累积的生产每增长 10%，成本就下降 2%）。研究还对日本企业与美国企业的学习曲线进行了比较，并且发现两国企业的学习并没有大的差别。

学习曲线效应对于确定长期成本曲线的形状具有重要意义，因此能帮助指导经营者。经营者可以用学习曲线知识来确定生产经营是否有利可图。假如如此，就应该在导致现金流入之前计划好企业营运规模是多大以及累积产出量该是多少。

[本章小结]

1. 成本是企业为获得所需资源而付出的代价。相关成本是指与决策有关的成本；非相关成本是指与决策无关的成本。

增量成本是指一项经营管理决策所引起的总成本的增加量；沉没成本是指不因决策而变化的成本；固定成本是指不随产量增减而变动的成本；变动成本则随产量增减而变动。

2. 短期成本包括短期总成本、短期平均成本和短期边际成本。短期总成本是指短期内生产一定量产品所需要的成本总和。总成本包括总可变成本和总固定成本。

短期平均成本是指短期内生产每一单位产品平均所需要的成本。短期平均成本包括短期平均可变成本和短期平均固定成本。

短期边际成本是指厂商每增加一单位产量所增加的总成本量。

短期成本曲线都呈现递减而后递增的U型，归根到底，受边际收益递减规律的制约。并且，边际成本分别经过短期平均成本、平均可变成本的最低点。

3. 长期成本是长期中生产一定量产品所需要的成本总和。可分为总成本、平均成本和边际成本。长期平均成本曲线与长期边际成本曲线都是一条先下降而后上升的U型曲线，变化关系和短期边际成本与短期平均成本的关系一样。

4. 贡献就是增量利润，它等于增量收入减增量成本。有贡献的方案是可以接受的方案。贡献分析法主要用于短期决策。

5. 盈亏平衡点分析法主要用来研究产量、成本和利润之间的关系，而把重点放在寻找盈亏分界点产量上。

[思考与练习]

一、名词解释

成本	相关成本	非相关成本
增量成本	变动成本	固定成本
贡献分析法		

二、选择题

1. 经济学分析中所说的短期是指（　　）。

A. 1 年内

B. 10 年内

C. 全部生产要素都随产量而调整的时期

D. 只能根据产量调整可变成本的时期

2. 当边际成本位于平均成本之下时（　　）。

A. 平均成本是上升的　　B. 平均成本是下降的

C. 边际成本是下降的　　D. 边际成本是不变的

3. 长期平均成本曲线与长期边际成本曲线一定相交于（　　）。

A. 长期平均成本曲线的最高点　　B. 长期平均成本曲线的最低点

C. 长期边际成本曲线的最高点　　D. 长期边际成本曲线的最低点

4. 当某厂商以既定的成本生产出最大产量时，他（　　）。

A. 一定获得了最大利润

B. 一定没有获得最大利润

C. 是否获得了最大利润，还无法确定

D. 经济利润为零

5. 当 AC 达到最低点时，下列哪一条是正确的？（　　）。

A. $VC=FC$　　B. $MC=AC$

C. $P=AVC$　　D. $P=MC$

6. 通过不同产出水平的可变成本和固定成本，可以决定（　　）。

A. C　　B. AFC

C. AC　　D. 以上都不是

7. 如果生产 10 单位产品的总成本是 100 元，第 11 单位的边际成本是 21 元，那么（　　）。

A. 第 11 单位产品的 TVC 是 21 元

B. 第 10 单位的边际成本大于 21 元

C. 第 11 单位的平均成本是 11 元

D. 第 12 单位的平均成本是 12 元

8. 下列因素中不属固定成本的是（　　）。

A. 土地的租金　　B. 折旧

C. 财产税　　D. 营业税

9. 当何种情况时，厂商如果要使成本最低，应停止营业（　　）。

A. $AC<AR$　　B. $P<AFC$

C. $AR<AVC$　　D. $MR<MC$

10. 假定两个人一天可以生产 60 单位产品，4 个人一天可以生产 100 单位产品，那么（　　）。

A. AVC 是下降的　　B. AVC 是上升的

C. $MPL>APL$　　D. MPL 是 40 单位

11. 假如总产量从 100 单位增加到 102 单位，总成本从 300 增加到 330，那么边际成本等于（　　）。

A. 30　　B. 330

C. 300　　D. 15

12. 当边际收益递减规律发生作用时，总成本曲线开始（　　）。

A. 以递增的速率下降　　B. 以递增的速率上升

C. 以递减的速率下降　　D. 以递减的速率上升

13. 当产量达到下列哪一点时，利润最大？（　　）。

A. $P = MC$　　B. $P = AVC$

C. $AVC = MC$　　D. $ATC = MC$

14. 一个企业在以下哪种情况下应该关门（　　）。

A. AVC 的最低点大于价格时　　B. AC 的最低点大于价格时

C. 发生亏损时　　D. $MC > MR$ 时

15. 随着产量的增加，固定成本（　　）。

A. 增加　　B. 不变

C. 减少　　D. 先增后减

16. 随着产量的增加，平均固定成本（　　）。

A. 在开始时减少，然后趋于增加　　B. 一直趋于减少

C. 一直趋于增加　　D. 在开始时增加，然后趋于减少

17. 已知产量为 500 时，平均成本为 2 元，当产量增加到 550 时，平均成本等于 2.5 元。在这一产量变化范围内，边际成本（　　）。

A. 随着产量的增加而增加，并小于平均成本

B. 随着产量的增加而减少，并大于平均成本

C. 随着产量的增加而减少，并小于平均成本

D. 随着产量的增加而增加，并大于平均成本

18. 不随产量变动而变动的成本称为（　　）。

A. 平均成本　　B. 固定成本

C. 长期成本　　D. 总成本

19. 假定某企业全部成本函数为 $TC = 30\ 000 + 5Q - Q2$，Q 为产出数量，那么 TFC 为（　　）。

A. 30 000　　B. $5Q - Q2$

C. $5 - Q$　　D. $30\ 000/Q$

20. 假定某企业全部成本函数为 $TC = 30\ 000 + 5Q - Q2$，Q 为产出数量，那么 AVC 为（　　）。

A. 30 000　　B. $5Q - Q2$

C. $5 - Q$　　D. $30\ 000/Q$

21. 等成本曲线平等向外移动表明（　　）。

A. 产量提高了

B. 成本增加了

C. 生产要素的价格按不同比例提高了

D. 生产要素的价格按相同比例提高了

22. 等成本曲线围绕着它与纵轴的交点逆时针移动表明（　　）。

A. 生产要素 X 的价格下降了　　B. 生产要素 Y 的价格下降了

C. 生产要素 X 的价格上升了　　D. 生产要素 Y 的价格上升了

23. 无数条等产量曲线与等成本曲线的切点连接起来的曲线是（　　）。

A. 无差异曲线　　B. 消费可能线

C. 收入消费曲线　　D. 生产扩展路线

24. 边际成本曲线与平均成本曲线的相交点是（　　）。

A. 边际成本曲线的最低点

B. 平均成本曲线的最低点

C. 平均成本曲线下降阶段的任何一点

D. 边际成本曲线的最高点

25. 在长期平均成本曲线的递增阶段，长期平均成本曲线切于短期平均成本曲线的（　　）。

A. 右端　　B. 左端

C. 最低点　　D. 无法确定

26. 只有在长期平均成本曲线的最低点，长期平均成本曲线切于某一条短期平均成本曲线的（　　）。

A. 最低点　　B. 左端

C. 右端　　D. 无法确定

27. 一般来说，长期平均成本曲线是（　　）。

A. 先减后增　　B. 先增后减

C. 按一固定比率增加　　D. 按一固定比例减少

28. 假定某企业全部成本函数为：$TC = 30\,000 + 5Q - Q^2$，Q 为产出数量。那么 TVC 为（　　）。

A. 30 000　　B. $5Q - Q^2$

C. $5 - Q$　　D. $30\,000/Q$

29. 假定某企业全部成本函数为：$TC = 30\,000 + 5Q - Q^2$，Q 为产出数量。那么 AFC 为（　　）。

A. 30 000　　B. $5Q - Q^2$

C. $5 - Q$　　D. $30\,000/Q$

三、问答题

1. 试用图说明短期成本曲线相互之间的关系。

2. “企业的产量越多，利润越多，越能实现利润最大化。”这句话对吗？为什么？

3. 短期边际成本曲线和短期平均成本曲线、短期平均可变成本曲线是什么关系？为什么？

4. 长期成本曲线包括哪些？简述各种长期成本曲线的形状特点。

5. 短期总成本曲线和长期总成本曲线是什么关系？为什么？

6. 短期平均成本曲线和长期平均成本曲线是什么关系？为什么？

四、计算题

1. 假设某产品生产的总成本函数是 $TC = 3Q^2 - 8Q + 60$，求：TFC（Q）、TVC（Q）、AC（Q）、MC（Q）。

（答案：略）

2. 假设某厂商边际成本函数是 $MC = 3Q^2 - 30Q + 100$，且生产10单位产量时的总成本为1000。

求：(1) 固定成本的值。

(2) 总成本函数、总可变成本函数，以及平均成本函数、平均可变成本函数。

（答案：略）

3. 企业总固定成本为10 000元，平均成本为500元，平均可变成本为100元，求企业现在的产量。

（答案：略）

4. 某公司制造各种电子设备所使用的晶体管。公司管理层在考虑为某家顾客生产特种晶体管的可能性。因为只是一家需要新的晶体管，公司可以很好地估计价格和需求之间的关系。设已估计出价格3元能销售30 000个（±3 000个）；每个的变动成本是2元，新产品生产将使固定成本增加25 000元。问：

(1) 新晶体管的盈亏平衡点在哪里？

(2) 在估计的需求水平上，经营利润是多少？

(3) 在估计的需求水平上，安全边际率是多少？

(4) 如果销售量在估计范围内的较低点而不是30 000单位，利润变动的百分数是多少？

(5) 根据 (1) ~ (4) 的信息，你认为公司应当开始新产品的生产吗？

（答案：略）

5. $Q = 6750 - 50P$，总成本函数为 $TC = 12\ 000 + 0.025Q^2$。

求 (1) 利润最大的产量和价格？

(2) 最大利润是多少？

（答案：利润最大的产量为1500，价格为105；最大利润为89 250）

6. 设某厂商的短期成本函数是 $STC = 20 + 240Q - 20Q^2 + Q^3$，若该产品的市场价格是315元，试问：

(1) 该厂商利润最大时的产量和利润；

(2) 该厂商的不变成本和可变成本曲线；

(3) 该厂商停止营业点；

(4) 该厂商的短期供给曲线。

（答案：该厂商利润最大时的产量为15，利润为2495；只要价格小于140，厂商停止营业；该厂商的供给曲线应该是产量大于10以上的边际成本曲线）

5 市场竞争与企业经营决策

[本章结构图]

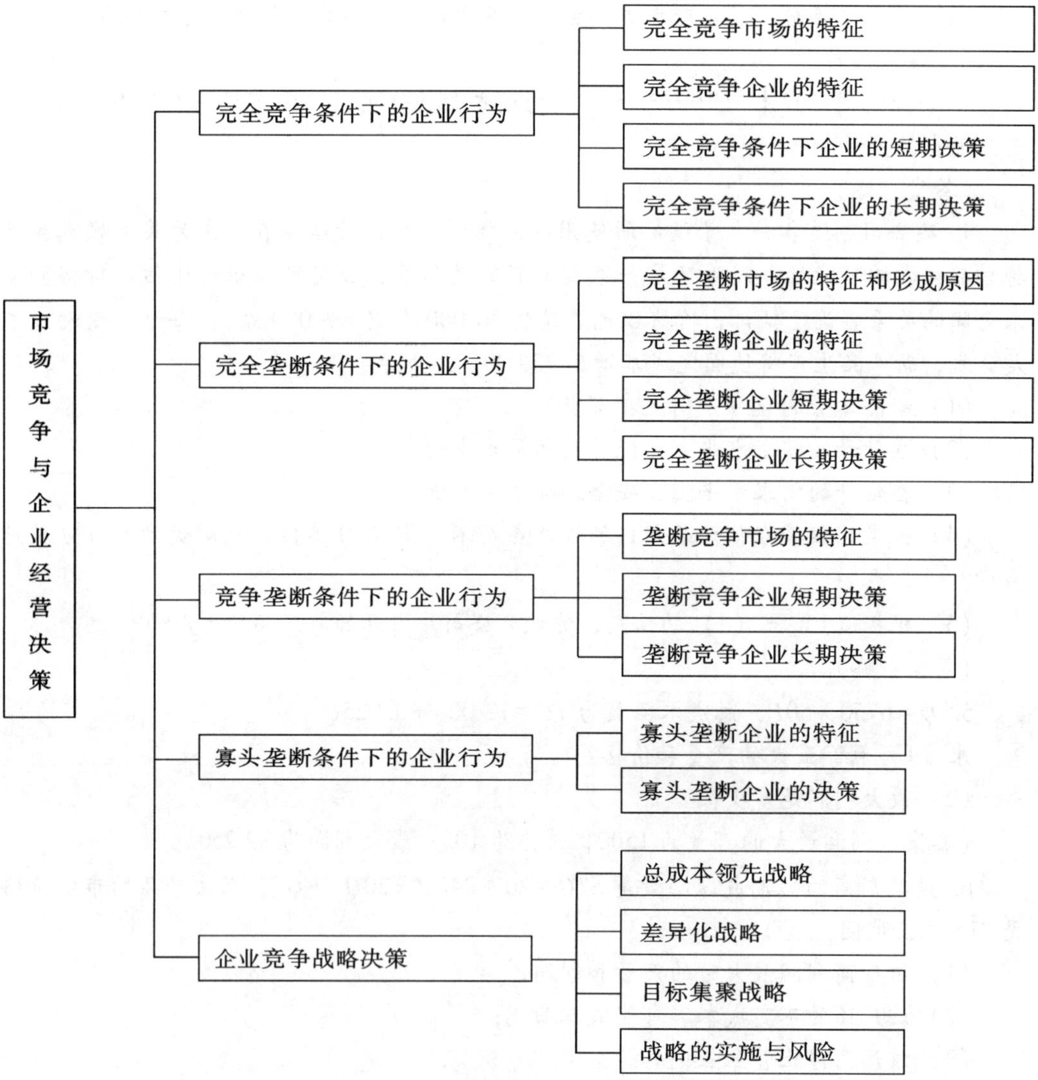

[本章学习目标]

通过本章的学习，你可以了解：

- 熟练掌握各种市场结构的特征。
- 理解完全竞争与完全垄断企业的特征。
- 理解企业在不同的市场结构条件下，为达到利润最大化而进行的产量和价格决策。
- 了解企业竞争战略决策。

现代意义的市场由买者、卖者和双方力量对比（竞争）而形成的市场价格三大要素组成，可以是有形的，也可以是无形的。每一个企业在面对市场时，都要进行两种决策：生产多少和以何种价格在市场上销售。企业决策受到技术约束（由生产函数表示）、经济约束（由成本函数表示）和市场约束（由需求函数表示）的影响。原则上在技术条件与资源状况许可的情况下，企业可以生产它所愿意生产的数量，并对其生产的产品制定它所期望的价格，但企业以利润最大化为目标的前提下，市场结构决定了企业决策的内容、方式以及自主性。

市场结构是指某种商品或劳务在市场上的竞争程度，一般按市场上企业数目、产品的差别性、企业进出一个行业的难易程度、企业对市场价格控制程度等，将市场分成四种不同的结构类型：完全竞争市场、完全垄断市场、垄断竞争市场和寡头垄断市场。

在四种类型的市场结构中，完全竞争市场和完全垄断市场是两个极端的、高度抽象的市场结构，而垄断竞争市场和寡头垄断市场介于其中，是现实经济生活中常见的市场结构。

5.1 完全竞争条件下的企业行为

完全竞争（perfect competition）市场是一种不存在任何垄断因素的、不受任何阻碍和干扰的市场结构。

5.1.1 完全竞争市场的特征

完全竞争市场必须满足以下条件：

第一，市场内有大量的买者和卖者，单一的买者或卖者都无法影响价格，他们都是价格的接受者（price taker），接受由市场供求决定了的价格。

第二，企业所生产的产品是高标准化的、同质的（homogeneous）无任何差别的产品。完全竞争市场结构下的企业生产的产品具有完全的替代性。

第三，企业可以完全自由地进入与退出这个市场，不存在任何行业壁垒。

第四，买者和卖者具有完全信息。信息是完全公开的，每个经济活动的参与者对有关产品的一切信息了如指掌。

上述四个条件必须同时存在；否则，只能称之为不完全竞争市场。显然，在现实中这样条件苛刻的市场是罕见的，它只是一种高度抽象的市场模式。但完全竞争市场能帮助我们判断资源配置的效率，了解市场机制运行的规律，同时也成为理解其他类型市场的基础。在一般情况下，经济学把农产品市场看成是近似的完全竞争市场。

5.1.2 完全竞争企业的特征

（1）完全竞争市场与企业的供求

在完全竞争市场的条件下，对整个行业来说，需求曲线是一条向右下方倾斜的曲线，供给曲线是一条向右上方倾斜的曲线。整个行业产品价格就由这种需求与供给决定，曲线如图5－1（a）所示。但对单个企业来说情况就不一样了，单个企业的产量只占市场产量的极小部分，所有企业的产品是同质的。当市场价格确定之后，对单个企业而言，这一价格就是既定的，无论它怎样增加或减少产量都不能影响市场价格。所以对单个企业产品的需求曲线就表现为一条与横轴平行的水平线，这时的需求曲线如图5－1（b）所示，它与水平轴的距离即为市场价格 P^*。

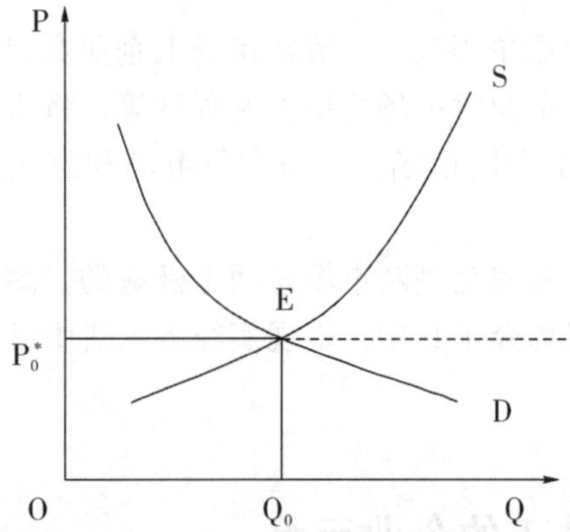

图5－1（a）市场供需与均衡

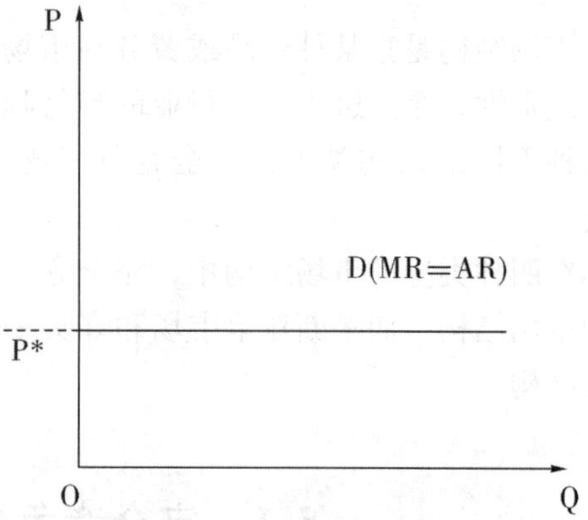

图5－1（b）个别企业的需求曲线

图5－1　市场价格的决定与个别企业的需求曲线

从图5－1中可以看出，对单个企业产品的需求曲线的需求价格弹性系数为无限大，即在市场价格为既定时，对个别企业产品的需求是无限的。在完全竞争市场上，企业需求曲线 D 与平均收益曲线 AR 和边际收益曲线 MR 三条线重合在一起。

（2）完全竞争市场的收益

在各种类型的市场上，平均收益与价格都是相等的，即 $AR = P$。因为每单位产品的销售价就是其平均收益。但只有在完全竞争市场上，对个别企业来说，平均收益、边际收益与价格才相等，即 $AR = P = MR$，因为只有在这种情况下，个别企业销售量的增加才不影响价格。在完全竞争市场上，企业每增加一单位产品的销售，市场的价格保持不变，从而每增加一单位产品销售的边际收益 *MR* 也不会有所改变，边际收益也即等于价格。

5.1.3 完全竞争条件下企业的短期决策

当一个企业获得最大利润时，它既不增加生产也不减少生产，所以，这时这个企业处于均衡状态。前面已经证明，边际收益等于边际成本，即 $MR=MC$，是利润最大化的条件。短期均衡是指企业不能根据市场行情调整其生产规模，也不能变换某一行业时的均衡。根据在完全竞争条件下，$MR=AR=P$，所以，完全竞争企业短期均衡即取得最大利润的必要条件是 $MC=MR=AR=P$。

完全竞争企业的短期均衡随着均衡价格的变化，大致可能发生以下四种情况：

（1）供不应求状况下的短期均衡——企业获得超额利润（$P>SAC$ 最低点）

对个别企业来说，需求曲线 *D* 是从行业市场价格 P_0^* 引出来的一条平行线，该曲线同时也是平均收益曲线 *AR* 和边际收益曲线 *MR*。*SMC* 为短期边际成本曲线，*SAC* 为短期平均成本曲线。

在供不应求的情况下，由于行业市场价格 P^* 在短期平均成本最低点的上方，即市场价格大于个别企业的平均成本，从而 $AR>AC$，该企业存在利润。

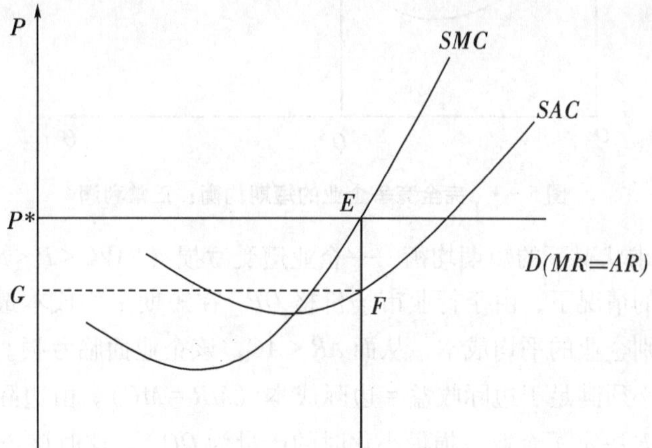

图 5-2 完全竞争企业的短期均衡：超额利润

企业为了实现利润最大化，就必须满足这样一个条件：边际收益 = 边际成本，即 $MR=MC$。由边际收益曲线 *MR* 与边际成本曲线 *MC* 的交点 *E* 就决定了企业利润最大化时的产量为 OQ^*。这时该企业的总收益 TR = 平均收益 AR × 产量 OQ^*，即图 5-2 中的 OP^*EQ^* 面积；总成本 TC = 平均成本 AC × 产量 OQ^*；即图 5-2 中的 OQ^*FG 面积。由于 $TR>TC$，这时，该企业可获得超额利润为面积 $GFEP^*$（$TR-TC=GFEP^*$）。

由于超额利润的存在，就会吸引更多企业的进入，其结果将使整个行业的投资增加，生产规模扩大，产出增加。而一旦整个行业出现了供过于求的状况时，将使得市场价格下降，导致部分企业出现亏损。

（2）供求平衡的状况下的短期均衡——企业获得正常利润（$P = SAC$ 最低点）

供求平衡的情况下，由于行业市场价格 OP^* 通过短期平均成本与短期边际成本的交点，即市场价格等于个别企业的平均成本，$MR = MC = AR = AC$，这时，企业的总收益 TR = 平均收益 AR × 产量 OQ^*，总成本 TC = 平均成本 AC × 产量 OQ^*。所以，总收益 TR = 总成本 TC。在这种情况下，企业没有超额利润，可以获得正常利润，因为正常利润是总成本的一部分。

供求平衡时将会导致现有企业不愿意离开这个行业，也没有新的企业愿意加入这个行业。如图 5-3 所示。

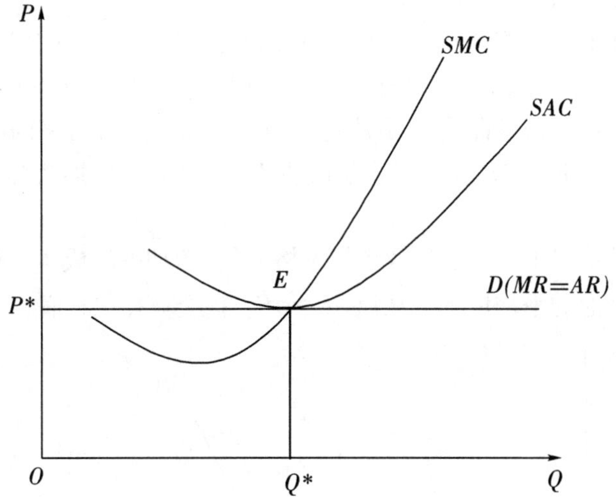

图 5-3　完全竞争企业的短期均衡：正常利润

（3）供过于求状况下的短期均衡——企业遭受亏损（$SAVC < P < SAC$）

在供过于求的情况下，由于行业市场价格 OP^* 在短期平均成本最低点的下方，即市场价格小于个别企业的平均成本，从而 $AR < AC$，该企业面临亏损。企业为了最大限度地减少亏损，必须满足于边际收益 = 边际成本（$MR = MC$）。由边际收益曲线与边际成本曲线的交点 E 决定了企业亏损最小化时的产量为 OQ^*。这时该企业的总收益 TR = 平均收益 $AR \times OQ^*$，即图 5-4 中的 OQ^*EP^* 面积；总成本 TC = 平均成本 AC × 产量 OQ^*；即图 5-4 中的 OQ^*FG 面积。由于 $TR < TC$，这时，该企业的亏损额为面积 $GFEP^*$（$TR - TC = GFEP^*$）。但是，市场价格 $OP*$ 高于平均可变成本 P_1，因此企业的收益不仅能弥补全部可变成本，还可以弥补一部分固定成本，企业应该选择继续生产。如果选择停产，企业的亏损额会更大，为 P_1CFG 的面积。

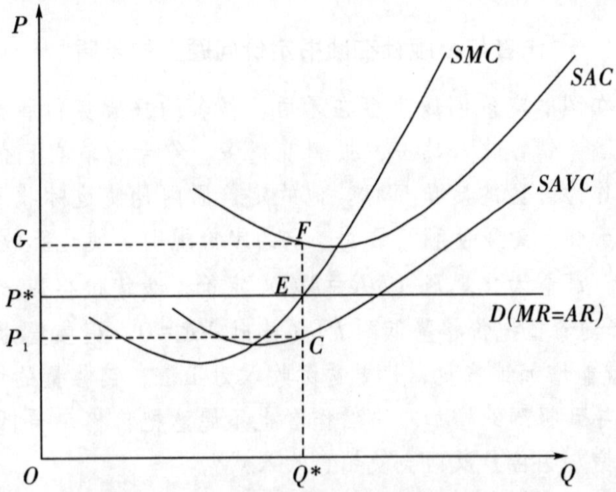

图 5－4　完全竞争企业的短期均衡：亏损

由于亏损的存在，就使得部分亏损企业退出该行业，其结果将使整个行业的投资减少，生产规模缩小，产出下降。而一旦整个行业出现了供求平衡以至于供不应求的状况时，将使市场价格上升，结果出现了行业盈利的状况。不断循环往复，最终会趋于市场的长期均衡。

（4）停止营业点（$P < SAVC$）

如果行业市场价格低于个别企业的平均变动成本（*SAVC*）时，那么该企业不仅损失了全部固定成本，企业所得的收益连可变成本也不能补偿，企业停止生产营业是理性的选择。因此，价格等于最低的平均可变成本这一点（图 5－5 中的 *E* 点）就叫做停止营业点。

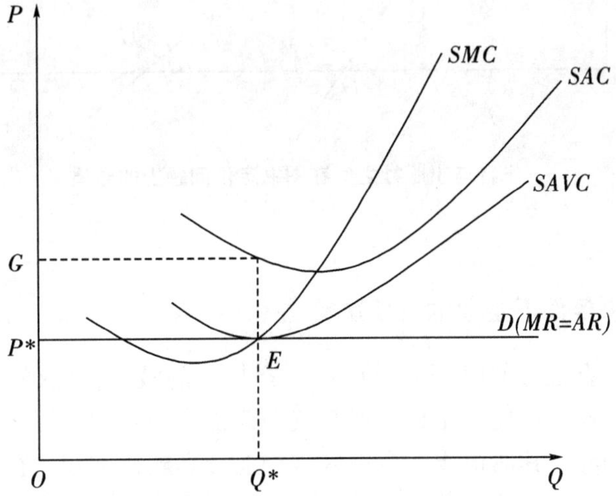

图 5－5　完全竞争企业的短期均衡：停止营业点

【阅读5-1】

作者与出版社在图书定价问题上的矛盾

作者与出版社在图书定价问题上存在矛盾。作者的报酬实行版税制，即以销售收入的一定百分比计酬，销售收入越多，报酬就越多。作者为使自己的报酬最大，就会把销售收入最大化作为自己的定价目标。他的定价原则是使边际收入为零。但出版社追求的是利润的最大化。为了使利润最大，它的定价规则是使边际收入等于边际成本。在图中，出版社按利润最大化规则（$MR=MC$）定价，最优价格应该为 P_1，此时的销售量为 Q_1，但作者则希望把价格降低到 P_2（此时 $MR=0$，销售量为 Q_2，销售收入为最大），因为降价就能增加销售量，只要边际收入为正值，销售量的增加就会导致销售收入的增加，从而导致报酬的增加。当然作者也不愿意把价格定得低于 P_2，因为那时边际收入为负值，增加销售量反而会使销售收入减少。

作者与出版社之间在图书定价问题上的这种矛盾，同样也会在诸如以佣金为计酬基础的其他行业中存在。

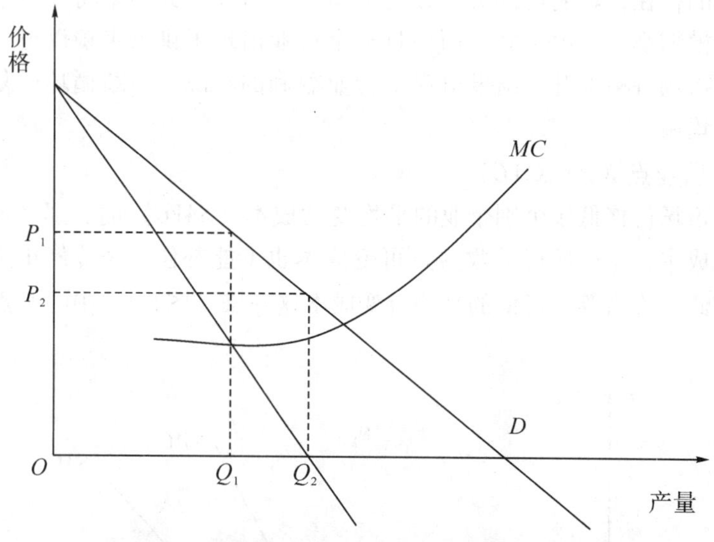

作者与出版社之间在图书定价问题上的矛盾

5.1.4 完全竞争条件下企业的长期决策

在长期，企业有足够的时间调整所有要素投入的数量，使得生产规模达到最优。由于完全竞争市场不存在任何阻碍，所有资源都能自由进出，因此在长期，如果完全竞争企业有超额利润，其他企业就会进入该行业分享超额利润，在其他条件不变的前提下，随着供给的增加，产品价格下降，直至平均成本的最低点。反之，长期如果完全竞争企业亏损，那么长期平均成本的最低点高于市场价格，某些企业会由于亏损而退出市场，在其他条件不变的前提下，供给量的减少导致产品价格的上升，直至平均成本的最低点。因此，完全竞争企业长期均衡的条件为：$MR=LMC=LAC$。

图5-6显示了完全竞争企业的长期均衡。当市场价格为 P_1 时，企业有超额利润；反之，当市场价格为 P_2 时，企业亏损。随着新企业的进入或该行业企业的退出，价格最终由于供给量的增减而达到 P_0。此时，企业既没有超额利润也没有亏损，只获得正常利润。

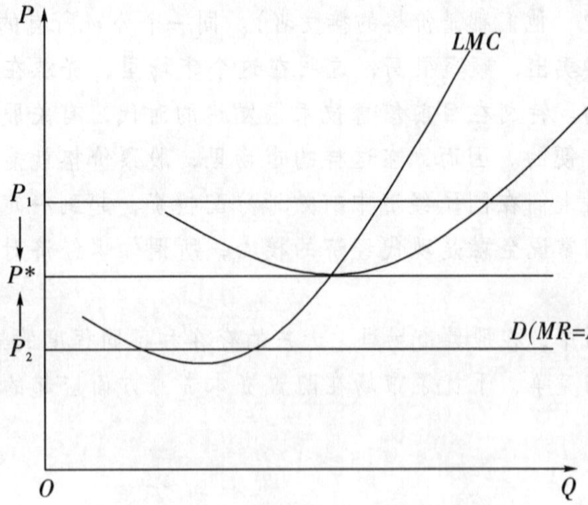

图5-6 完全竞争企业的长期均衡

【阅读5-2】

对完全竞争市场的评价

西方经济学家认为，完全竞争是一种理想的市场结构类型，在完全竞争条件下价格可以充分发挥其“看不见的手”的作用，可以调节整个经济的运行。通过这种调节实现以下几点：

(1) 社会的供给与需求相等，生产者的生产不会有不足或过剩，消费者的需求也得到了满足，资源得到了最优配置。

(2) 在长期均衡条件下，使平均成本达到最低点，这说明可以通过完全竞争与资源的自由流动，使生产要素的效率得到了最有效的发挥。

(3) 平均成本最低决定了产品的价格也是最低的，这对消费者是有利的。

但是，完全竞争市场也是有其缺点的，这主要表现在以下几点：

(1) 各企业的平均成本最低并不一定是社会成本最低。

(2) 产品无差别，将使消费者的多种需求无法得到满足。

(3) 完全竞争市场上生产者的规模都很小，这样，就容易使生产者没有能力去实现重大的科学技术突破，从而不利于技术发展。

【阅读5-3】

股票市场和完全竞争

应该说，规范运作的股票市场是一个接近完全竞争的市场。在这里，每种特定股票的价格都是由供需双方的市场力量所决定的。每个买者和卖者都无法对价格施加足够大的影响（也就是说，他们都是价格的接受者）。同一个公司所有的股票，都是同质的。股票经常被买进和卖出，频率很高，说明在这个市场里，资源在行业和地区间的流动和转移是很容易的。特别在目前信息技术很发达的时代，有关股票价格和公司信息的传递和获得是很方便的。因而，在这样的市场里，股票价格就能比较充分地反映企业的价值，它能够对人们在国民经济中有效地分配投资，起到一定的引导作用。也许正是如此，所以我们常说金融是现代经济的核心，所谓知识经济时代就是资产证券化的时代。

不过，在现实生活中，在股票市场里，大户的存在和不同程度的欺骗和操纵行为，损害了股票市场的正当竞争，干扰了市场在配置资本资源方面应起的作用也是时有发生的事。

5.2 完全垄断条件下的企业行为

在完全竞争市场上，企业数量众多而且规模很小，它们对市场价格没有任何控制力，这是市场结构的一种极端情况。在本节中我们将讨论与此相反的另一个极端情况：完全垄断。

完全垄断（monopoly）是指行业中只存在一个生产供应企业，市场中不存在丝毫竞争因素的市场结构。

5.2.1 完全垄断市场的特征和形成原因

5.2.1.1 垄断市场的特征

（1）在垄断条件下，一个企业占据了整个行业，企业就是行业，两者合而为一。企业是整个行业唯一的卖者。

（2）企业生产和销售的产品没有任何替代品，不存在竞争的威胁。

（3）企业是价格制定者，具有一定的价格决定权，它可以通过价格差别来获得超额利润。

（4）垄断市场存在巨大的行业壁垒，其他新企业进入该行业都极为困难或不可能，也不存在与其他竞争对手的相互依赖关系。

总之，垄断企业是一种商品的唯一卖者。而面对垄断企业的买者，除了考虑买或不买以外，没有任何其他的选择。现实中，如此严格意义的完全垄断几乎不存在。但理论分析需要严格的假定。

5.2.1.2 垄断形成的原因

一个垄断企业的显著特征是它能够对经营产品的供给进行控制。这种控制产品供给的力量即是垄断权力的基础。垄断的形成主要有两大原因：一是成本优势，二是进入壁垒。

（1）成本优势。大规模生产会导致成本的下降，所以企业要取得成本优势，必须走规模经济的道路。最终达到规模经济的企业在市场上逐渐排挤掉规模较小的企业，形成行业的垄断。另一种成本优势的情形为自然垄断。所谓自然垄断（natural monopoly）是指某些行业的产品具有十分显著的规模经济性，一旦企业达到规模经济以后，一家企业的产量足以满足整个市场的需求，哪怕多一个企业都会使所有企业亏损。因为高昂的固定成本只有在大规模生产时才能使成本下降，如果多家企业争夺一个市场必将导致各自的固定投入使用不足，成本自然降不下来。公共事业被视为自然垄断的典型。

（2）进入壁垒。垄断市场存在着巨大的进入壁垒，壁垒的存在既是垄断市场的特征，也是形成垄断的重要原因。主要的进入壁垒包括法律保护和控制重要的生产资源。

依靠专利法的保护，在有效期内限制了市场上的竞争者，用制度形成了一种严格的行业壁垒。所以，专利权被认为是一种合法垄断的权利。除此之外，垄断的产生还与政府给予某个企业排他性地出售某种物品的权利等有关。

生产资源对于企业的重要意义不言自明，如果某种重要的生产资源被一个企业所控制的话，当然可以阻止竞争者的进入。

5.2.2 完全垄断企业的特征

（1）需求曲线

在完全垄断情况下，只有一家企业供应全部市场所需产品，独此一家，因此完全垄断企业的需求曲线就是整个行业的需求曲线。作为垄断企业，面对的不再是一条需求量无限大的水平需求曲线。这时的需求曲线是一条表明需求量与价格呈反方向变动的向右下方倾斜的曲线。作为唯一的供给者，垄断企业可以指定任何其想要的价格，但向右下方倾斜的需求曲线又决定了企业如果提高价格，其销售量必然会相应下降（如图5－7所示）。公式表示为：$P=a-bQ$。

（2）收益曲线

在完全垄断市场上，每一单位产品的售价就是它的平均收益，也就是它的价格，即 $AR=P$。因此，平均收益曲线 AR 仍然与需求曲线 D 重合。公式表示为：

$$TR=PQ=(a-bQ)Q=aQ-bQ^2$$

$$AR=TR/Q=a-bQ=P$$

如图5－7所示，在完全垄断市场中，当销售量增加时，会导致产品的价格下降，从而边际收益减少，这时边际收益曲线 MR 就不再与需求曲线重合了，而是位于需求曲线下方，而且随着产量的增加，边际收益曲线与需求曲线的距离会越来越大，表示边际收益比价格下降得更快。

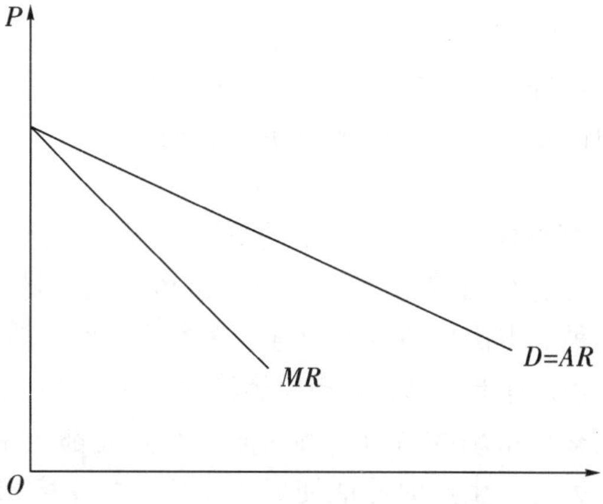

图 5-7　垄断市场需求和收益曲线

5.2.3　完全垄断企业短期决策

与完全竞争企业一样，垄断企业生产的目的也是利润最大化。但居于垄断地位的企业也并不能为所欲为，同样受到市场需求的限制。如果定价过高，消费者就会减少需求或寻求替代品，另外，在短期内，企业产量的调整，也要受到固定生产要素的限制。因而，垄断企业虽然也是依据利润最大化原则来决定产出数量和价格，但也要考虑短期市场需求状况。也就是说，垄断企业也会面临供过于求或供不应求的情况：当出现供过于求的情况时，就会出现亏损；当供不应求，就会获得超额利润；当供求相等时，就会获得正常利润。在这里，对垄断企业短期均衡的分析与完全竞争的短期分析是基本一样的，垄断企业不仅通过调整产量而且通过调整价格来实现利润最大化。

垄断企业虽然可以通过控制产量和价格实现利润最大化，但在短期内产量的调整要受固定生产要素无法调整的限制。和完全竞争企业一样，垄断企业在短期内可能出现以下三种情况：

5.2.3.1　供不应求状况下的短期均衡——企业获得超额利润

在供不应求的情况下，边际收益曲线 MR 与边际成本曲线 MC 的交点 E 决定了企业的产量 OQ^*，从 Q^* 点向上的垂线与需求曲线 D 相交于 H 点，从而决定了价格水平为 OP^*。这时该企业的总收益 TR = 平均收益 AR × 产量 OQ^*，即如图 5-8 中的 OQ^*HP^* 所示面积；总成本 TC = 平均成本 AC × 产量 OQ^*，即图 5-9 中的 OQ^*FG 面积。由于 $TR > TC$，这时，该企业可获得超额利润为面积 $GFHP^*$（$TR - TC = GFHP^*$）。

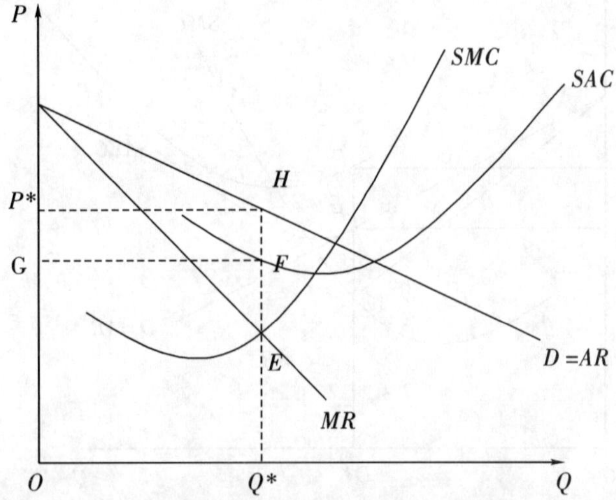

图 5-8 完全垄断企业的短期均衡：超额利润

5.2.3.2 供求平衡状况下的短期均衡——企业获得正常利润

在供求平衡状况下，总收益等于总成本，均为 OQ^*FP^*，所以此时收支相抵，只有正常利润。如图 5-9 所示。

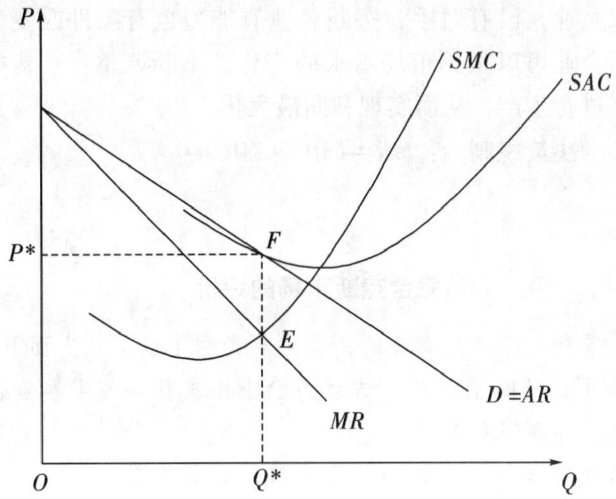

图 5-9 完全垄断企业的短期均衡：正常利润

5.2.3.3 供过于求状况下的短期均衡——企业遭受亏损

在供过于求的情况下，企业的总收益 TR 为 OQ^*HP^*，总成本 TC 为 OQ^*FG。由于 $TR < TC$，这时，该企业的亏损额为 $GFHP^*$。由于平均可变成本曲线 AVC 与 H 点相切，可以维持产量 OQ^*。H 点为停止营业点，如果价格再低，就无法生产了。如图 5-10 所示。

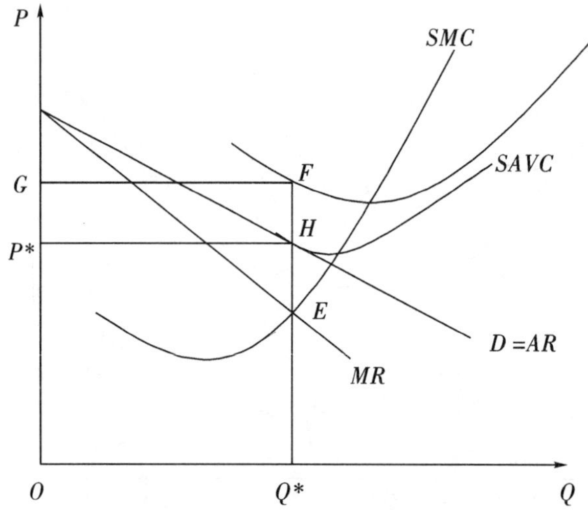

图 5-10 完全垄断企业的短期均衡：停止营业

5.2.4 完全垄断企业长期决策

人们常以为垄断企业一定能够盈利，但从短期来看其实未必。垄断企业有无利润和利润大小不仅与企业的成本有关，也与市场需求有关。不过，在长期条件下，由于垄断市场上只有一家企业，没有对手，垄断企业有能力也有条件改变生产规模以降低生产成本，因此垄断企业可以根据市场需求的变化，不断调整生产规模，尽可能用最低成本的要素组合来进行生产，从而实现利润最大化。

完全垄断企业长期决策规则为：$MR = LMC = SMC$

【阅读 5-4】

对完全垄断市场的评价

一般认为，完全垄断对经济是有害的，这主要是由于以下几方面原因。

(1) 在完全垄断下，垄断企业可以通过高价少销来获得超额利润，这样就会使资源无法得到充分利用，造成资源浪费。

(2) 垄断企业控制了市场，也就控制了价格，他所决定的价格往往高于完全竞争时的价格，这就引起消费者剩余的减少和社会经济福利的损失。

(3) 垄断利润的存在是垄断企业对整个社会的剥削，这就会引起收入分配的不平等。

(4) 垄断的存在有可能阻碍技术进步。

但是，有的经济学家认为，对完全垄断市场也要作具体分析。

(1) 自然垄断的大规模生产优势，能使一个单位的企业就能以较低的价格生产整个行业的产量，如果把它分散成许多小型企业来生产，生产成本必然会提高。

(2) 由于受到垄断的保护，企业才能得到进行技术革新等降低成本的好处，有利于垄断者大量投资于科研开发工作，从而能更有力地促进技术进步。从近年来的事实看，这种观点似乎更有道理。

完全竞争与完全垄断是经济中少见的情况。经济中更普遍的是垄断与竞争的不同程度组合。这就是包括垄断竞争与寡头垄断的不完全竞争。

5.3 垄断竞争条件下的企业行为

垄断竞争（monopolistic competition）是指许多企业生产和销售有差别的同类产品。垄断竞争是一种既有竞争又有垄断因素存在的市场结构，但又区别于完全竞争和完全垄断。

5.3.1 垄断竞争市场的特征

垄断竞争主要包括以下几方面的特征：

（1）行业中企业的数目比较多。单个企业对市场的影响力有限，同时企业之间彼此独立，互不依赖，每个企业在决策时不必考虑自己的行为会引起竞争对手的反应和注意。

（2）企业进出行业比较自由。与完全竞争相比，垄断竞争存在一定的行业壁垒，但作用较弱。

（3）垄断竞争行业的企业生产同种但又有差别的产品。同种产品意味着具有一定的替代性，企业之间的竞争比较激烈，而产品差别使企业又具有一定的控制产品价格的能力，可谓差别越大垄断能力越强。因此，这一特征最能显示垄断竞争市场的特征。

在以上三个特征中，第一、第二是属于竞争性的，第三个特征是属于垄断性的，垄断竞争就是这两类特征的结合。

概括地讲，从垄断竞争市场中的企业能在一定程度上控制价格来看，类似于垄断；但从其需求曲线仍然受差别产品的影响来看，又像完全竞争。企业自由斟酌定价的幅度很小，进行价格竞争的利益不太大，因此，企业之间更偏重于从事产品质量竞争、服务竞争和广告竞争等非价格竞争。

5.3.2 垄断竞争企业短期决策

与其他市场相同，垄断竞争企业短期决策规则为：$MR = MC$，其图形和决策结果与完全垄断企业基本类似。只是与完全垄断企业的需求曲线相比，垄断竞争企业的需求曲线要平坦一些，因为垄断竞争企业生产的是同种产品，其产品具有较大的替代性。

5.3.3 垄断竞争企业长期决策

在长期，企业可以任意变动一切生产投入要素。如果某一行业出现超额利润或亏损，会通过新企业进入或原有企业退出，最终使超额利润消失或亏损，从而在达到长期均衡时整个行业的超额利润为零。因此，垄断竞争与垄断不同（垄断在长期拥有超额利润），而是与完全竞争一样，在长期由于总收益等于总成本，只能获得正常利润。

如图5-11所示：

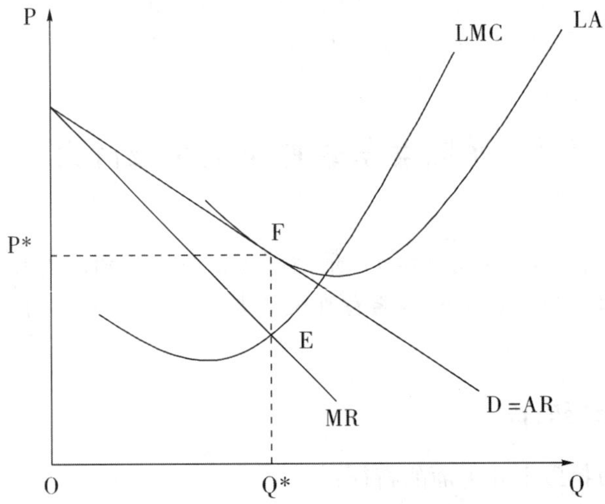

图5-11　垄断竞争企业的短期均衡：正常利润

在图5-11中，长期内垄断竞争企业仍然会维持在 $MR=MC$ 条件下生产，即图5-11中的 E 点。E 点所决定的产量为 OQ^*，价格为 OP^*。在长期均衡时，平均收益等于平均成本，因此，利润为零。此时不会有新的企业加入，也不会有旧的企业退出，市场达到长期均衡。因此，垄断竞争企业长期决策规则：①$P=SAC=LAC$；②$MR=SMC=LMC$。

【阅读5-5】

对垄断竞争市场的评价

对垄断竞争市场的评价，可以与完全竞争和完全垄断市场相比较。

首先，从产量来看，垄断竞争的产量一般要低于完全竞争，但高于完全垄断。这说明垄断竞争下资源的利用程度不如完全竞争但优于完全垄断。

其次，从价格来看，垄断竞争的价格高于完全竞争，但低于完全垄断。虽然消费者付出了较高的价格，但得到的是丰富多彩各具特色的产品，可以满足消费者多样化的要求。

再次，从平均成本来看，垄断竞争市场上平均成本比完全竞争时高，比完全垄断时低。说明由于有垄断因素的存在，生产要素的效率不如完全竞争时高。由于竞争因素的存在，生产要素的效率又比完全垄断时高。

最后，从技术创新来看，垄断竞争最能促进技术创新。短期超额利润的存在是激发企业进行创新的内在动力。通过生产出与众不同的产品可以在短期内获得垄断地位及超额利润。而长期中的竞争又使这种创新的动力持久不衰。

【阅读5-6】

三种市场类型企业均衡的概略比较

	完全竞争	完全垄断	垄断竞争
条件	产品质量相同、买者卖者极多	独家经营、别无他号	企业较多、产品存在差别
主要部门行业	农业	城市电话、自来水、电等公用事业	一般日用品
需求曲线	平行于 X 轴	向右下方倾斜	同左（斜率较小）两条需求曲线 D 和 D'
AR 和 LAC 关系	AR 和 LAC 最低点相切	AR 和 LAC 相割	AR 和 LAC 最低点左方某点相切
MR 和 AR 关系	重叠	MR 在 AR 左下方	同左
均衡条件 短期	$MR=SMC$	$MR=SMC$	$MR=SMC$，$D=D'$
均衡条件 长期	$AR=AC$ $MR=LMC=LAC=SMC=SAC$	$MR=LMC=SMC$	$MR=LMC=SMC$ $AR=LAC=SAC$ $D=D'$
产量①（以短期为例）	MR 和 SMC 交点 Q_0	MR 和 SMC 交点 Q_1，但 $Q_1<Q_0$	MR 和 SMC 交点 Q_2，但 $Q_1<Q_2<Q_0$
价格②	MR 和 SMC 交点 E 对应的 P_0	MR 和 SMC 交点上延和 AR 交点 P_1，$P_1>P_0$	同左 $P_1>P_2>P_0$
进出自由度	不受限制	严格限制	受到一些限制

①三种市场类型图中均衡产量均为 Q_0，为了分析方便这里令完全垄断均衡产量为 Q_1，垄断竞争均衡产量为 Q_2。

②三种市场类型图中均衡时价格均为 P_0，为了分析方便这里令完全垄断均衡产量为 P_1，垄断竞争均衡产量为 P_2。

5.4 寡头垄断条件下的企业行为

寡头垄断（oligopoly）是指少数几个企业控制整个市场的生产和销售的市场结构。它是介于完全垄断和完全竞争之间的但更接近于完全垄断的市场结构。

5.4.1 寡头垄断企业的特征

（1）行业中企业的数目很少，少数几家企业控制了大部分的市场份额。在经济学中常用市场集中率的指标来衡量少数几家企业对市场的控制力，如 C4 为四企业集中率、C5 为五企业集中率。C8 为八企业集中率等。

（2）寡头企业之间的关系紧密。这是寡头市场与其他市场结构相比最大的特征。

因为企业数量较少，单个企业的决策对整个市场必将产生重要的影响，所以单个企业会非常慎重地作出某项决策。也正由于这一特性，使得寡头市场中企业的行为变得十分复杂，加大了理论分析的难度。

（3）寡头企业生产的产品可以是同质的，也可以是有差别的，所以有相同寡头和差别寡头之分。

（4）行业壁垒较大，企业进出市场比较困难。

5.4.2 寡头垄断企业决策

如前所述，寡头垄断的市场比其他市场结构都要复杂，经济学上尚无法用一个简单的标准模型对其均衡决策问题作出明确的结论。为此，经济学家对寡头垄断市场提出了许多决策模型和理论，有些分析利用了经济学的传统工具，有些则运用了现代的数学工具。下面选择一些重要的理论和模型进行介绍。

5.4.2.1 古诺模型

古诺模型是法国经济学家古诺（Augustin Cournot）在1838年提出的一个双头垄断模型。此模型以矿泉水的生产为例，假定只有两个企业 A 和 B 销售矿泉水，矿泉水的生产成本为零，双方没有勾结行为，每个企业不仅了解对方的产出水平还能据此确定自己的最优产出量。古诺模型的均衡过程用图5－12来说明。

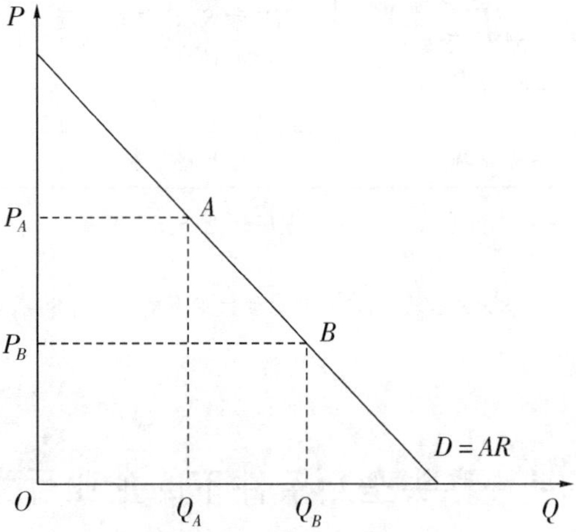

图5－12　古诺模型

需求曲线 D 是两个企业面对的矿泉水市场需求曲线，假如企业 A 先进入市场，其最优产量为市场总量 Q_n 的1/2，即 Q_A，因为此时吻合利润最大化原则 $MR = MC$，对应的价格为 P_A，企业获得的超额利润为 P_AAQ_AO 的面积。B 企业在的得知企业 A 生产的情况下也进入了市场，他最优的产量是企业 A 剩下的市场份额的一半即 Q_AQ_B，价格下降到 P_B，由此企业 A 的利润也下降。企业 A 又会根据企业 B 的生产重新调整和确定自己的最优产出量，生产企业 B 所剩下的市场份额的一半，这个过程会一直持续下去，最后达到一个均衡点。在均衡点上，每个企业的产量为市场总量的1/3。

由此可以推断，如果市场有 n 个寡头，则每个寡头企业的均衡产量为市场最大产量的 $1/n+1$，市场总产量为市场最大产量的 $n/n+1$。

5.4.2.2 斯威齐模型

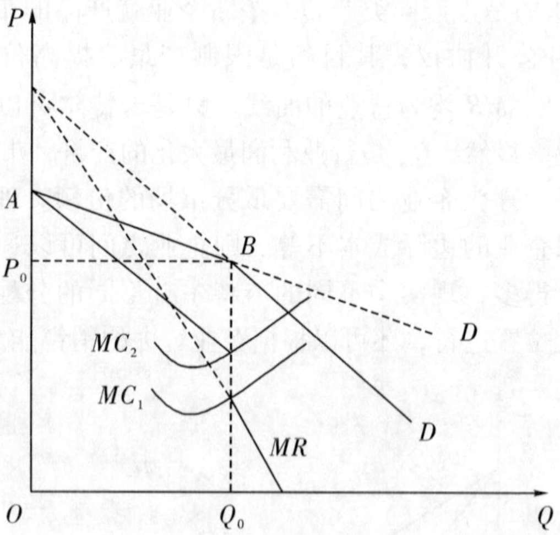

图 5-13 斯威齐模型

斯威齐模型是美国经济学家斯威齐（Panl Sweezy）在 1939 年提出的一种理论模型，这一模型又被称为弯折的需求曲线（Kinked Demand curve）。模型的假设条件为：寡头市场中某企业降价，其他企业也降价；如果某个企业提价，其他企业并不随之提价。如图 5-13 所示。

寡头企业面临着两条需求曲线，较平坦的需求曲线 D' 为企业改变价格，行业中的其他企业不跟着改变价格的需求曲线。而另一条需求曲线 D 则为市场上改变价格，行业中的其他企业也同时改变价格的情形。现在假设寡头企业的初始点在 B 点，如果本企业提高价格，别的企业却随之降价或维持既定价。因此，当价格高于 P_o，寡头企业面对的是需求曲线 D'，当价格低于 P_o，面对的则是需求曲线 D，最终形成一条弯折的需求曲线 ABD。

弯折的需求曲线导致了一条独特的边际收益曲线。因为两条需求曲线有各自对应的边际收益曲线，所以与弯折的需求曲线相对的必然是一条不连续的“断开”了的边际收益曲线。如果产量小于 Q_o，边际收益线是与需求曲线 D' 相对应得那一段（AB），如果产量大于 Q_o，边际收益线则是与需求曲线 D 相对应的那段（BD）。

毫无疑问，寡头企业的均衡条件还是 $MR=MC$。只要边际成本曲线与间断的边际收益线相交，利润最大化的产量便是 Q_o，价格 P_o，因此，当成本在一定范围内变动时，企业的产量和价格都是相对稳定的。

由以上分析可知，在一定条件下，寡头垄断企业变动价格往往有弊无利，因此，在寡头垄断市场上，产品的价格一旦确定，在短期内一般就不会再轻易变动。

斯威齐模型解释了寡头市场上普遍存在的价格比较稳定（也称为价格刚性）的现象。

5.4.2.3 卡特尔模型

只要条件允许，寡头企业就会正式或非正式地选择合作或共谋，从而减少因行业结构造成的相互影响以及带来的潜在风险。卡特尔就是这样的一种公开的合谋。

卡特尔（cartel）指的是生产同类产品的垄断企业就产品的市场价格、产量分配和市场份额而达成的一种公开协议，其目的是限制产量、提高价格、控制市场。在图5－14中，曲线MC、AR、MR均为行业的曲线。只是卡特尔可以被看成一个由几家企业合并在一起的大企业。显然，Q_o是行业利润最大化的产量，市场价格为P_o。在确定了全部的产量和价格后，寡头企业之间需要瓜分市场的份额。理论而言，要使卡特尔获得最大的利润，如果企业的边际成本不等，则企业之间可以通过调整产量提高总利润。但现实情况要复杂得多，现实中不同的卡特尔有不同的分配原则。可以按经济实力瓜分，也可以按地理位置进行，还可以根据企业过去的销售能力进行瓜分等。

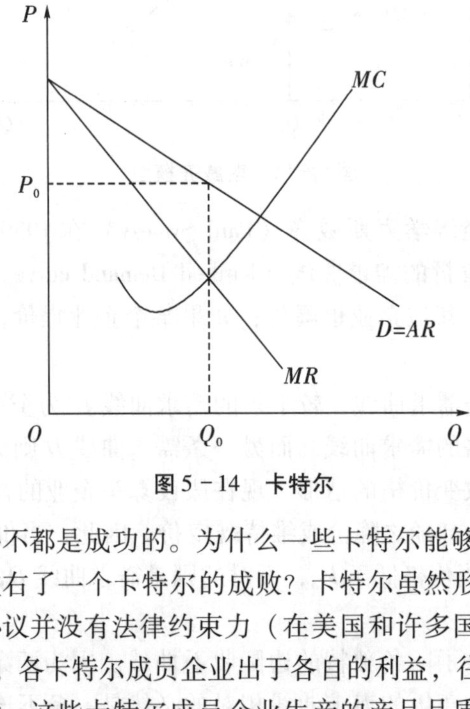

图5－14 卡特尔

现实中，卡特尔并不都是成功的。为什么一些卡特尔能够成功而其他的却以失败而告终，究竟是什么左右了一个卡特尔的成败？卡特尔虽然形成了操纵市场，分享利润的协议，但是这一协议并没有法律约束力（在美国和许多国家，公开合谋组成卡特尔被认为是违法行为），各卡特尔成员企业出于各自的利益，往往违背协议，使得协议的执行非常困难。因为，这些卡特尔成员企业生产的产品品质不同，每个企业所拥有的产品资源不同，各企业生产成本不同，企业对市场前景的预期不同，就导致了每个企业对市场产量和价格的看法不一，为了追求自己的最大利润，他们就会突破产量限额，或暗地里增加回扣以降低实际价格，或者提高产品品质以争取更多的购买者。在其他企业都遵守卡特尔协议的情况下，一个企业这样做的结果是大大增加了自己的利润，这又会导致其他企业也不执行卡特尔的协议。当大家都这样做的时候，卡特尔组织也就解体了，各企业又回到了成立卡特尔以前的状态，没有垄断利润可以分享。于是出于各自利益，这些寡头们又会形成新的卡特尔。

由此可见，贪欲促使寡头企业组成卡特尔，贪欲又促使他们破坏卡特尔，因此，大多数卡特尔往往是不稳定的，难以长期存在。一般认为，在下列条件下，卡特尔比较容易成立：企业数量少，组织成本低；产品单一，非价格竞争手段效果不明显；购买者的规模较小。

【阅读5－7】

粮食禁运为何失败

国际粮食市场特点之一是出口由美、澳、加、欧共体、阿根廷等国家占绝大部分，美国常占到一半左右，具有寡头垄断特点。20世纪70年代末期到80年代，苏联、日本、中国是最大粮食进口国，由于美国在出口国中居于龙头老大地位，并且主要出口国大都是美国盟国，因而美国长期有一种“粮食武器”理论，相信如果主要出口国在美国领导下联合起来对某国的粮食商业进口实施禁运，能够达到特定政治或外交目的。这种禁运虽然与一般市场条件下的寡头目标存在差别，但它同样是通过寡头之间协调串谋来影响交易数量和价格，因而与卡特尔勾结具有可比性。

1979年年底，卡特政府决定通过对商业性粮食出口实行禁运来打击它的争霸对手苏联，起因是苏联入侵阿富汗。美国认为这是对它战略利益的挑战，但又不宜军事介入，于是拿起了粮食禁运的武器。

当美国政府1980年1月4日公布禁运政策时，苏联向美国定购了2500万吨粮食，占苏联1980年计划进口总量70%。1980年1月20日，主要出口国加、澳、欧盟同意参与；禁运开始在美国获得了国内广泛支持，似乎很有希望成功。美国意图是对苏联饲料供给和肉类消费造成破坏性影响，从而对苏联造成国内政治压力。然而，结果事与愿违，1980年苏联进口粮食3120万吨，与计划进口量仅差10%，禁运仅使饲料供给下降2%，肉类消费影响微乎其微。1980年是大选年，里根以此攻击卡特政策无能，并在入主白宫几个月内解除禁运。

为什么起初看好的禁运失败呢？

第一，出口国达成共识困难。寡头市场使勾结有可能实现，但粮食类产品的买方市场特点，寡头竞争关系，又使共谋有困难，开始的一道裂缝就是阿根廷拒绝参加，阿根廷在禁运期间对苏联出口大增，并且因为价格短期上升而获超额利润。

第二，难以控制粮食转运。政府虽可能要求本国粮商出口申报时把禁运目标国排除在外，但无法保证粮食到达目的地后被转运到禁运国。一般大型粮船到达荷兰鹿特丹后，通常分小批量向东运输，禁运发起国也难以追踪，可能转运途径一是通过东欧盟国，实际上，禁运进口一个月内，东欧进口饲料计划增加了几百万吨。二是私商，它们在国外有子公司，可能私下违规销售粮食。

第三，禁运国犯规行为。加、澳、欧盟并未承诺禁止出口而仅仅是限制在“正常水平”，但“正常水平”很难界定，结果实际出口比前几年平均数高出几倍。美国行为亦不是清白无辜，期间大大增加了对中国的出口，这被加、澳看作是趁机蚕食其传统市场，意味深长的是，美国在禁运时期出口量反而上升了。

第四，其他国家乘机进入。进口价格上升，泰国、西班牙、匈牙利、瑞典这些以前不向苏联出口国，现在大量出口了几百万吨。

第五，国内政治因素。开始时国内有共识，农业集团亦不得不勉强同意，但后来形势发展证明政策效果不好，农业集团就发难，提出这个政策牺牲了它们收益，要求补偿，反对派借口攻击，结果禁运成为卡特政府无能的一个把柄。里根上台首先就要拿它开刀。

对美国人来说，这是一次失败教训，美国学者总结："使用粮食武器更可能危害而不是实现美国的利益。粮食武器是已被试过而无成效的武器。"这个案例说明了卡特尔勾结的可能性，同时也显示了其成功的困难。

（资料来源：卢锋. 我国粮食贸易政策调整与粮食禁运风险评价［J］. 中国社会科学，1998(2).）

5.4.2.4 博弈论

博弈论是20世纪50年代由John von Neumanm和Oscar Morgenstern首先提出来的带有方法论性质的理论，它被广泛应用于经济学、人工智能、生物学、火箭工程技术、军事及政治科学等，但它在经济学中的应用最为成功，因此成为了经济学分析的基本工具之一。

博弈论（game theory）是研究决策主体之间的行为发生直接相互作用时的决策，以及这种决策的均衡问题。换言之，博弈论是研究当一个主体的选择受其他主体选择的影响，而且反过来影响其他主体选择时的决策问题和均衡问题。

博弈的分类到目前为止没有一个统一的标准。从参与者之间可否合作的维度可将博弈论划分为合作博弈（cooperative game）和非合作博弈（non - cooperative game）。合作博弈与非合作博弈之间的区别主要在于人们的行为相互作用时，博弈参与各方能否达成一个具有约束力的协议。如果存在这种协议，则称合作博弈；反之，则称非合作博弈。

合作博弈较强调团体理性，强调效率、公正和公平，而非合作博弈更强调个体理性，个体的最优决策，其结果可能是最有效率的，也可能是无效率的。通常，我们谈到博弈时，主要是指非合作博弈。

博弈论有一些基本概念，主要包括：参与人、行动、信息、策略、支付函数、结果、均衡。参与人（player）指的是博弈中选择行动以最大化自己效用（收益）的决策主体，参与人有时也称局中人，可以是个人，也可以是企业、国家等团体；策略（strategy）指的是参与人选择行动的规则，如"以牙还牙"是一种策略；信息（information）是指参与人在博弈中的知识、尤其是有关其他参与人的特征和行动的知识；支付函数是参与人从博弈中获得的效用水平，它是所有参与人策略或行动的函数，是每个参与人很关心的东西；结果（outcome）是指博弈分析者感兴趣的要素的集合，常用支持矩阵或收益矩阵来表示；均衡（equilibrium）是所有参与人的最优策略或行动的组合。

根据参与人行动的先后顺序，博弈又可以分为静态博弈（static game）和动态博弈

(dynamic game)。静态博弈指参与人同时选择行动或虽非同时但后行动者并不知道先行者采取什么样的行动；动态博弈指参与人的行动有先后顺序，且行动者能够观察得到先行动者所选择的行动。根据参与人对有关其他参与人的特征、策略空间和支付函数的知识，可以把博弈划分为完全信息博弈和不完全信息博弈。完全信息博弈指每一个参与人对所有其他参与人的特征、策略空间和支付函数都有准确的知识；否则，就是不完全信息博弈。综合考虑这两个分类方法，可以得到四类博弈：完全信息静态博弈、完全信息动态博弈、不完全信息静态博弈、不完全信息动态博弈。与之相对应的四个均衡概念分别称为：纳什均衡（nash equilibrium）、子博弈精炼纳什均衡（subgame perfect nash equilibrium）、贝叶斯纳什均衡（Bayesian nash equilibrium）、精练贝叶斯纳什均衡（perfect Bayesian nash equilibrium）。

博弈论是一个有趣但却比较复杂理论，下边我们仅选择纳什均衡、重复博弈、序列博弈作介绍。

(1) 纳什均衡。假设有两个或两个以上的参与人参与博弈，在给定其他参与人策略的条件下，每个参与人可选择自己的最优策略。这种个人最优策略可能依赖于也可能不依赖于其他参与人的策略，所有参与人选择的策略共同构成一个策略组合。纳什均衡是指这样一种策略组合，这种策略组合由所有参与人的最优策略组成，即给定别人策略的情况下，没有任何单个参与人有积极性选择其他策略，从而没有任何参与人有积极性打破这种均衡。纳什均衡可以用下面的表达来理解：我所做的是给定你所做的我所能做得最好的；你所做的是给定我所做的你所做得最好的。纳什均衡还可以从这样一个角度理解：假设博弈中的所有参与人事先达成一项协议，规定了每个人的行动规则，而各参与人会自觉遵守这个协议，即这个协议可以自动实施（self - enforcing），这个协议就相当于构成了一个纳什均衡，即每个参与者的策略选择都是对其他参与者策略的最佳反应。

下面用几个经典模型来解释纳什均衡。

模型 1：囚徒困境（prisoner's dilemma）

囚徒困境是博弈论里最著名的例子之一，几乎所有的博弈论著作中都要讨论这个例子。这个例子是这样的：两个囚徒被指控是一宗罪的同案犯，他们被分别关在不同的牢房无法互通信息。各囚徒都被要求坦白罪行。如果两个囚徒都坦白，各将被判入狱 5 年；如果两人都不坦白，则很难对他们提起刑事诉讼，因而两个囚徒可以期望被从轻发落入狱 2 年；另一方面，如果一个囚徒坦白而另一囚徒不坦白，坦白的这个囚徒就只需入狱 1 年，而不坦白的囚徒将被判入狱 10 年。表 5 - 1 给出了囚徒困境的策略式表述（称博弈矩阵）。这里，每个囚徒都有两种策略：坦白或不坦白。表中的数字分别代表囚徒甲和囚徒乙的得益（注意，这里的得益是负值）。

表 5-1 囚徒困境

		囚徒乙	
		坦白	不坦白
囚徒甲	坦白	-5，-5	-1，-10
	不坦白	-10，-1	-2，-2

在囚徒困境这个模型中，纳什均衡就是双方都坦白，给定甲坦白的情况下，乙的最优策略是坦白；给定乙坦白的情况下，甲的最优策略也是坦白。这里双方都坦白不仅是纳什均衡，而且是一个上策（dominant strategy）均衡，即不论对方如何选择，个人的最优选择是坦白，因为如果乙不坦白，甲坦白的话，甲就被判 1 年，而甲不坦白的话，就被判 2 年，甲坦白比不坦白要好；如果乙坦白的话，甲就被判 5 年，而甲不坦白的话，就重判 10 年，所以，甲坦白仍然比不坦白要好。这样，坦白就是甲的上策，当然也是乙的上策，其结果是双方都坦白。囚徒困境反映了个人理性与集体理性的矛盾。在上述一次性博弈中，理性的个人显然作出了有利于自身的最佳选择，但结果却并不圆满，因为如果两个囚徒都不坦白，他们各判 2 年，比都坦白各判 5 年的情况要好。

寡头垄断企业经常发现他们自己处于一种囚徒困境。当寡头企业选择产量时，如果寡头企业们联合起来形成卡特尔，选择垄断利润最大化产量，每个企业都可以得到更多的利润。但卡特尔协定不是一个纳什均衡，因为给定双方遵守协议的情况下，每个企业都想增加产量，结果是每个企业都只得到纳什均衡产量的利润，它远小于卡特尔产量下的利润。

模型 2：智猪博弈（boxed pigs）

智猪博弈的例子讲的是：猪圈里有一只大猪和一只小猪，猪圈的一头有一个猪食槽，另一头安装一个按钮，控制着猪食的供应。猪每按一下按钮会有 10 个单位的猪食进槽，但谁按按钮谁就要付 2 个单位的成本并且晚到猪食槽。若大猪先到猪食槽，大猪吃到 9 个单位，小猪只能吃到 1 个单位；若小猪先到猪食槽，大猪吃 6 个单位，小猪吃 4 个单位；若同时到，大猪吃到 7 个单位，小猪只能吃 3 个单位。表 5-2 列出了对应于不同策略组合的利益水平。例如，表中第一格表示大猪小猪同时按按钮，从而同时走到食槽，大猪吃 7 个，小猪吃 3 个，除去 2 个单位成本，得益分别为 5 和 1。

表 5-2 智猪博弈

		小猪	
		按	不按
大猪	按	5，1	4，4
	不按	9，-1	0，0

从表 5-2 可以看到，对于小猪来说，如果大猪按，它则不按更好；如果大猪不

按，它不按也更好。所以，不论大猪按还是不按，它的最优策略都是不按。给定小猪不按，大猪的最优选择只能是按。所以，纳什均衡就是大猪按，小猪不按，各得4个单位猪食。

【阅读5-8】

商业中心区的形成

在城市街道上，我们常见到一些地段上的商店十分拥挤，构成一个繁荣的商业中心区，但另一些地段十分冷僻，没什么商店。对于这种现象，我们可以运用纳什均衡的概念来加以解释。

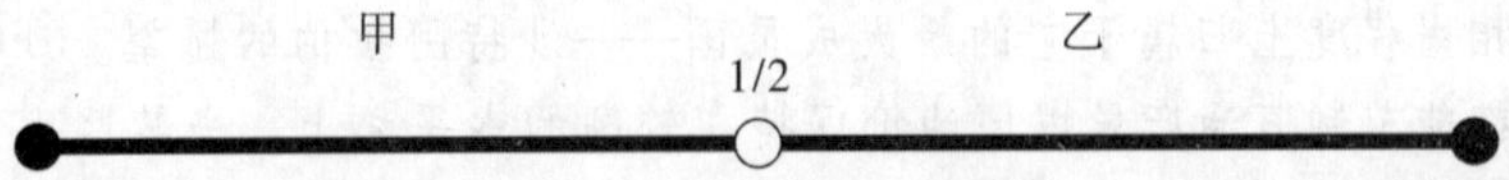

图5-15　商业位置博弈

如图5-15所示，有一个长度为1单位的街道，在街道两边均匀地分布着居民。现有两家商店决定在街道上确定经营位置。如果甲在街道中间位置1/2处设点，则乙的最好选择是紧靠甲的左边或右边设点。

当乙在甲的右边紧靠甲设店时，其右边街道上的顾客都是乙的顾客；如果乙不是紧靠甲而是远离甲设店，则其顾客只是其右边街道的居民，不如它紧靠甲设店时多，因而在远离甲的位置设店是劣战略。所以给定甲在1/2处设店，乙在紧靠甲的左边或右边设店是最优的。反过来，给定乙在接近1/2处设店，甲的最优选择也是在1/2处设店。这样，甲和乙都挤在1/2处设店就是纳什均衡，这就是商业中心区形成原理。

【阅读5-9】

智猪博弈与股票市场

对于股票市场来讲，大猪相当于机构投资者和大户，而小猪相当于中小投资者。“按”按钮策略指投资者通过分析宏观经济运行的基本情况及行业的发展状况，结合对公司基本面的分析，合理地评价上市公司的内在价值，从而做出买入和卖出的决定；“等待”策略类似于守株待兔，即仅仅根据一些朦胧的、粗糙的信息，根据股票价格运行的技术分析资料判断股票价格未来的态势而作出买入和卖出决策。由于智猪博弈中，小猪的最优策略是“等待”，因此，在股票投资中，中小投资者的最优选择就是“等待”，即跟踪大投资者或庄家，所以在中小投资者很多的市场上，“羊群效应”的存在就不足为奇了。

进一步分析，对于上述模型，纳什均衡所对应的大猪的策略是“按”，即机构投资者和大户只能通过努力去发现有价值的股票进行投资。显然，这样做的成本是很大的，由于有大量的在“等待”中小投资者的存在，机构投资者和大户完全可以通过另外的办法来达到自己取得利收益的目的。和中小投资者相比，机构投资者对于上市公司具有某种垄断性，因而他们可以通过和上市公司合作，进行包装，发布虚假信息，在技术上制造各种假象，从而为中小投资制造一个美丽的骗局，达到低买高卖、赚取巨额利润的目的。由于这种方法成本小、见效快，因此成为很多机构投资者和大户真正的“按”按钮策略。这就造成了我国证券市场投机气氛较浓、风险较大的局面。

（资料来源：王文举，等．博弈论应用与经济学发展［M］．北京：首都经济贸易大学出版社，2004：255－256.）

【阅读5－10】

欧佩克中的“大猪”

用智猪博弈模型解释经济问题，最成功的例子之一是欧佩克的分配方案，欧佩克的成功可能相当程度上归属于它的最大成员国——沙特阿拉伯的愿望。沙特阿拉伯所有的成员国都能节制石油产量以便油价保持在较高的水平之上。当某些小石油国“偷偷”增加自己的产量时，沙特阿拉伯“大度地”削减自己的产量以保持总产量的稳定。在这里沙特阿拉伯扮演了“大猪”的角色。因为沙特阿拉伯与那些小石油输出国都明白此时除非沙特阿拉伯限制自己的产量，否则欧佩克可能面临崩溃；小成员国依赖于沙特阿拉伯对欧佩克的努力而从中渔利。事实上，沙特阿拉伯为了自己赢得高价利润，理性地愿意忍受维持欧佩克的匀称摊派。

（资料来源：施锡铨．博弈论．上海：上海财经大学出版社，2000：30.）

市场中的大企业与小企业之间的关系类似智猪博弈。大企业进行研究与开发，为新产品做广告，而对小企业来说这些工作可能得不偿失。所以，小企业可能把精力花在模仿上，或等待大企业用广告打开市场后再出售廉价产品，也许正是基于这个理由，有人提出企业的创新等于模仿加上改进，不能不说有一定道理。

（2）重复博弈。上面我们介绍了囚徒困境的例子。在寡头垄断市场上，企业在产量或定价决策时常常会发现处于囚徒困境中。但事实上，不是所有的寡头都选择低价策略，而且在有些情况下寡头的公开或不公开的协调和合作能够获得成功。为什么？

其中的一个原因是上述的囚徒困境是静态的，即囚徒的坦白或不坦白的机会是有限的，而大多数的寡头企业的定价或定产却是不断重复的。这就意味着，寡头企业进行的是重复博弈（repeated game）。

重复博弈是一种特殊的完全信息动态博弈。在重复博弈中，参与人每次面对的博弈结构是相同的，即同样结构的博弈重复许多次。它不同于前面分析的一次性的静态博弈，因为一次性静态博弈中，每个参与者只参加一次策略选择，整个博弈结局就已确定。在一次性静态博弈中任何欺骗和违约行为都不会遭到报复，所以囚徒困境中的不合作是难以避免的。

在重复博弈中，情况就会改变。在无限次重复博弈中，对任何一个参与者的欺骗和违约行为，其他参与者总会有机会给予报复。比如，在卡特尔组织中，如果开始所有成员都合作，对每个成员来讲，只要其他成员是合作的，则他就应该把合作继续下去。但只要有一个成员背弃合作协议一次，其他成员就从此再也不会与其合作。这样违约或欺骗一方就可能永远丧失与其他成员合作的机会，从而遭到长期惨重的损失，这就是报复。无限期重复博弈的这个特点，决定了每一个参与者都不会采取违约和欺骗行为。

但在有限重复博弈中，不能得出上述结论。假定博弈只重复六次，由于第六期是最末一期，以后不会再有重复博弈，这就决定了第六期的某一成员的欺骗和违约行为不会受到报复。因此，第六次博弈和一次性静态博弈相同，于是一些参与人会采取欺骗行为和违约行为。逆推到第五期，每个参与者都知道第六期不会合作，所以，他们在第五期也不会合作，而且他们知道这种不合作的策略在第六期不会遭到报复。如此可类推到第一期，在博弈开始第一期，每个参与者就会采取欺骗或违约的不合作策略。

从上述分析可得一般结论：在无限期重复博弈中，每一次参与者都会采取合作策略，而在有限期重复博弈中，每个参与者都会采取不合作策略。但现实生活中参与者之间的博弈总是有限期的，这是否意味着寡头之间的长期合作总是不可能的呢？答案是否定的。根本原因在于在有限期重复博弈中，每个参与者都不知道哪一期是末期。因为，在有限期重复博弈中，如果任何一个参与者都不知道哪一期是最末一期，所以，每个参与者在每一期合作时，都认为下一期还要继续合作，这就和无限期重复博弈相同。为了不被其他参与者报复而继续采取不违约不欺骗的合作策略。

（3）序列博弈。在序列博弈或序贯博弈（sequential game）中，博弈各方依次行动。经济学中的斯塔克尔伯格模型就是典型的序列博弈的例子。

下面用经济学中著名的“性别战”来介绍这类博弈。

“性别战”（battle of the sexes）的例子讲的是一对恋人安排业余生活，他们有两种选择，或去看足球比赛，或去看芭蕾演出。男方偏好足球，女方偏好芭蕾，但他们宁愿在一起，不愿分开。表 5－3 给出了这个博弈矩阵。在这个博弈中，如果双方同时决定，则有两个纳什均衡，即都去看足球比赛和都去看芭蕾演出。但是最后他们是去看足球比赛还是去看芭蕾演出，并不能从中获得结论。如果假设这是个序列博弈。例如，当女方先作出选择看芭蕾演出时，男方只能选择看芭蕾演出；当女方先选择看足球比赛时，男方只能选择看足球；反之，当男方先作出选择看足球比赛时，女方只能选择看足球比赛；当男方先选择看芭蕾演出时，女方只能选择看芭蕾演出。

表 5－3　　性别战

		女	
		足球	芭蕾
男	足球	2，1	0，0
	芭蕾	0，0	1，2

还可以用博弈的展开式来表示这一博弈。图 5－16 是性别战的展开式表述（女方先作行动），表示女方可能的选择（芭蕾或足球），然后，男方分别可能的反应及其相应的结果。例如，当女方选择芭蕾演出后，男方也选择芭蕾演出，使男女双方各得益 1 和 2。为了找出展开式的解，从最后一层向上推导，对于女方来说最好的结果是好得益

2 而男方得益 1 的行动，因而，她可以推导出他应该选择芭蕾演出，因为这时男女方的最佳反应就是一起去看芭蕾演出。

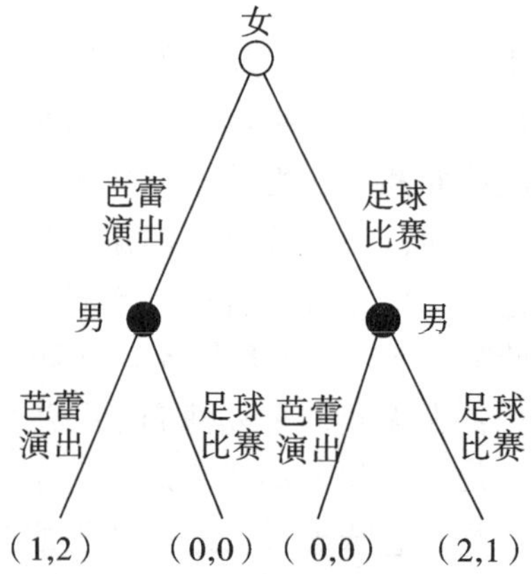

图 5－16　性别战

在这个博弈例子中，先行动者具有明显的优势，女方通过选择观看芭蕾演出造成一种既成事实，使得男方除了一起去看芭蕾演出之外别无选择。这就是在斯塔克尔伯格模型中推出的先动优势。在斯塔克尔伯格模型中，先行动的企业选择一个很高的产量水平，从而使他的竞争对手除了选择小的产量水平之外没有多大的选择余地。

5.5　企业竞争战略决策

分析市场结构的最终目的在于理解竞争中的企业如何选择竞争战略，即企业一系列行为选择最终所要实现的总体目标是什么。一般来说，从经济学角度来说，所有的目标不论如何表达，其最终实现终归体现在成本、产品质量、市场定位等方面。

战略选择的基本思想是，竞争优势是一切战略的核心。迈克尔·波特在其《竞争战略》中，明确提出了三种通用竞争战略，即总成本领先战略、差异化战略、目标集聚战略。下边分别介绍三种战略的基本内容和优缺点。

5.5.1　总成本领先战略

总成本领先战略在三种战略之中是最明确的，因为总成本战略的主导思想是以低成本取得行业中的领先地位。

总成本领先战略要求坚决地建立起高效的、有规模的生产设施，在经验的基础上全力以赴降低成本，抓紧成本与管理费用的控制，以及最大化限度地减少研究开发、服务、推销、广告等方面的成本费用。为了达到这些目标，就要在管理方面对成本给予高度的重视。尽管质量、服务以及其他方面也不容忽视，但贯穿于整个战略之中的是使成本低于竞争对手。赢得总成本最低的有利地位通常要求具备较高的相对市场份额或其他优势，诸如原材料供应方面的良好联系等。企业一旦赢得了这样的地位，所获得的较高的边际利润又可以重新对新设备进行投资以维护成本上的领先地位，而这种再投资往往是保持低成本状态的先决条件。

在成本领先战略的指导下，企业决定成为所在产业中实行低成本生产的厂家。这样成本优势的来源往往表现为几个方面：①规模经济。存在规模经济时，企业规模越大，其平均成本越低。这样企业可以通过扩大生产能力、收购竞争对手等方式来不断扩大自己的生产规模，从而充分利用规模经济带来的成本优势。一般在重工业产业部门，如钢铁、石化、汽车等产业中，规模经济比较显著。②范围经济。企业生产多种产品时，这些产品之间可能共用某些生产设备、生产流程，因而共享了某些生产成本。这样生产的产品种类越多，每种产品分担的成本也就越低。例如，在石化行业中，范围经济非常显著，苯作为一种中间产品可以用于多种石化产品的生产。③学习效应。在某些行业，如飞机制造，存在显著的学习效应，使得单位产品的生产成本随着累计产量的增加而递减。存在学习效应时，企业的累计产量越多，生产经验越丰富，其生产成本也就越低。④创新。企业也可以通过生产流程的创新来降低生产成本，这样的创新往往以专有技术（know - how）的形式存在于企业的经营过程中，掌握了专有技术，就可以比竞争对手更有效地降低成本。⑤关键资源的控制。一些关键资源如重要的原材料是构成企业成本的主要部分，如果能够以比较低的价格获得这些关键资源，也可以有效地降低成本。沃尔玛，规模经济、范围经济和创新因素都对其成本领先策略的有效实施提供了强有力的保障。

一般来说，为实现产品成本领先的目的，企业内部需要具备下列条件：

（1）设计一系列便于制造和维护的相关产品，彼此分摊成本。同时，要使该产品成为能为所有主要的用户集团服务，增加产品销量，比如标准化。

（2）在现代化设备方面进行大量的领先投资，采取低价位的进攻性定价策略。这些措施短期内可能会造成初期的投产亏损，但长远目标是提高市场占有率，获取更好的利润。

（3）低成本给企业带来高额边际收益。企业为了保持低成本地位，可以将这种高额边际收益再投到新装备和现代化设施上。这种再投资方式是维持低成本地位的先决条件，以此形成低成本、高市场占有率、高收益和更新装备的良性循环。

（4）企业具有先进的生产工艺技术，降低制造成本。

（5）较低的研究与开发、产品服务、人员推销、广告促销等方面的费用支出。当然，低投入并不意味着不投入，先进的生产技术需要资金的支持，应当投入的资金也必须要投入。

（6）建立起严格的、以数量目标为基础的成本控制系统。控制报告和报表要做到详细化和经常化。

（7）企业建立起具有结构化的、职责分明的组织机构，便于从上而下地实施最有效的控制。

成本领先的优势有利于建立起行业壁垒，有利于企业采取灵活的定价策略将竞争对手排挤出市场。为了成功实施成本领先战略，所选择的市场必须对某类产品有稳定、持久、大量的需求，产品的设计要便于制造和生产，要广泛地推行标准化、通用化和系列化。这方面一个最典型的例子就是美国的麦当劳、肯德基快餐连锁店。

如果一个企业能够取得并保持全面的成本领先地位，那么，它只要能使价格相等或接近于该产业的平均价格水平，它的低成本地位就会转化为高收益。然而，一个在成本上占领先地位的企业不能忽视使产品差异化的基础，一旦成本领先的企业的产品在客户眼里不被看做是与其他竞争企业的产品不相上下和可被接受时，它就要被迫削减价格，使之大大低于竞争企业的水平，以增加销售额。这就可能抵销了它有利的成本地位所带来的好处。

因此，尽管一个成本领先的企业，也应在产品差异化的基础上取得的价值相等或价值近似的有利地位。如此看来，创新，对于任何企业在任何时候怎么强调都不过分。

成本领先地位的战略一般必然要求一个企业就是成本领先者，而不只是争夺这个位置的若干企业中的一员。许多企业未能认识到这一点，从而在战略上铸成大错。当渴望成为成本领先者的企业不止一家时，他们之间的竞争通常是很激烈的，因为每一个百分点的市场占有率都被认为是至关重要的。所以，除非重大的技术变革使一个企业得以彻底改变其成本地位；否则，低成本领先就是特别依赖于先发制人策略的一种战略。

除如上所述外，成本领先战略的成功还取决于企业日复一日地实施该战略的技能，尤其需要管理人员更多的重视。

许多企业善于从战略的角度充分理解它们的成本行为而不能利用改善其相对成本地位的机会。企业按照成本地位采取行动时会犯的一些最常见的错误包括：

（1）集中于生产活动的成本，别无他顾。提起“成本”大多数管理人员都会自然而然地想到生产。然而，总成本中即使不是绝大部分，也是相当大一部分产生于市场营销、服务、技术开发和基础设施等活动，而它们在成本分析中却常常很少受到重视。审查一下整个价值链，常常会得出能大幅度降低成本的相对简单的步骤。例如，近年来计算机及计算机辅助设计的进步对科研工作的成本有着令人瞩目的影响。

（2）忽视采购。许多企业在降低劳动力成本上斤斤计较，而对外购投入却几乎全然不顾。它们往往把采购看成是一种次要的辅助职能，在管理方面几乎不予重视；采购部门的分析也往往过于集中在关键原材料的买价上。企业常常让那些对降低成本既无专门知识又无积极性的人去采购许多东西；外购投入和其他价值活动的成本之间的联系又不为人们所认识。对许多企业来说采购方法稍加改变便会产生成本上的重大效益。

（3）忽视间接的或规模小的活动。降低成本的规划通常集中在规模大的成本活动和（或）直接的活动上，如元器件制作和装配等，占总成本较小部分的活动难以得到足够的审查。间接活动如维修和常规性费用常常不被人们重视。

（4）对成本驱动因素的错误认识。例如，全国市场占有率最大的又是成本最低的企业，可能会错误地以为是全国市场占有率推动了成本。然而，成本领先地位实际上可能来自企业所经营地区的较大的地区市场占有率。企业不能理解其成本优势来源则可能使它试图以提高全国市场占有率来降低成本。其结果是，它可能因削弱了地区上的集中一点而破坏了自己的成本地位。它也可能将其防御战略集中在全国性的竞争企业上，而忽视了由强大的地区竞争企业所造成的更大的威胁。

（5）无法利用联系。企业很少能认识到影响成本的所有联系，尤其是和供应企业的联系以及各种活动之间的联系，如质量保证、检查和服务等。利用联系的能力是许多日本企业成功的基础。无法认识联系会导致犯这样的错误，如要求每个部门都以同样的比例降低成本，而不顾有些部门提高成本可能会降低总成本的客观事实。

（6）成本降低中的相互矛盾。企业常试图增加市场占有率，从规模经济中获益，而又通过型号多样化来抵销规模经济。它们将工厂设在靠近客户的地方以节省运输费用，但在新产品开发中又强调减轻重量。成本驱动因素有时是背道而驰的，企业必须认真对待它们之间的权衡取舍问题。

（7）无意之中的交叉补贴。当企业在不能认识到成本表现各有不同的部分市场的存在时，就常常不知不觉地卷入交叉补贴之中。传统的会计制度很少计量上述产品、客户、销售渠道或地理区域之间所有的成本差异。因此，企业可能对一大类产品中的某些产品或对某些客户定价过高，而对其他的产品或客户却给予了价格补贴。例如，白葡萄酒由于变陈的要求低，因此所需要的桶比红葡萄酒的便宜。如果酿酒企业根据平均成本对红、白葡萄酒制定同等的价格，那么成本低的白葡萄酒的价格就补贴了红葡萄酒的价格了。无意之中的交叉补贴又常常使那些懂得成本、利用成本来削价抢生意以改善自身市场地位的竞争企业有机可乘。交叉补贴也就把企业暴露在那些仅仅在定价过高的那部分市场上集中一点的竞争企业面前。

（8）损害差异化的形象。企业在降低成本中万一抹杀了它对客户的差异化的特征，就可能损害其与众不同的形象。虽然这样做可能在战略上是合乎需要的，但这应该是一个有意识选择的结果。降低成本的努力不应该主要侧重在对企业差异化没有什么好处的活动方面。此外，成本领先的企业只要在任何不花大钱就能创造差异化的形象的活动方面下功夫去做，也会提高效益。

5.5.2　差异化战略

差异化战略是将企业提供的产品或服务在行业中别具一格，树立起一些全行业范围中具有独特性的东西。

可以有多种实现差异化战略方式：如品牌形象的差异、技术上的独特性、产品性能的差异、消费者服务、商业网络及其他方面的独特性等。最理想的情况是公司在几个方面都有差异化的特点。如果差异化战略成功实施了，它就成为在一个产业中赢得高水平收益的积极战略。波特认为，推行差异化战略有时会与争取占有更大的市场份额的活动相矛盾。推行差异化战略往往要求公司对于这一战略的排他性有思想准备。这一战略与提高市场份额两者不可兼顾。在建立公司的差异化战略的活动中总是伴随着很高的成本代价，有时即便全产业范围的顾客都了解公司的独特优点，也并不是所有顾客都将愿意或有能力支付公司要求的高价格。

中国的电信市场的竞争充分体现了这种差异化战略的实施。在移动通信领域，中国移动通信公司通过“中国移动”的主品牌强调公司的整体经营能力和服务质量，通过“精品网络”来强调公司的运营网络的规模和性能，通过“全球通”、“神州行”和

“动感地带”等子品牌一方面抓住了不同类型的消费者，另一方面也通过跟竞争对手的竞争向消费者传递了服务性能的差异，通过原来的“1860”、现在的“10086”的服务品牌强调了消费者服务性能的差异。

在差异化的战略指导下，一个企业在客户广泛重视的某些方面力求在本产业中独树一帜。它从其产业里挑选出被许多客户们所重视的一个或数个特征，把自己置于别出心裁的地位上以满足这些要求，从而得到溢价的报偿。

一个能够取得和保持其差异化形象的企业，如果其溢价超过了为做到差异化而发生的额外成本，就会成为其产业中高于平均水平的佼佼者。因此，差异化的企业不能忽视自己的成本地位，因为其溢价会被一定程度的成本劣势地位所冲销。所以，它必须着眼于取得相对于竞争企业而言的成本等价或近似价，在一切不影响树立差异化形象的领域中降低成本。

5.5.2.1 差异化的来源

（1）原材料采购和其他投入能够影响最终产品的性能并由此而影响差异化的战略。例如，海内肯公司特别注意啤酒添加料的质量和纯度，因而固定使用一种酵母。同样，斯坦韦公司使用熟练技术人员选择钢琴用的最好材料，而米其林公司在选用其轮胎用的橡胶等级方面比它的竞争企业更严格。

（2）其他成功的差异化的企业通过其他基本性和辅助性活动创造独特性。①技术开发活动；②促销和销售活动。

（3）价值链中的任何一种活动都能够为公司实现差异化发挥作用。即使物质产品是商品，其他活动也常常可以导致重大差别。同样，像维修或进度安排等非直接性活动也可以像装配或订单处理等直接性活动一样对差异化发挥作用。例如，一座无尘无烟建筑物就可以大大降低半导体制造进程中的废品率。

然而，只占总成本一小部分的价值活动可能对差异化有重大影响。例如，检验花费可能只占总成本的1%，但是如果把有问题的药品，哪怕是一包发给客户，也会对医药公司差异化的形象产生很大的消极影响。因此，为了进行战略成本分析而开发的价值链，不能把对差异化的所有重要活动隔离开。

一个公司也可以通过其活动或经营范围的广度而差异化。皇冠瓶盖公司（Crown Cork and Seal）提供软木塞（瓶子盖）、装提案机器和罐头。这样，皇冠瓶盖公司就可向其客户提供全套的包装服务，而公司在包装机械方面的专门技术又为其增加了信用并促进了罐头的销售。产生于更广竞争范围的其他几个差异化的因素如下：

（1）在任何地点满足客户需要的能力。

（2）如果更多产品的零部件和设计原理通用，就能为客户简化维修。

（3）在客户可能采购东西的地方设零售点。

（4）设客户服务点。

（5）产品之间的良好互换性。

如果一个公司希望获取所有这些优点，就要求各种活动之间具有一致性或协调性。差异化也可以来自下游。公司的销售渠道可能是独特性的一个重要来源，并且可增强公司的声誉、改善服务。例如，在软饮料中，制瓶商对差异化尤为关注。可口可乐公司和百事可乐公司花费很大的精力和金钱改造制瓶厂，提高它们的效率。例如，可口公司（Coke）把低效的制瓶厂卖给更有能力的新主人。

很多公司总是把质量与差异化的概念混淆在一起。虽然差异化包含了质量，但差异化是一个更广泛的概念。质量的典型特征是与物质产品相关，差异化战略则是通过价值链为客户创造价值。

5.5.2.2 差异化的成本

差异化的代价一般很高。公司为了竞争，要在从事有价值的活动方面做得与众不同，就一定会经常发生费用。例如，向用户提供超级工程设计支持活动，就需要增加工程师，而一个训练有素的推销队伍比经验不足的推销队伍费用要多得多。如果某种产品的寿命要做到比竞争者的产品寿命长，当然需要更多和更昂贵的材料。洛克威尔公司（Rockwell）的水表比对手的耐用，因为它的产品使用的铜更多。

有些形式的差异化显然比其他形式的昂贵一些。由于很好地协调相关的价值活动而做到的差异化不一定要增加成本，一个由自动化加工中心生产的产品由于加工精确、误差小、产品性能好，也不一定会增加成本。在柴油机车方面，自动化加工的发动机，公差小，成本不需要很多，就可以提高燃料效率。同样，从多种产品特性中造成的差异化要比按需要的特性形成的差异化贵得多。

差异化的成本反映了作为独特性基础的价值活动的费用驱动因素。独特性与成本控制因素之间的关系以两种形式反映出来：

（1）造成活动独特的因素（独特性驱动因素）可以影响成本驱动因素。

（2）成本驱动因素可以影响形成独特性的成本。

在追求差异化的过程中，一个公司经常是仅向作用于某个活动的成本驱动因素有意地增加成本。把一种活动移到靠近买主的地方，由于位置成本驱动因素的作用，就可能增加成本。史密斯国际公司（Smith International）在现场保持了大量存货，虽然增加了成本，公司却在打井转头方面做到了与众不同。

当独特性在通过影响成本驱动因素而提高成本的同时，成本驱动因素决定形成差异化的成本。一个公司成本驱动因素的状况，将决定其余竞争者有关的差异化战略会怎样的昂贵。例如，公司要组织覆盖面积大的推销队伍，决定于推销工作是否具有经济规模。如果具有经济规模，增加覆盖面积的成本就会降低，而且在当地市场拥有高占有率的公司进行这种活动就不需要花费太大。

规模、相互关系、学习和时间在影响差异化的成本方面是很重要的成本驱动因素。规模可以决定决策选择的成本，如大力做广告或迅速开发新产品的成本。分摊也可以降低差异化的成本。例如，国际商用机器公司受过高级训练而有经验的推销队伍，通过把成本分摊到各种产品上，从而不需要很多的费用。在形成差异化的活动中，学得快的公司也会取得成本方面的优势，提早动作的公司在形成差异化的时候会降低广告费，因为广告的作用是无形资产积累的结果。

有时候使一种活动具有独特性也同样可降低成本。例如，如果一体化是成本驱动因素，那么它就既可使一种活动具有独特性而又降低成本。公司若要同时做到与众不同和降低成本，那么就说明：①一个公司并未为降低成本充分挖掘其潜力；②先前对在一个活动上实现差异化估计不足；③当重大革新出现的时候，竞争对手还不能适应。

如果一个公司迫切想降低成本，那么试图做到与众不同通常会提高成本。同样，一旦你的竞争对手模仿你的主要革新成果，你只要增加成本就可以维持与众不同的地位。分析形成差异化的情况，公司必须把使一种活动具有独特性的成本与竞争者同等的成本加以比较。

5.5.2.3 不当差异化

（1）无意义的独特性。一个公司在某些方面具有独特性并不意味着独特的东西就是差异化的。一般的独特性如果不能按买方意图使买方成本降低或提高买方价值，这种独特性就不可能形成差异化的特点。大部分有意义的差异化通常来自买方追求和可以衡量的价值来源，或来自不能衡量但得到广泛了解的价值来源。

（2）过分的差异化。如果一个公司不懂得作用于买方价值和期望价值的机制，那么公司可能会搞出太过分的差异化来。例如，产品质量或服务水平超过了用户的需要，那么这个公司相对产品质量适当、价格便宜的竞争对手的竞争地位就很脆弱。不必要的差异化产生的原因是公司对自身行为分析失策或对买方采购标准的回收递减点分析失败。也就是说不了解公司的活动怎样与买方价值链相关。

（3）溢价太高。从差异化中获得的溢价是差异化的价值和持久性的函数。如果溢价太高，买方将摈弃已形成差异化的竞争对手。除非公司能维持一种合理的价格方式，与买方共同分享一些价值，这样可能会使买方走向生产后结合。恰当的溢价不仅是公司差异化程度的函数，而且是公司全部相关成本为止的函数。如果一个公司不能把其成本保持在近似竞争对手的水平，即使公司能够维持差异化，溢价的成本可能会增加超过需要维持的水平。

（4）忽视信号价值的需要。公司根据他们在使用标准上的区别战略，有时忽视信号价值的需要。然而，价值信号的存在是由于买方不愿意或不能够完全辨别供应商之间的不同。忽视信号标准可以使一个公司束手待毙，造成一种次等价值。

（5）不了解差异化的价值。除非差异化的买方价值超过成本，否则差异化不能带来出色的效益，公司总不能忽视造成差异化的活动所发生的费用和差异化所具有的经济意义。因此，公司要么在差异化方面承担更大的价格溢价成本，要么就设法找到一条降低费用的出路。

（6）只重视产品而忽视整个价值链。有些公司只注意从实际产品中寻找差异化的机会，没有能从价值链的其他部分发觉形成差异化的机会。正如前面所讨论过的，整个价值链是提供差异化的基础，即使产品是商品。

5.5.3 集中化战略

第三种通用竞争战略是集中一点（集中化或目标聚集战略）。这种战略与其他竞争战略截然不同的是以在一个产业内狭窄的竞争范围里进行选择为基础的。采用集中一点战略的企业，选择一个产业里的一个部分或一些细分市场，使其战略适合于为这部分市场服务而不顾及其他。企业通过完善适合其目标市场的战略，谋求在它并不拥有全面竞争优势的目标市场上取得竞争优势。

集中一点的战略有两种不同形式：企业着眼于在其目标市场上取得成本优势的叫成本集中；而着眼于在其目标市场上取得差异化形象的叫差异化集中。集中一点战略的这两种形式都是以企业在某一产业中的目标市场和其他市场的差异为基础的。目标市场上必须拥有其非同寻常需求的客户，或者为目标市场所提供最佳服务必须与产业里其他市场的情况有所不同。成本集中是从某些部分市场上成本行为的差异中获取利润；差异化集中则是从特定部分市场中客户的特殊需求里获取利润。这种差异意味着这部分市场未能从那些范围广泛地设置目标市场的竞争企业那里得到优质的服务，因为后者在为这部分市场服务的同时也为其他部分市场服务。因此，采取集中一点战略的企业可以通过专门致力于为这部分市场服务而取得竞争优势。

采取集中一点战略的企业从广泛设置目标的竞争对手的每一方面取得次优化优势。竞争企业可能在满足某个特定市场的需求方面表现不力，这就为差异化集中战略打开了门路；广设目标的竞争企业也可能在满足一个部分市场的需求方面表现过火，这意味着它在为市场服务时承担着高于必需的成本负荷，这就使仅为满足这个部分市场需求的成本集中战略有机可乘了。

如果采取集中一点战略的企业的目标市场和其他部分市场并不存在任何差异，那么集中一点的战略就无法成功。

集中一点战略是主攻某个特殊的顾客群、某产品线的一个细分区段或某一地区市场。低成本与差异化战略都是要在全产业范围内实现其目标，集中一点战略的整体却是围绕着很好地为某一特殊目标服务这一中心建立的。它所开发推行的每一项职能化方针都要考虑这一中心思想。这一战略依靠的前提思想是：公司业务的集中一点能够以较高的效率、更好的效果为某一狭窄的战略对象服务，从而超过在较广阔范围内竞争的对手们。波特认为这样做的结果，是公司或者通过满足特殊对象的需要而实现了差异化，或者在为这一对象服务时实现了低成本，或者两者兼得。这样的公司可以使其盈利的潜力超过产业的普遍水平，这些优势保护公司抵御各种竞争力量的威胁。但集中一点战略常常意味着限制了可以获取的整体市场份额，集中一点战略必然地包含着利润率与销售额之间互以对方为代价的关系。

【阅读 5-11】

红蓝“两乐”各显神通

外国品牌碳酸饮料在中国一直是属于限制类，尽管限制的程度被逐渐放开，但是依旧非常严格。在 1995 年我国制定外商投资产业政策之前，碳酸饮料的外商投资是由中央政府有关部门直接审批。从建立多少家灌装厂，在什么地方设厂到浓缩液供应价格等都由政府决定。尽管有种种限制，但是红蓝“两乐”在中国碳酸饮料产业的发展中，依然直到了主导作用。在碳酸饮料这种普通的消费品市场中，上演了经典的值得回味和借鉴的竞争发展史。当世界各地不同种族和肤色的人们在饮用那些普通的黑色汽水时，不得不让人感叹可口与百事在营销和扩张上的巨大成功。从一开始，红蓝两家就是竞争对手，尽管产品口味相差无几，但是经营策略和企业文化却有所不同，在中国市场，可口和百事依旧各不相让，在各个领域用自己独特营销模式和企业组合战略展开竞争。

对于百事可乐来说，可口可乐是自己努力追赶的标杆，是衡量自己前进的最佳参照物；就可口可乐而言，百事可乐无疑跟在自己身后的狼，是砥砺自身不要瞌睡的木鱼。借用流行的一句话，双方都“因你而精神”，在中国市场上演了经营理念的大比拼。

5.5.4 战略的实施与风险

每一种竞争战略都是为创造和保持一种竞争优势而使用的相互之间有很大差别的方法，它把企业所追求的竞争优势的形式和战略目标的范围结合起来。通常，一个企业必须从中作出选择，否则就会夹在中间。企业如果同时服务于一个范围的部分市场（成本领先或差异化），就不能从面向特定目标市场（集中一点）的战略上获取最大的利益。企业有时可能在同一个公司实体内创建两个在很大程度上是相互独立的经营单位，各自奉行一条不同的通用战略。然而，除非企业把奉行不同通用战略的经营单位严格区分开，否则就会损害他们每一个取得其竞争优势的能力。由于公司的政策和文化在各经营单位间相互纠缠，可能造成用一种次等的竞争方法与他人竞争，便会导致夹在中间的结果。

取得成本领先地位和差异化形象通常是很难兼得的，因为差异化一般代价很大。企业想要差异化并赢得溢价，就要有意识地提高成本。相反，成本领先往往需要企业放弃某些差异化之处，如把产品标准化、降低营销费用等。

但是降低成本并不总是以牺牲差异化为代价的。许多企业通过采用效率更高、效果更好的做法或采纳一种不同的技术这两种途径，找到了不但不必损害差异化的形象，而且实际上是提高了这种形象的降低成本的方法。有时，企业如果以前从未在降低成本上下过工夫，那么它就能在不影响差异化的形象的同时收到降低成本的显著效果。然而，降低成本与取得成本优势不是一回事。当企业面临着也在争取成本领先的精明能干的竞争对手时，它就会最终遇到进一步削弱成本就要牺牲差异化的形象的问题。这时，通用战略之间便发生了冲突，而企业必须做出抉择。

如果一个企业能同时取得成本领先地位和差异化的形象，其报偿是丰厚的，因为好处是累加的。在以下三种情况下，企业能同时取得成本领先地位和差异化的形象。

5.5.4.1 竞争企业夹在中间

当竞争企业都夹在中间时，没有一家企业的优势能迫使其他企业的成本和差异化优势发生相互抵触。虽然夹在中间的竞争企业们可以容许一个企业对差异化和低成本兼而有之，但这种状况往往是暂时的。最终总有一个竞争对手会选择一种通用战略，并认真地实施它，解决成本和差异化之间的权衡取舍的问题。因而，企业必须选择它打算长期保持的竞争优势的形式。企业面对软弱的竞争对手时的危险在于，它会开始在其成本地位或差异化形象之间作出让步，以使两者兼得，而使自己处在很容易受到一个精明能干竞争对手的攻击的地位。

5.5.4.2 成本受市场占有率或产业间相互关系的强烈影响

当成本地位在很大程度上取决于市场占有率而不是产品设计、技术水平、提供的服务或其他因素时，成本领先和差异化也可能兼而有之。一个企业如果能获得一个大的市场占有率优势，那么它在某些活动中占有率的成本优势，使它可以在别处生产附加成本额，并仍然保持净成本额的领先地位；或者相对于竞争企业而言，该占有率会降低建立差异化形象的成本。当产业之间存在着重要的相互联系，而只有一个竞争企业可以加以利用，别家无法做到时，成本领先和差异化也能兼而有之。独此一家的相互联系可以减少树立差异化的形象的成本，或抵消其较高的成本。

5.5.4.3 企业首创一项重大革新

采用一项重要的技术革新可以使企业降低成本的同时，又可以提高差异化的形象，或许能做到两种战略兼而有之。正像引进新的信息系统技术来管理后勤或在计算机上设计产品一样，引进新的自动化制造技术可以受到这种效果。与技术无关的创新也可以收到这种效果，例如与供应企业建立合作关系可以降低投入成本、提高投资质量。

然而，具有低成本和差异化两者兼得的能力是属于拥有革新成果的企业的。一旦竞争企业也引进了革新成果，它又落到了必须做出权衡取舍的地步。例如，企业的信息系统设计与竞争对手相比是侧重成本还是侧重差异化的形象？革新首创企业在同时追求低成本和差异化的过程中，如果不认识存在着模仿其革新的可能性，企业就可能处于不利的地位。选定一种通用战略的竞争对手一旦能与这种革新技术并驾齐驱时，企业就可能在低成本和差异化的形象上两者皆失。

企业应始终如一地积极进取，追求一切降低成本而又不必牺牲差异化形象的机会。企业也应追求一切代价不大的可以树立差异化的形象的机会。然而，除此之外，企业应有准备去选择其最终建立其竞争优势的形式，并相应权衡取舍。

一个通用战略除非对竞争对手来说是可以持久的；否则，就不会带来高于平均水平的效益。改善产业结构的措施哪怕是模仿性的，也有可能提高整个产业的盈利能力。三种通用战略的持久性都需要企业的竞争优势能经得住竞争对手的行为或产业发展的考验。各种通用战略都包含着不同的风险。

通用战略的持久性需要企业拥有某些使其战略难以被模仿效法的障碍。然而，由于防止模仿效法的障碍并非不可克服，企业通常就要通过投资不断改善自己的地位，给竞争企业提供一个移动的目标。由于每一种通用战略也都是其他战略的一个潜在威胁，因此采用通用战略的企业可以分析如何向一个采用其他通用战略的竞争对手进攻。例如，进行全面奉行差异化战略的企业，可以是那些打开了大的成本缺口，缩小了差异化程度，把客户要求的差异化形象转移到了其他方面或集中一点的企业。每一种通用战略都容易遭到采用不同类型战略的企业的攻击。

在某些产业里，产业结构或竞争企业的战略排除了获取一种或多种通用战略的可能性。例如，有时根本不存在使一个企业获得重要成本优势的可行方式，因为在规模经济、原材料货源或其他决定成本的因素方面，若干企业的处境不相上下。同样，在细分市场甚少或细分市场之间区别甚微的产业里，如低密度聚乙烯业，采取集中一点战略的机会是微乎其微的。因而，通用战略的组合因产业而异。

然而，在许多产业里，只要企业奉行不同的战略，或者为差异化或集中一点的战略选择不同的基础，这三种通用战略就能共存并盈利。产业中有若干个实力强大的企业在奉行着以不同的客户价值来源为基础的差异化的战略，这种产业往往是获利尤多的。这有助于改善产业结构和形成稳定的产业竞争。然而，如果两个或更多的企业奉行同样基础上的同样的通用战略，其结果可能是一场旷日持久而又得不偿失的混战。最坏的情况是几家企业为全面的成本领先地位而争斗，于是，竞争对手们过去和现在选择的通用战略对企业可做的选择和改变其地位的代价都具有影响。

通用战略的思想所依据的前提是取得竞争优势有多种途径，这又取决于不同产业结构的具体情况。在一个产业里，如果所有企业都遵循竞争战略的原则，那么每个企业都会把竞争优势建立在不同的基础上，尽管并非所有的企业都能成功，但通用战略为获得超额效益提供了可供选择的途径，某些战略计划设想仅仅狭隘地依据取得竞争优势的一种途径，最为突出的是依据成本战略。这种设想非但不能解释许多企业成功的原因，而且还将一个产业里所有的企业都引向以同样的方式追求同一种形式的竞争优势，其结果一定是一败涂地。

【阅读5－12】

可口可乐市场战略

成功的经营理念——从“3A”到“3P”是可口可乐的法宝之一，所谓“3A”原则是让顾客“买得到”、“买得起”、“乐意买”。1995年这个原则变成了“3P”原则，即“无处不在”、“物有所值”和“首选品牌”。为了实现这种经营理念，可口可乐公司多年来围绕3A原则制定企业的战略，不断加强产品质量控制，不断扩大生产规模，不断完善营销网络，从而增强企业竞争力。

与一般跨国公司在华投资方式迥然不同，可口可乐从饮料行业经营特点和自身拥有的品牌优势出发，采取与中方合作的投资方式，该方式的独特之处在于：几乎不要求多数或控股，可口可乐与其在华20家罐装厂的关系主要不是通过资产纽带维系的，而是通过特许罐装权来维系的。

可口可乐也强调实施本土化策略，这主要体现在以下几点：

首先，可口可乐在生产原料上98%是由当地提供的。可口可乐（中国）公司外事经理王雷曾经告诉记者：“整个可口可乐，98%是国产的”甚至连可口可乐的浓缩液也是在上海生产，只不过香料（核心配方）是进口的。其次，可口可乐还大力推进品牌本土化，花费巨资协助中方开发出“天与地”果汁系列饮料，“天与地”茶饮料和矿泉水以及“醒目”系列碳酸饮料。同时，可口可乐还支持合资企业保留和发展原有品牌，人才本土化是可口可乐在本地获得成功的重要因素。它通过大规模的培训体制，积极开发中国内地人。另外，通过支持希望工程、体育赛事等公益活动，也使可口可乐在中国树立了良好的社会形象。

[本章小结]

1. 依据竞争程度的强弱程度，经济学把市场分成四种类型：完全竞争市场、完全垄断市场、垄断竞争市场和寡头垄断市场。

2. 完全竞争市场是一种不存在任何垄断因素的、不受任何阻碍和干扰的市场结构。企业面临的价格和需求曲线、平均收益曲线及边际收益曲线重叠，并与横轴平行；企业短期均衡条件为 $P=MR=SMC$，长期均衡条件为 $P=LMC=LAC=SMC=SAC$。

3. 完全垄断是指行业中只存在一个生产供应企业，市场中不存在丝毫竞争因素的市场结构。其需求曲线 D 和平均收益曲线 AR 是一条向右下倾斜的曲线。完全垄断市场的短期均衡条件为 $MR=SMC$，长期均衡条件为 $MR=LMC=SMC$。

4. 垄断竞争是指许多企业生产和销售有差别的同类产品，市场中既有竞争又有垄断的市场结构，其需求曲线有两条。垄断竞争短期均衡的条件是：$MR=SMC$。长期均衡的条件是：$MR=LMC=SMC$，$AR=LAC=SAC$。

5. 寡头垄断是指少数企业控制整个市场的生产和销售的市场结构，由于寡头市场上，各企业之间对等的不确定性及相互影响，使其对产量、价格的决策较为复杂。经济学对寡头垄断市场提出了许多模型和理论，主要模型有古诺模型、斯威齐模型、卡特尔和博弈论等。

6. 企业竞争战略选择的基本思路是，竞争优势是一切战略的核心。一般来说，战略目标的最终实现终归体现在成本、产品质量、市场定位方面。因此通常有三种通用竞争战略可供选择：总成本领先、差异化、集中化战略。

[思考与练习]

一、名词解释

市场结构　　正常利润　　垄断竞争　　寡头垄断　　博弈论　　卡特尔

纳什均衡　　完全竞争　　完全垄断　　总成本领先战略　　差异化战略

集中化战略

二、判断题

1. 如果企业没有经济利润，就不应该生产。（　　）

2. 在任何时候，只要商品价格高于平均变动成本，企业就应该生产。（　　）

3. 经济利润就是价格与平均变动成本之差。（　　）

4. 对任何企业来说，如果边际成本降低，根据利润最大化原则，该企业应当降价销售。（　　）

5. 完全垄断企业是价格的制定者，所以它能随心所欲地决定价格。 (　　)
6. 完全垄断都是不合理的。 (　　)
7. 在市场经济中，完全垄断是普遍存在的。 (　　)
8. 由于寡头之间可以进行勾结，所以他们之间并不存在竞争。 (　　)
9. 凡是垄断企业都是要打破的。 (　　)

三、选择题

1. 对完全竞争的企业来说，如果产品的平均变动成本高于价格，它就应当(　　)。

A. 边生产边整顿，争取扭亏为盈
B. 暂时维持生产，以减少亏损
C. 立即停产
D. 是否需要停产视市场情况而定

2. 垄断竞争企业的竞争方式有(　　)。

A. 价格竞争　　B. 产品差异化竞争
C. 广告和促销竞争　　D. 以上都有

3. 在(　　)市场结构中，企业的决策必须考虑到其他企业可能作出的反应。

A. 完全竞争　　B. 垄断竞争
C. 寡头垄断　　D. 完全垄断

4. 垄断企业面临的需求曲线是(　　)。

A. 向下倾斜的　　B. 向上倾斜的
C. 垂直的　　D. 水平的

5. 一垄断者如果面对一线性需求函数，总收益增加时(　　)。

A. 边际收益为正值且递增　　B. 边际收益为正值且递减
C. 边际收益为负值　　D. 边际收益为零

6. 垄断企业利润最大化时(　　)。

A. $P=MR=MC$　　B. $P>MR=AC$
C. $P>MR=MC$　　D. $P>MC=AC$

7. 为使收益最大化，竞争性的市场上将按照何种价格来销售其产品？(　　)。

A. 市场价格　　B. 高于市场的价格
C. 低于市场的价格　　D. 略低于竞争对手的价格

8. 当竞争性市场上处于不盈不亏状态时，市场价格为(　　)。

A. $MR=MC=AR=AC$　　B. $TR=TC$
C. A和B　　D. 会计利润为零

9. 完全竞争市场中，企业短期均衡意味着(　　)。

A. 价格等于最低平均成本　　B. 价格低与边际成本
C. 不存在经济利润　　D. 不存在经济亏损

10. 企业如果处于长期均衡的位置时，说明(　　)。

A. 企业可以获得经济利润
B. 企业可以获得会计利润，但没有达到正常利润
C. 企业可以获得会计利润，并且正好等于正常利润
D. 企业的会计利润等于零

11. 企业遇到以下哪种情况，需要停止经营？(　　)。
A. $P<ATC$　　B. $P<AVC$
C. $P<AFC$　　D. $P<MC$

12. 已知某企业生产的商品价格为10元，平均成本为11元，平均可变成本为8元，则该企业在短期内(　　)。
A. 停止生产且亏损　　B. 继续生产且存在利润
C. 继续生产但亏损　　D. 停止生产且不亏损

13. 所谓寡头垄断市场是指在市场中企业的数量(　　)。
A. 只有一个企业
B. 有许多小企业，但只有一个大企业
C. 只有小企业，没有大企业
D. 以上三种情况都不是

14. 寡头垄断和完全垄断的主要区别是(　　)。
A. 企业数目不同　　B. 竞争策略不同
C. 成本结构不同　　D. 从事开发和研究的力度不同

15. 垄断竞争与完全垄断的共同点是(　　)。
A. 垄断力度相同　　B. 企业数目相同
C. 价格弹性相同　　D. 需求曲线一般都是向下倾斜

16. 在完全垄断市场上，对于任何产量，厂商的平均收益总等于(　　)。
A. 边际收益　　B. 边际成本
C. 平均成本　　D. 市场价格

17. 下面的图形表示的是(　　)。

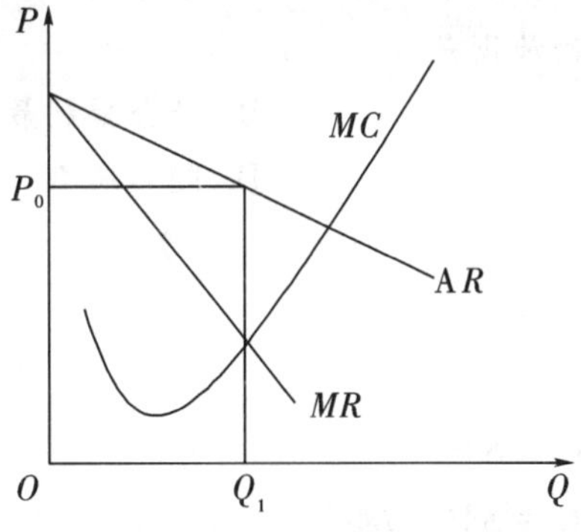

A. 若干企业占有相同的市场份额，成本结构也相同，有价格冲突
B. 若干企业占有相同的市场份额，成本结构不相同，有价格冲突
C. 若干企业占有相同的市场份额，成本结构也相同，无价格冲突

D. 若干企业占有相同的市场份额，成本结构不相同，无价格冲突

18. 在完全竞争条件下，平均收益与边际收益的关系是（　　）。

A. 大于　　B. 小于

C. 等于　　D. 没有关系

19. 在完全竞争条件下，个别厂商的需求曲线是一条（　　）。

A. 与横轴平行的线　　B. 向右下方倾斜的曲线

C. 向右上方倾斜的曲线　　D. 与横轴垂直的线

20. 当价格大于平均成本时，此时存在（　　）。

A. 正常利润　　B. 超额利润

C. 贡献利润　　D. 亏损

21. 价格等于平均成本的点，叫（　　）。

A. 收支相抵点　　B. 亏损点

C. 停止营业点　　D. 获取超额利润点

22. 在完全竞争市场上，厂商短期均衡的条件是（　　）。

A. $MR = SAC$　　B. $MR = STC$

C. $MR = SMC$　　D. $AR = MC$

23. 下列行业中哪一个行业最接近于完全竞争模式（　　）。

A. 飞机　　B. 卷烟

C. 水稻　　D. 汽车

24. 已知一垄断企业成本函数为：$TC = 5Q^2 + 20Q + 10$，产品的需求函数为：$Q = 140 - P$，试求：利润最大化的产量（　　）。

A. 10　　B. 5

C. 3　　D. 15

25. 垄断厂商面临的需求曲线是（　　）。

A. 向右下方倾斜的　　B. 向右上方倾斜的

C. 垂直的　　D. 水平的

26. 完全垄断厂商定价的原则是（　　）。

A. 利润最大化　　B. 社会福利最大化

C. 消费者均衡　　D. 随心所欲

27. 完全垄断厂商在长期时均衡条件是（　　）。

A. $MR = MC$

B. $MR = SMC = LMC$

C. $MR = SMC = LMC = SAC$

D. $MR = SMC = LMC = SAC = LAC$

28. 垄断竞争厂商实现最大利润的途径有（　　）。

A. 调整价格从而确定相应产量　　B. 品质竞争

C. 广告竞争　　D. 以上途径都可以用

29. 最需要进行广告宣传的市场是（　　）。

A. 完全竞争市场　　B. 完全垄断市场

C. 垄断竞争市场　　D. 寡头垄断市场

30. 按照古诺模型，下列哪一说法下正确（　　）。

A. 双头垄断者没有认识到他们的相互依赖性

B. 每个双头垄断厂商都假定对方保持产量不变

C. 每个双头垄断者假定对方价格保持不变

D. 均衡的结果是稳定的

31. 卡特尔制定统一价格的原则是（　　）。

A. 使整个卡特尔的产量最大

B. 使整个卡特尔的利润最大

C. 使整个卡特尔的成本最小

D. 使整个卡特尔中各厂商的利润最大

四、问答题

1. 完全竞争企业、完全垄断企业、垄断竞争市场、寡头垄断企业的主要特征。

2. 麦当劳和肯德基为什么选址总是靠得很近?

3. 为什么完全竞争企业不需要做广告，而垄断竞争企业需要?

4. 阐述斯威齐模型。

5. 分别举一个你认为成功实施成本领先和差异化战略的案例，分析它们成功的原因。

6. 简述完全竞争市场和完全垄断市场下的边际收益曲线与平均收益曲线的关系有什么不同。

7. 完全竞争市场中的厂商在长期内为何不能获得超额利润?

8. 完全竞争市场中的厂商在什么条件下可以提供产品？为什么？垄断厂商是否一旦亏损就会停产?

9. 为什么利润最大化原则 $MR=MC$ 在完全竞争条件下可表述为 $MC=P$?

五、计算题

1. 某垄断企业的短期成本函数 $TC=-6Q^2+140Q+10$，需求函数 $Q=40-P$，求该企业的短期均衡产量和均衡价格。

2. 垄断企业的短期成本函数为 $SMC=3000+400Q+10Q^2$，产品的需求函数为 $P=1000-5Q$。求:

（1）垄断企业利润最大化时的产量、价格和利润；

（2）如果政府限定企业以边际成本定价，试求这一限制价格以及垄断提供的产量和所得利润；

（3）如果政府限定的价格为收支相抵的价格，试求此价格相应的产量。

3. 一直垄断企业的长期成本函数为 $LTC=0.6Q^2+3Q$，需求函数为 $Q=20-2.5P$，试求垄断企业长期均衡时的产量和价格。

4. 假设某完全垄断企业开办了两家工厂，各自的边际成本函数分别为：$MC_A = 36 + 6Q_A$ 和 $MC_B = 16 + 8Q_B$。如若该企业的目的是取得最小的成本，且在工厂 A 生产了 6 个单位的产品，试问工厂 B 应生产多少单位产品？

4. 已知：一垄断企业成本函数为：$TC = 5Q^2 + 20Q + 1\,000$，产品的需求函数为 $Q = 140 - P$。试求：

（1）利润最大化时的产量、价格和利润；

（2）厂商是否从事生产？

6 企业定价与广告决策

[本章结构图]

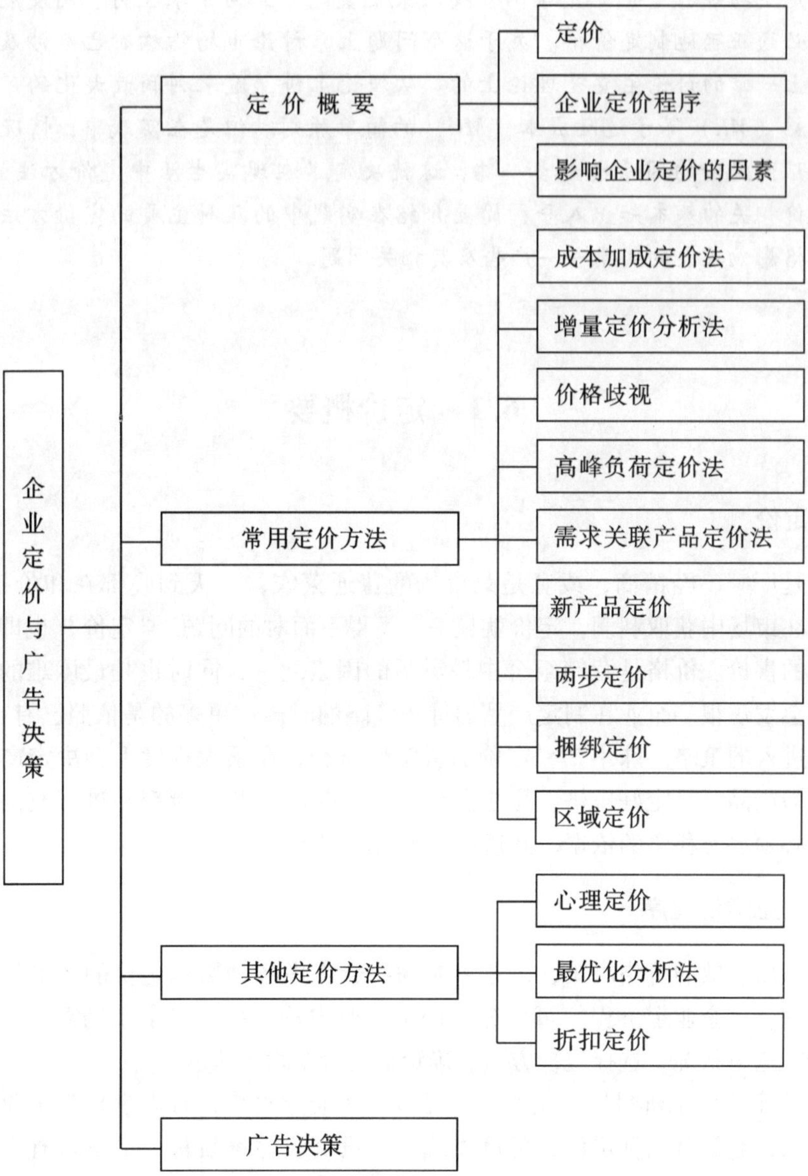

[本章学习目标]

通过本章的学习，你可以：

- 掌握与定价相关的基本知识。
- 掌握企业常用定价方法。
- 了解其他定价方法。
- 了解广告效益与广告支出原则。

价格是市场经济中企业竞争的重要决策变量。企业为了求生存、图发展、战胜竞争对手，必须正确地制定价格。关于这个问题上章讨论市场结构时已经涉及过。需要指出的是上一章的讨论主要是理论上的。从理论上讲，追求利润最大化的厂商定价遵循边际收益（MR）等于边际成本（MC）的简单原则。但是在实践中，情况要复杂一些，影响厂商定价的因素也更多一些，这就决定了在现实生活中定价方法的多样化。本章从定价相关的基本知识入手，简要介绍在实践中的几种主要的定价方法。最后再讨论对价格影响较大的因素——广告及其相关问题。

6.1 定价概要

6.1.1 定价

无论是厂家、经销商，或者是菜市场的普通菜农，一天到晚都在和价格打交道，如果要想在市场中获取利润，定价就是一个不得不面对的问题。“定价”也即是确定商品在市场的售价。价格是营销组合中最灵活的因素之一，同时也是最困难的问题。因此，我们会发现很多企业在制定产品的价格策略的时候，更多的是依照已有市场行情，采取跟随进入的策略。殊不知，定价的科学性与否，在很大程度上会决定产品的未来生死，因为产品一旦定好价格，往往会维持一段时间，并不能轻易进行改动。所以价格的确定必须要有科学的依据，并遵循一定的步骤来进行。

6.1.2 企业定价程序

怎样做出有效的价格决策，决策者必须综合考虑各种影响定价的因素的同时遵行一定程序进行。企业定价程序可以分为确定企业定价目标、确定市场需求、估计商品成本、分析竞争状况、选择定价方法、确定最后价格六个步骤。

（1）确定企业定价目标。企业为产品或服务确定价格，首先表现为企业想实现的目标是什么，通常有八种定价目标可供选择：投资收益率目标、市场占有率目标、稳定价格目标、防止竞争目标、利润最大化目标、渠道关系目标、度过困难目标、塑造形象目标（也叫社会形象目标）。

（2）确定市场需求。企业在制定产品价格时，首先需要考虑需求水平。企业商品的价格会影响需求，需求的变化会影响企业的产品销售以至企业营销目标的实现。因此，确定企业需求状况是制定价格的重要工作。在对需求的确定过程中，首要的是了解市场需求对价格变动的反应，而后还要分析市场需求对价格变动的反应程度，即需求的价格弹性。

（3）估计商品成本。企业商品价格的最高限度取决于市场需求及有关限制因素，而最低价格不能低于商品的经营成本费用，这是企业价格的下限。因此，企业在制定商品价格时，需要对成本水平及成本的相应变动进行估计和分析。

（4）分析竞争状况。企业确定了市场需求，分析了产品成本，但并不代表能在成本与需求给定的空间里可以“自由”地确定产品价格，因为在市场上，竞争者提供的产品与制定的价格，对企业定价也有直接“钳制”作用。这时，企业还需要通过分析或了解竞争对手才能确定自己产品的价格。对竞争状况的分析，主要包括三个方面的内容：①分析企业竞争地位；②协调企业的定价方向；③估计竞争企业的反应。

（5）选择定价方法。有了需求、成本、分析了竞争对手状况后，企业可以找到一个合理的定价区间。但企业还需要选用相应的定价方法，为产品制定一个标准价格。通常可供选择定价的方法主要包括：①成本加成定价方法；② 销量定价分析法；③价格歧视法等。

（6）确定最后价格。前面几点定价方法主要解决了企业从一个比较大的定价范围中选择一个合理的价格范围，但并不能最终确定价格。在最后确定价格时，必须考虑是否遵循这样四项原则：①商品价格的制定与企业预期定价目标的一致性；②商品价格的制定符合国家政策法令的有关规定；③商品价格的制定符合消费者整体及长远利益；④商品价格的制定与企业市场营销组合中的非价格因素是否一致、互相配合，为达到企业营销目标服务。

6.1.3　影响企业定价的因素

影响企业定价的因素主要包括：

（1）市场需求及变化。如果其他因素保持不变，消费者对某一商品需求量的变化与这一商品价格变化的方向相反。如果商品的价格下跌，需求量就上升，而商品的价格上涨时，需求量就相应下降，这就是所谓需求规律。这是企业决定自己的市场行为特别是制定价格时所必须考虑的一个重要因素。

（2）市场竞争状况。在不同竞争条件下企业自身的定价“自由度”有所不同，在现代经济中可分为如上章所述四种情况：完全竞争、完全垄断、垄断竞争、寡头竞争。

（3）政府的干预程度。除了竞争状况外，各国政府干预企业价格制定也直接影响企业的价格决策。在现代经济生活中，世界各国政府对价格的干预和控制是普遍存在的，只是干预与控制的程度不同而已。

（4）商品的特点。它包括：商品的种类，标准化程度，商品的易腐、易损和季节性，时尚性，需求弹性，生命周期阶段等。

（5）企业状况。企业状况主要是指企业的生产经营能力和企业经营管理水平对制定价格的影响。它包括：企业的规模与实力、企业的销售渠道、企业的信息沟通、企业营销人员的素质和能力等。

（6）心理因素。在企业确定价格时，目标顾客对价格的主要心理认同趋势或取向也是非常重要的。

6.2 常用定价方法

定价是企业最重要的决策之一，定价方式也多种多样，下面对定价方式进行归纳和阐述。

6.2.1 成本加成定价法

6.2.1.1 含义

成本加成定价法（cost－plus pricing）是在实践中广泛使用的一种定价方法。成本加成定价的基本方法是在估计的单位成本（单位可变成本与单位固定成本之和）基础上，根据目标利润率来制定产品的销售价格。也就是说，所制定的价格除了包含生产和销售产品的所有成本外，还应加上一定百分比的加成或利润：

$$价格 = 成本（1 + 加成）$$

6.2.1.2 定价过程

一般包括以下步骤：

（1）计算标准产量，一般为产品设计生产能力的2/3～4/5；

（2）计算劳动、原材料和其他可变投入的成本，得到单位产品的可变成本 AVC；

（3）估计固定成本，计算出单位产品的固定成本 AFC；

（4）计算平均成本 $AC = AVC + AFC$，确定目标利润率并记为 r，则产品价格应为：$P = AC + AC \cdot r = AC(1 + r)$。

【例6－1】某企业生产的产品，平均变动成本（AVC）为每件20元，标准产量为100万件，为生产能力的80%。总固定成本为500万元，如果企业的目标利润率（r）为20%，那么价格应该是多少呢？

解：平均变动成本（AVC）$=20$（元）

平均固定成本（AFC）$= TFC/Q = 500/100 = 5$（元）

平均成本（AC）$= AVC + AFC = 20 + 5 = 25$（元）

价格（P）$= AC(1 + r) = 25(1 + 20\%) = 30$（元）

所以，价格应定为30元。

6.2.1.3 适用范围

（1）平均成本比较稳定，成本估计会比较容易。

（2）从市场竞争的角度来考虑，成本加成的定价方法比较适用于垄断竞争的市场结构。

（3）与寡头垄断市场中的激烈竞争特性是不相适应的，即不适应于寡头垄断市场中。

【阅读6－1】

成本加成定价法与利润最大化

成本加成定价法运用得当，有可能使企业接近利润最大化目标。重要的是如何确定成本加成的百分比（目标成本利润率）。但要实现利润最大化，单单考虑成本是不够的，考虑成本的同时还需要考虑需求弹性。加成的百分比的多少并不是由企业的意愿决定，而是由边际成本和需求价格弹性共同决定的。

由以前的分析可知：　　$MR = P\left(1 - \frac{1}{|E_P|}\right)$

企业利润最大化时，$MR = MC$，代入上式，得

$$MC = P\left(1 - \frac{1}{|E_P|}\right)$$

或

$$P = MC \cdot \left(1 + \frac{1}{E_P - 1}\right)$$

这就是理论上在定价时确定最优加成的公式。假如用的成本是边际成本（不是平均成本），那么，最优加成比率 $= \frac{1}{|E_P| - 1}$

根据这个最优加成比率来定价，就能实现利润的最大化。

这个结果表明，厂商可以根据对自己产品需求的价格弹性确定加成的比例。价格弹性越大，应该加成的比例越低；反之，价格弹性越小，应该加成的比例越高。这也进一步证明了垄断势力强的厂商利润比较高。

6.2.2 增量定价分析法（边际贡献分析法）

6.2.2.1 增量分析定价法

增量分析定价法（incremental analysis in pricing）主要是分析企业接受新任务后是否有增量利润（贡献）。如果增量利润为正值，说明新任务的价格是可以接受的；如果增量利润为负值，说明新任务的价格是不可以接受的。

增量分析定价法与成本加成定价法的共同点都是以成本作为定价的基础，不同点是后者以全部成本为基础，一般用于长期决策。增量分析定价法则以增量成本为定价基础，常用于短期决策。

仍以例6－1讨论，显然这个企业还有富余生产能力，要不要再按22.5元的价格接受10万件的新订货？若按成本加成定价法，平均成本为25元，定价应为30元，厂商当然不会接受这批单价为22.5元的新订货。但这显然是一个错误的决策，因为这批订

货增加成本为200万元，而收入可增加225万元，应当接受订货。

6.2.2.2 增量分析定价法的应用

其实，增量分析定价法就是边际分析方法的具体应用。增量分析定价法的应用条件：

（1）企业是否要按较低的价格接受新任务。条件是企业生产能力还有富余，接受新任务不会影响原来任务的正常销售。

（2）为减少亏损，企业可以降价争取更多任务。条件是市场不景气，企业任务很少，生产能力利用不足，同行竞争激烈，这时企业的主要矛盾是求生存，即力求亏损少一些。

（3）企业生产相互替代或互补的几种产品时。

应用增量分析定价法应注意以下三个方面的问题：

（1）利润增量应当是指决策引起的各种效果的总和。

（2）由于管理费用和固定成本必须分摊，对于一个厂商来说，所有的定价不能都用增量分析定价法来定价。

（3）在计算增量利润时，既要考虑短期效果，也要考虑长期效果。

6.2.3 价格歧视

6.2.3.1 什么是价格歧视

价格歧视（price discrimination）也叫作差别定价，它是指企业生产的同一种商品在不同的场合索取不同的价格，这里不同的场合可指不同的消费者、不同的市场，或者是不同的消费数量等。这种价格的差异是与不同的需求状况相关的，并不反映产品成本间的差异。

例如，一个乡村医生根据病人不同的富裕程度，或收入水平的差别，对相同的治疗收取不同的费用（小费）；在风景旅游点对外国游客和国内游客收取不同的门票价格；同一商品的外销价格不同于国内市场的售价；工业用电和生活用电的价格不同；电影院对学生实行优惠票价，对成人实行标准票价；小建筑材料商向专业建筑工人供应的价格要低于“业余人”等等。企业实行差别定价，其目的是为了在一定条件下获得更高的利润。

6.2.3.2 价格歧视必须满足的前提条件

（1）市场必须有某些不完善之处。比如信息不通畅，市场分割，使价格歧视成为可能。

（2）各个细分市场能分隔开，即人们不可能在不同的细分市场间进行倒卖。如果两个市场不能分隔，价格歧视就不会成功，因为或者消费者都去低价市场购买商品，或者有人在低价市场采购，然后去高价市场出售。无论是哪一种情况，企业都无法通过价格歧视增加利润。

（3）各个市场的需求弹性必须各不相同，在这种场合，垄断厂商根据不同的需求弹性对同一种产品定出不同的价格，就可能比相同的价格获取更多的利润。

【阅读6-2】

证明：∵ $MR=P\ (1-1/E_d)$

∴ $P=MR\ [E_d/\ (E_d-1)]$

假设A市场的需求弹性为2，B市场的需求弹性为1.5，

则 $P_A=MR_A\ [2/\ (2-1)]$ $P_B=MR_B\ [1.5/\ (1.5-1)]$

两个市场的产品的边际成本为MC，利润极大化要求为：$MR_A=MR_B=MC$

∴ $P_A=2MC$，$P_B=3MC$，

若 $MC=2$，则 $P_A=4$，$P_B=6$，

反过来，如果两个市场的需求弹性一样，那么两地的价格也必须相同。

（4）差别价格不会引起消费者的厌恶和不满，即差别价格的实施在顾客眼中是较为合理的。比如：公交公司对老年人、残疾人优惠；同种商品卖给生产者作生产资料，其价格比卖给居民作消费低。这些价格差别消费者容易理解，不会因反感而放弃购买。

6.2.3.3 价格歧视的类型

一般地，价格歧视可有三种类型，分别为一级价格歧视、二级价格歧视和三级价格歧视。但每种类型的价格歧视都存在不同的条件，要求管理者了解不同的市场信息。

（1）一级价格歧视（first - degree price discrimination）。一级价格歧视是指企业对所销售的每单位产品都索取最高可能的价格。也就是就说，垄断者根据每一消费者为了能够买进每一单位产品所愿意付出的最高价格，来确定每一单位产品的销售价格。

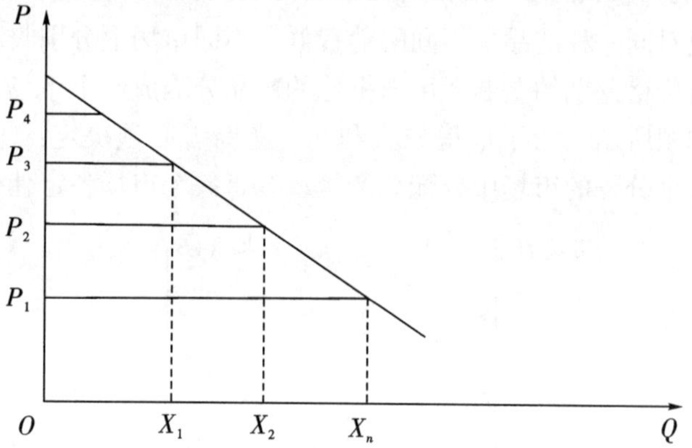

图6-1 一级价格歧视

对 X_1 单位产品只索价 P_3，X_2 为 P_2，$\cdots X_n$ 为 P_1，需求曲线就是边际收入曲线，在单一价格下的消费者剩余（consumer surplus）全部转化为垄断者实行一级价格歧视追加的利润。典型的例子是乡村医生，根据不同病人的支付能力，对相同的治疗收取不同费用。

（2）二级价格歧视（second - degree price discrimination）。二级价格歧视是一级价格歧视的不完全形式，是企业按消费者购买的不同数量来确定价格。企业实行价格歧

视的依据不是对不同消费者收取不同的价格，而是根据消费者所购买数量的不同收取不同的价格。购买量越小，厂商索价越高；反之越低。

假定一个城市的家庭对电力的需求，收费率制成价格表是这样的：每月消费的最先一部分电力比如为 Q_1 单位时收费高，按 P_1 收费，当从 Q_1 增为 Q_2 时，增加部分按 P_2 收费，超过 Q_2 部分按 P_3 收费。

这样垄断者没有获得三个阴影小三角形表示的消费者剩余。获得了由 $OP_1 \times OQ_1$，$OP_2 \times Q_1Q_2$，$OP_3 \times Q_2Q_3$ 所表示的面积。可见在这种情况下，垄断者获得部分消费者剩余。

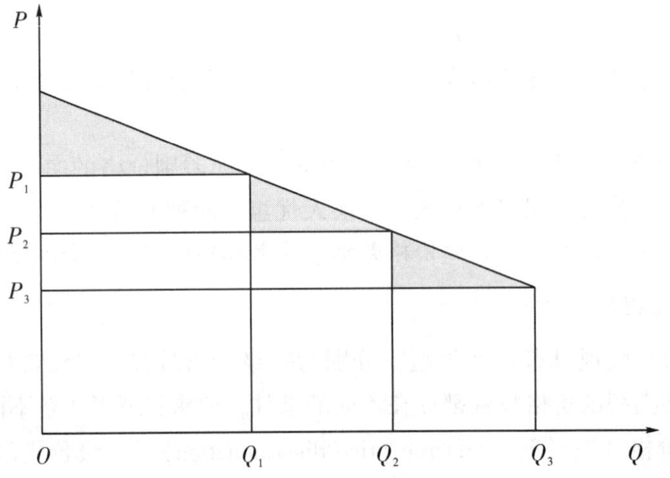

图 6-2　二级价格歧视

（3）三级价格歧视（third - degree price discrimination）。三级价格歧视是最常见的价格歧视，指企业对同一种产品在不同的消费群，不同市场上分别收取不同的价格。

假定一个实行价格差别的垄断者可以把他的产品分隔成两个市场：A 和 B，这两个市场的需求曲线如图所示，为了取得最大利润，垄断者必须决定：①他要生产的总产量；②他怎样在这个分隔的市场中分配总产量；③每一个市场各定什么价格。

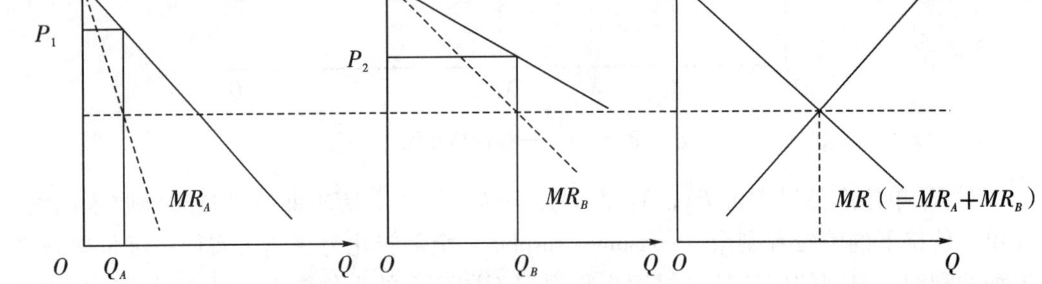

图 6-3　三级价格歧视

他的总产量应该是多少？为了实现最大利润，垄断者需要他生产的产量的边际成本等于两个市场结合在一起的联合的边际收入 MR，即 MC 与 MR 的相交之点，MR 曲线是通过把两个市场的两条边际收益曲线相加得到的 MR_A+MR_B，然后 MR_A 与 MR_B 决定各自的产量 Q_A、Q_B，$Q_A+Q_B=Q$ 得到总产量，在这个产量水平下，任意追加的产品的边际成本等于任一市场上（A 或 B）得到的边际收益。

他将如何在这两个市场中分配其产销量？垄断者将把他的整个产销量（OQ）这样分配于两个市场之间，每个市场所销售的产量的最后一个单位取得的收益，即边际收益是相等的，并都等于整个产量的边际成本。

$$MR_A=MR_B=MR=MC$$

假如 $MR_A>MR_B$，那么他将增加 A 市场的销量，减少 B 市场的销量，直到两者相等为止。

各个市场的价格如何决定？假设 A 市场的需求弹性（$E_{dA}=1.5$）小于 B 市场的需求弹性（$E_{dB}=2$），尽管两个市场的边际收益相等，销售价格则是 A 市场的价格高于 B 市场的价格，这一点证明如下：

$MR=P(1-1/E_d)$，$MR_A=MR_B$

$P_A(1-1/E_{dA})=P_B(1-1/E_{dB})$

$E_{dA}=1.5, E_{dB}=2$

$P_A(1-1/1.5)=P_B(1-1/2)$

$P_A=(3/2)P_B$

6.2.3.4 价格歧视的意义

（1）价格歧视不仅在最大限度上增加了垄断者利润，而且价格歧视也可以增进经济福利。如果垄断者统一对所有人制定一个价格，那么对高收入者来说可能显得太低而对低收入者来说又显得太高。统一的定价并不会使高收入者买得更多，相反却使低收入者买得更少。如此，垄断者的利润最大化就难以实现，大多数低收入者的消费意愿也得不到实现。

（2）在一种商品的单一价格无法抵消总成本时，价格歧视也许能够使这种商品的供给成为可能。简单地说，价格歧视使不可能的产品供给成为可能。

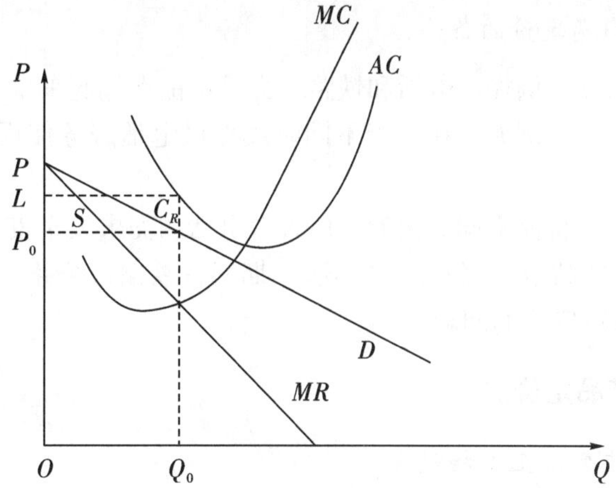

图 6-4 价格歧视

在图6－4中，价格为 OP_0 时，厂商是亏损的，若实行价格歧视，那么只要使 $\Delta PLS = \Delta SRC$ 的面积，就可能使厂商在提供 OQ_0 产量时，总收益 $OPRQ_0$ 等于总成本 $OLCQ_0$。

6.2.4 高峰负荷定价法

6.2.4.1 高峰负荷定价概述

高峰定价法（peak－loading pricing）是指对需求高峰期间的顾客定高价，对非高峰期间的顾客定低价。通过高峰定价法，用同一设施向不同时点上的市场供应产品也能提高利润。

许多商品的消费具有大起大落的特点，从消费需求数量的变化来看，通常形成一种波浪形态。例如，电力的消费在炎热的夏季往往形成耗电高峰；而在每一天里，往往是白天形成高峰，深夜则是耗电的低谷。又如，在每个周末，特别在每年的节假日（如五一劳动节、国庆节等）上海周围的一些旅游胜地（如苏州、无锡、杭州、南京等）常常是游人如织，以致当地的餐馆都人满为患，而平常却门可罗雀；电影院的上座率一般白天较低，晚上较高；长途电话多数用于公务，打电话的时间多是工作日的上下午等。

一般地，在消费的高峰时间，需求是较为缺乏弹性的，而在消费的低谷，需求的价格弹性则往往是充足的，因此，在高峰时间应定较高的价格，而在低谷时间应定较低的价格。结果是企业和消费者双方都从中受益：企业能降低成本，从而增加利润；非高峰期间的消费者可以付低的价格。而且从长期看，甚至高峰期间的消费者也有受益，因为企业的设施得到了更有效的使用。

例如，对电力的消费来说，为了减弱其波动性，特别是减弱一天中的波动性，企业可以考虑对高峰时间制定相对较高的电价，而在低谷时间给予低价的优惠。但这样定价的效果要看电力消费的对象是否对电价有弹性。对一般居民来说，通常并不会因为深夜的电价较低而半夜起来用电水壶烧水，因此这一策略只是对大量耗电的生产性企业比较有效。

6.2.4.2 实行高峰负荷定价的条件

（1）产品不能储存。例如，电话和铁路运力是不能存储起来供消费者以后使用的。

（2）同一设施生产。例如，在一天不同时段提供电话服务使用的是同一电话交换设备和线路。

（3）不同时段需求特征不同。例如，白天对电话的需求大于夜间，除此之外旅游、宾馆、客运也具有相似特点。每年的“春运”期间，铁路、公路、民航提高票价也属于一个典型的高峰负荷定价的问题。

6.2.5 需求关联产品定价法

6.2.5.1 产品之间在需求上互相联系

产品之间在需求上相互联系是指一种产品的需求会受另一种产品的需求的影响，

包括互相替代的产品和互相补充的产品这两种情况。

6.2.5.2　需求相关联产品定价分析

假定企业生产两种产品 A 和 B。那么，它的利润应为：

$\pi = TR_A(Q_A, Q_B) + TR_B(Q_A, Q_B) - C_A(Q_A) - C_B(Q_B)$

根据利润最大化原理：当因增销一个单位 A 而增加的总销售收入等于因增销一个单位 A 而增加的成本时，产品 A 的销量是最优的。这一最优条件可用代数公式表示。

$MR_A = dTR_A/dQ_A + dTR_B/dQ_A = MC_A$

同理，产品 B 最优产量条件为：

$MR_B = dTR_B/dQ_B + dTR_A/dQB_A = MC_B$

式中，MR_A 和 MR_B 分别代表产品 A 和 B 的边际总销售收入。

（1）如果产品是互相替代的，一种产品销售量的增加会使另一种产品的销售量减少，这时，交叉边际收入（dTR_B/dQ_A 和 TR_A/dQB_A）为负值。如果需求之间没有关联，这个值为零，每种产品就可按利润最大化原则独自决策。与需求间无联系的情况相比，企业在最优决策时将会选择较少的销售量和较高的价格。

（2）如果产品之间是互补的（增加一种产品的销售量也会导致另一种产品的销售量增加），情况则恰好相反。此时，交叉边际收入为正值，与需求间无联系的情况相比，企业在决策时将倾向于选择较高的销售量和较低的价格。

6.2.6　新产品定价法

6.2.6.1　撇脂定价

撇脂定价（Skimming Pricing）是指把价格定得较高，目的是在短时间内尽可能赚取更多的收益。在新产品销售初期，先以高价在弹性小的市场上出售。随着时间推移，再逐步降价，使新产品销售进入需求价格弹性大的市场。

采用撇脂定价需要具备以下几个条件：

（1）市场具有一批急需此产品、数量可观的购买者。

（2）采用较小的批量进行生产。

（3）高价不会吸收太多的竞争者。

（4）高价与优质产品的形象相适应。

撇脂定价一般适用于下列情况：

（1）新产品研制长或有专利保护，不怕对手进入。

（2）高价给人的感觉是质量高，是高档品。

（3）对未来市场价格无把握，以后降价比提价容易。

6.2.6.2　渗透定价

渗透定价（Penetration Pricing）是指把价格定得较低，目的是在短时间内打入市场。一旦向市场渗透的目的达到后，它就会逐渐提高价格。所以渗透定价法是一种为了实现长期目标而谨慎牺牲短期利益的定价方法，常用于竞争比较激烈的日用小商品。

采用渗透定价需要具备的市场条件包括：

（1）市场对价格敏感，需求的价格弹性高；

（2）具有较陡峭的行业经验曲线，产量增大后成本能很快降下来；

（3）市场的潜在竞争激烈，低价能有效阻止或延缓竞争对手过早地加入竞争。

渗透定价法一般适用于下列情况：

（1）需求价格弹性大，低价能吸引大量的消费者。

（2）规模经济明显，大量生产能使成本大大下降。

（3）需要用低价来阻止竞争对手进入，或需要以低价吸引消费者来扩大市场。

6.2.7 两步定价

为了提高利润，具有垄断力的企业也经常使用两步定价法（two - part pricing）。两步定价是指企业要求消费者为取得产品的购买权先支付一个固定的费用，然后再为他们所购买的每单位产品另外付费。两步定价法是另一种剥夺消费者剩余的方法。

6.2.7.1 单个消费者的两步收费

娱乐公园、高尔夫俱乐部、健身俱乐部等常常采取两步收费的办法，即先收取一次性的入门费，每次消费的时候再收取使用费，这种一次性的入门费称为“注册费”。

实施两步收费是企业追求利润最大化的一种手段，此时的利润主要来自消费者剩余。我们首先分析只有一个消费者的情况。

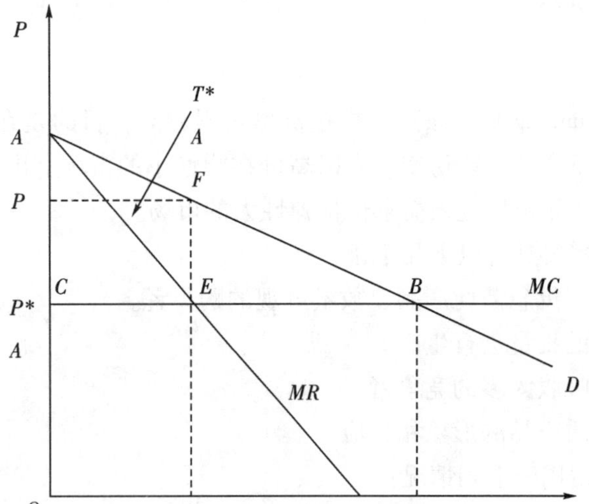

图 6－5 两步收费时企业的超额利润

在图 6－5 中，简单假定对企业所生产的商品而言，市场上只有一个消费者，那么该消费者的需求曲线为 D。或者假定所有的消费者都具有同样的需求曲线，则即每个消费者的需求曲线就如图 6－5 中的 D 所示。再假定企业不存在固定成本，边际成本是常数，因此图中的 MC 是一条水平的直线。

如果企业不实行两步收费，按照一般的利润最大化定价方法，销售价格定为 P，销

售数量为 Q，那么，企业此时可获得的超额利润为图中矩形 $PCEF$ 的面积。

如果实施两步收费，企业的超额利润就会大大增加。企业通过收取边际成本的价格 $P^*=MC$ 来确定使用价格，此时销售数量为 Q^*；注册费则按消费者剩余的大小来收取，即图中三角形 ABC 的面积。因此，在实行两步收费后，企业的超额利润就是消费者剩余 - 图中三角形 ABC 的面积 S_{ABC}。

实际上，企业往往不能掌握关于消费者剩余的准确信息，也就无法通过两步定价侵占所有的消费者剩余。但是，只要企业所收取的固定费用大于矩形 $PCEF$ 的面积，企业总是能获得更大的利润的。

6.2.7.2　两个消费者的两步收费

上述一个消费者的简单情况在现实中是少见的，在许多情况下因为消费者的偏好不同，或因消费者收入差异，消费者对某种商品的需求曲线通常是不一致的。在这样的情况下，应该如何实施两步收费呢？下面以两个消费者为例。

假定消费者 A 和 B 的需求曲线分别为 D_A 和 D_B。如图 6-6 所示。

在这种情况下，如果企业仍然按边际成本来确定销售价格，即 $P_0=MC$，则消费者 A 和 B 将分别购买 Q_A^* 和 Q_B^* 数量的商品。此时企业能够索取多高的注册费呢？显然，此时消费者 A 拥有的消费者剩余为三角形 AFK 的面积（S_{AFK}），而消费者 B 的消费者剩余为三角形 ABC 的面积（S_{ABC}）。如果企业不想失去消费者 A，其索取的注册费就不能高于 S_{AFK}。如果企业按 S_{AFK} 来制定注册费，则企业可获得的超额利润为两倍三角形 AFK 的面积 $2S_{AFK}$。

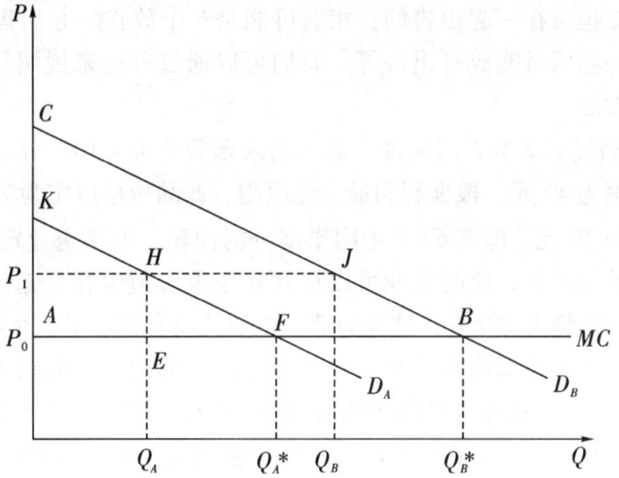

图 6-6　两个消费者的两步收费

当然，如果企业将注册费定位于消费者 B 的剩余 S_{ABC}，则企业可获得的超额利润为 S_{ABC}，此时消费者 A 将退出这个市场，他不会购买这种商品。企业究竟应该收取以上两种注册费的哪一种，取决于利润的比较。即如果 $2S_{AFK}>S_{ABC}$，企业就应该按照 S_{AFK} 制定注册费；反之，如果 $2S_{AFK}<S_{ABC}$，企业就应该按照 S_{ABC} 制定注册费。

另外，如果企业可以将不同消费者区分开来实施价格歧视，对 A 按照 S_{AFK} 收取注册费，对 B 按照 S_{ABC} 收取，则所有的消费者都会留在这个市场，企业的超额利润将是所有的消费者剩余。

两次收费还有多种其他的变化形式。例如，对于电话的用户，通常要支付一定的月租费，以取得电话服务的使用权，然后每使用一次电话，另外再支付相应的费用。而有些城市的做法却是搭配性的两步收费，电信局向电话用户索取一个较高的月租费，并给予一定次数的免费电话，超过免费次数部分则另行收费，这种搭配使得电信局在不失去许多小用户的情况下向消费者索取了较高的月租费（入门费）。在这种情况下，这些小用户可能支付很少或不付使用费，所以较高的月租费（入门费）就是侵占了他们的消费者剩余而又不至于把他们驱逐出市场，与此同时，也能更多地攫取大用户的消费者剩余。

以上说明，当有两个不同的消费者时，企业只能制定一个固定收费外加一个使用价。此时如果企业再把使用费用定为边际成本的水平，就只能将固定费用定在需求弹性最小的消费者剩余水平之下，否则会流失客户。因此，企业应当提高使用费用的水平，而将固定费用的水平降低到使得需求较小的消费者仍能负担得起的水平。

6.2.8 捆绑定价

捆绑定价（bundle pricing）是指企业把两种以上的产品作为一个整体，以一个单一的价格进行销售。如果这些商品是相同的商品，通常称为整卖；如果这些商品是不同的商品，则被称为搭售。

捆绑定价法能够盈利，依赖的是消费者的不同需求模式。我们经常在超市里发现有些相同的商品是包装在一起出售的：相册可能是6个放在一起出售；信封可能是10个装在一起出售；卷纸可能成打出售等。我们可以通过分析来说明厂商运用整卖和搭售来增加利润的做法。

如图6-7，假设某消费者对某种产品的需求函数为 $Q=100-P$。企业的平均成本和边际成本假定恒为40元，根据利润最大化原则，产品价格应定为70元，产量为3个单位，企业利润为90元，即图6-7中阴影部分的面积。如果企业定价40元，并且消费者将购买6个单位产品，这时企业可以把这6个单位包装在一起出售。如果企业将这6个单位的产品定价为240元，这样的话，企业就没有利润了。企业整卖的最高收入可以是6个单位产品的全部成本240元加上这时的全部消费者剩余180元（$\triangle ABC$ 的面积），即420元。如果每件产品的平均售价为70元，即等于单卖时的价格，那么这时厂商的利润为 $420-240=180$ 元，比不整卖时的90元要高出1倍。

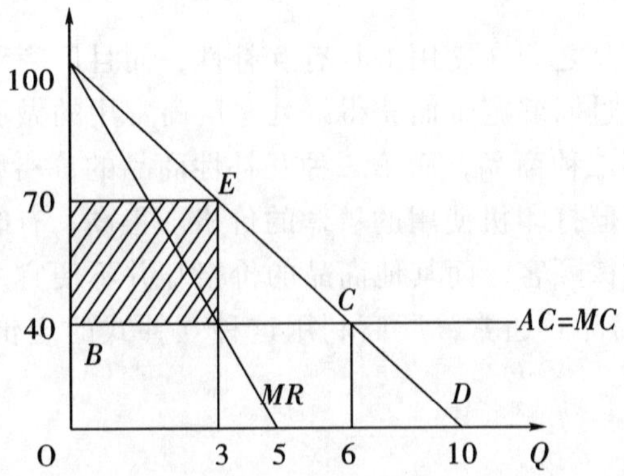

图 6-7　市场势力与整卖

在实践中，厂商为了吸引更多的顾客，会把整卖价格定得低于 420 元，比如 390 元。虽然企业产品的平均价格降为 65 元，但整卖时产品仍能获利 150 元，如果考虑因降价而增加的销售量，利润可能还要高一些。在利用整卖定价时，一个关键问题是厂商要确定适当的整卖商量数量。整卖的价格应该等于或略低于总成本加全部消费者剩余之和。

搭售是指不同商品组合在一起出售。例如，厂商把沙发和茶几一起出售，这种定价法也可以提高厂商的利润。假如，厂商知道消费者对沙发和茶几的保留价格（消费者愿意支付的最高价格）不同；消费者 1 对沙发的保留价格为 1500 元，对茶几的保留价格为 400 元；消费者 2 对沙发的保留价格为 1250 元，对茶几的保留价格为 500 元，如表 6-1 所示。

表 6-1　不同消费者对沙发和茶几的保留价格

	沙发	茶几
消费者 1	1 500 元	400 元
消费者 2	1 250 元	500 元

如果厂商把沙发和茶几单卖，且企业把沙发定价为 1500 元，茶几定价为 500 元，那么厂商能出售一个沙发和一个茶几，共得利益 1500 + 500 = 2000 元。如果厂商对沙发定价为 1250 元，茶几定价为 400 元，那么厂商就能出售两个沙发和两个茶几，总收益为（1250 + 400）×2 = 3300 元。

如果厂商把沙发和茶几放在一起出售，即搭售。这时企业可以定价为 1750 元一套。消费者 2 就愿意购买，而消费者 1 就更愿意购买，因为这个价格低于消费者 1 的保留价格。这样，厂商就售出了两套沙发和茶几，共得收益 1750 × 2 = 3500（元）。搭售比单卖时的最高收益 3300 元要多获得收益 200 元。可以看出，搭售也提高了厂商的利润。

需要注意的是搭售的收益虽然高于单个出售的收益，但仍然低于价格歧视下的收益。如果厂商知道消费者的保留价格而分别索取不同的价格，那么我们的这个例子中，厂商可以获得 3650 元。

如果一同出售的商品之间在使用上具有互补性，而且厂商对这些产品具有市场势力，那么厂商也可以通过捆绑定价而获得好处。厂商常用的做法是降低第一种商品的价格时消费者还需要第二种商品，而第二种互补性商品的价格则较高。例如，彩色打印机的价格可能不高，但打印机使用的墨盒的价格却很高。有时候，超级市场或商店以个别商品的低价来招徕顾客，而其他商品的价格却并不便宜，而顾客进了超市则一般不会仅仅买低价的商品。通常，厂商利用这种互补式的定价方式可以获得更多的利润。

6.2.9 区域定价

当企业的产品在较大区域内销售时，存在产品的生产地与销售地之间的运输距离问题，并且当运输成本占总销售成本的一个不小的比例的时候，企业在不同区域的定价就成为企业在决定产品价格的一个重要因素。区域定价主要有以下几种基本方法。

（1）出厂定价

出厂定价是指企业在产品生产地确定一个统一价格，从产地到销售地的全部运输费用均由买方承担。具体而言，这种定价方法可有两种处理方式，一种是在买方支付统一定价后，自己选择运输方式并支付运输费用；另一种是根据统一出厂价，加上实际运输，由卖方提出送货总费用。因此，买方的购买总费用取决于买方所在地与卖方生产地的距离，离卖方越远的购买者就需要支付越高的运输费用。

一般来说，当运输费用与产品本身的价值相比较高的时候，出厂定价是比较合理的方法。

（2）统一到货定价

统一到货定价是在一定的市场范围内，不论买方所在地距离供方的生产地有多远，都可以在其所在地按照统一的到货价格买到这种产品。这种定价方法也被为“邮票定价法”。按照这种方法，距离生产地较远的消费者只需要支付与距离较近的甚至生产地本身的消费者同样的价格，因此这种定价方法对那些离生产地较远的顾客更有吸收力。

当产品的运输成本与产品本身的价值相比显得不太重要时，或者品牌知名度较高时，统一到货定价是较为常用的方法，例如化妆品、糖果等产品。

（3）分区定价

当企业把整个市场按照地理位置划分为若干子区域，对不同的子区域采用不同的价格，而在同一子区域中则采用同一价格，那么它实施的就是分区定价方法。

分区定价的方法是建立在对消费者的需求价格弹性的考虑之上的。为了谋求在每个小区域都得到最大利润，企业就只将运输成本的一部分分摊给远距离的消费者。

实施分区定价方法的时候，产品的运输费用是由各个方面分担的。实际上，企业自己需承担一部分运输费用，同时，企业还让距离较近的消费者为距离较远的消费者承担一部分运输费用。这样，企业也可以为自己争取更多的距离生产地较远的消费者。

一般来说，当运输费用较高，无法按照相同的价格把产品销售到所有区域的时候，分区定价方法就是合适的。运费越高，所划分的子区域就应越多，子区域的范围就越小；反之，运输费用越低，子区域划分的数量就越少，相应的区域范围就越大。因此，可以说分区定价是处于出厂定价和统一到货定价之间的一种折中方法。

6.3 其他定价方法

6.3.1 心理定价

每一件产品都能满足消费者某一方面的需求，其价值与消费者的心理感受有着很大关系。这就为心理定价策略的运用提供了基础，使得企业在定价时可以利用消费者心理因素，有意识地将产品价格定得高些或低些，以满足消费者生理的和心理的、物质的和精神的多方面需求，通过消费者对企业产品的偏爱或忠诚，扩大市场销售，获得最大效益。常用的心理定价策略有整数定价、尾数定价、声望定价和招徕定价。

6.3.2 折扣定价

折扣定价是指对基本价格作出一定让步，直接或间接降低价格，以争取顾客，扩大销量。其中，直接折扣的形式有数量折扣、现金折扣、功能折扣、季节折扣，间接折扣的形式有回扣和津贴。

6.3.3 招标和拍卖

招标是指在投标交易中，投标方根据招标方的规定和要求进行报价的方法。一般有密封投标和公开投标两种形式。公开投标有公证人参加监督，广泛邀请各方有条件的投标者报价，当众公开成交。密封方式则由招标人自行选定中标者。

拍卖也称为竞买，是商业中的一种买卖方式，卖方把商品卖给出价最高的人。其应具备三个条件：价格是不固定的；必须要有两个以上的买主，要有竞争；价高者得。

6.3.4 竞争定价

竞争定价是指根据本企业产品的实际情况及与对手的产品差异状况来确定价格的方法。这是一种主动竞争的定价法。一般为实力雄厚、产品独具特色的企业所采用。

竞争定价通常将企业估算价格与市场上竞争者的价格进行比较，分别高于竞争者定价、等于竞争者定价、低于竞争者定价三个层次。

6.4 广告决策

在现代经济中，广告是垄断竞争市场上大量存在的现象。当企业销售差异化的产品并收取高于边际成本的价格时，每个企业都受到做广告来吸引更多消费者的激励。对于企业来说，通过广告建立或者维持产品的品牌，已经成为一种重要的竞争手段。

不同市场的广告量差别很大。销售略有差异产品的企业，例如销售药品、快速食品、化妆品的企业，广告量相对较大；出售工业品的企业，例如，销售机床、交换机的企业，由于买者已经掌握相当多的产品信息，一般不需要投入太多资源于广告；而销售同质产品的企业，例如，销售玉米、石油的企业，根本没有广告支出。

为了最大化利润，企业应该在广告上投入多少？这个问题的回答和任何经济决策一样，最优的广告支出由边际收益和边际成本相等确定：为了利润最大化，企业正确的广告决策是不断增加广告支出，直到广告的边际收益恰好等于广告的边际成本。广告的边际成本是直接花费在广告上的成本与广告带来的增加的销售所引起的边际生产成本之和。边际收益是企业通过广告而获得的额外收益。

【阅读6-3】

广告支出与总收益

如果用A表示企业的广告支出，P表示商品价格，$Q(P, A)$表示由价格和广告因素决定的企业需求，$C(Q)$表示生产成本，则企业的利润是P和A的函数。

$$\pi(P, A) = P \times Q(P, A) - C[Q(P, A)] - A$$

上式对P和A求导，则利润最大化的条件是：

$$\begin{cases} \dfrac{\partial \pi}{\partial P} = P\dfrac{\partial Q}{\partial P} + Q - \dfrac{\partial C \partial Q}{\partial Q \partial P} = 0 \\ \dfrac{\partial \pi}{\partial A} = P\dfrac{\partial Q}{\partial A} - \dfrac{\partial C \partial Q}{\partial Q \partial A} - 1 = 0 \end{cases}$$

式中，$\dfrac{\partial C}{\partial Q}$是边际成本$MC$，$\dfrac{\frac{\partial Q}{\partial P}}{\frac{Q}{P}}$是需求的价格弹性$E_P$，定义为需求的广告弹性（advertising elasticity of demand，表示为E_A），则上面方程组又可写为：

$$\begin{cases} \dfrac{P - MC}{P} = \dfrac{-1}{E_P} \\ \dfrac{P - MC}{P} = \dfrac{A}{TR} \times \dfrac{1}{E_A} \end{cases}$$

根据上面的方程组，得$\dfrac{A}{TR} = -\dfrac{E_A}{E_P}$

上式说明了两点。

首先，企业需求的价格弹性越大，最优广告支出占总收益的比例越小。在极端情况下，即价格弹性无限大的完全竞争市场上，这个比例为零，企业不支出任何广告费用。

其次，广告弹性[①]越大，最优广告支出占总收益的比例越大。具有垄断势力的企业面临着一条不具有完全弹性的需求曲线，所以企业发现它们应该投资于广告。企业应

① 广告弹性：是指广告支出的单位变化所引起的需求量变化。

该在广告上投入多少则取决于广告对需求量的影响。广告弹性越大，表示需求对广告越敏感，由于广告支出的增加带来的总收益的增量就越大，所以最优广告支出占总收益的比例越大。

[本章小结]

1. 定价是企业竞争中的重要决策。要想正确地制定价格必须考虑影响定价的因素的同时并遵循一定步骤进行。常用的定价方法有成本加成定价法、增量定价分析法、差别分析定价法、高峰负荷定价法、需求关联产品定价法、两步定价、捆绑定价、区域定价法。

2. 成本加成定价主要是加成的百分比究竟是多少并不是根据厂商的主观意愿决定的，而是由需求价格弹性决定的。

3. 增量定价分析法主要是分析企业接受新任务后是否有增量利润（贡献）。如果增量利润为正值，说明新任务的价格是可以接受的；反之则不能接受。增量定价分析法常用于短期决策。

4. 价格歧视也叫价格歧视，是指企业生产的同一种商品在不同的场合索取不同的价格。这里不同的场合可以是不同的消费者、不同的市场或者是不同的消费数量等。一级价格歧视是指企业对所销售的每一单位产品都索取最高可能的价格；二级价格歧视是指企业按照消费者购买的不同数量来确定价格，最典型的是公共事业企业的分段定价；三级价格歧视是企业把市场划分成多个不同的子市场，同一种商品在不同的子市场上将按照不同价格出售。

5. 企业要成功实施三级价格歧视，有两个必要条件：①市场可分割，②不同的消费者或者不同的子市场具有不同的需求价格弹性。

6. 当不同期间里的需求具有不同的特点时可以采用高峰定价，对高峰需求期间的顾客定高价，对非高峰需求期间的顾客定低价。

7. 需求关联产品定价法主要是指当产品是互相替代的企业宜减少销售量提高价格；反之，互补则增加销售量降低价格。

8. 当企业掌握关于消费者剩余的准确信息时，可以采取两步定价，先为产品的购买权要求一个固定费用，然后以近似边际成本的价格销售产品；或者采用捆绑销售方式来定价，迫使消费者批量购买。

9. 企业在决定产品价格的时候对不同类型的产品，运输成本的分担不同可以有不同的定价方式，包括出厂定价、统一到货定价、分区定价等 。

10. 当企业销售差异化的产品并收取高于边际成本的价格时，每个企业都受到做广告来吸引更多消费者的激励。但企业正确的广告决策是不断增加广告支出，直到广告的边际收益恰好等于广告的边际成本。

[思考与练习]

一、名词解释

成本加成定价法　　增量定价分析法　　价格歧视

撇脂定价　　两步定价　　差别定价

二、问答题

1. 增量分析定价法和成本加成定价法的主要区别是什么？什么情况下适于使用增量分析定价法？

2. 增量定价分析法可用于哪些情况？运用增量定价分析法应注意哪些问题？

3. 撇脂定价的适用场合有哪些？

4. 渗透定价运用于哪些情况？

5. 什么是高峰负荷定价法？如何实行？有人说实行高峰负荷定价法能提高社会资源配置的效率，这一说法是否正确？

6. 在我国几乎所有的旅游景点的大门口都清楚地昭示，中国人门票的价格和外国人门票的价格。我们看到中国人门票远远低于外国人的门票价格，这是为什么？

三、计算题

1. 某企业在两个市场上销售产品，生产产品的边际成本为 2 元。两个市场上的需求函数如下：

市场 1：$Q_1 = 7 - 0.5P_1$

市场 2：$Q_2 = 5 - P_2$

那么，两个市场上的利润最大化价格和销售量各应是多少？此时总利润是多少？

（答案：$Q_1 = 3$，$P_1 = 8$；$Q_2 = 4$，$P_2 = 6$；总利润为 34）

2. 假定某企业生产某产品的变动成本为每件 10 元，标准产量为 50 万件，总固定成本为 250 万元。如果企业的目标成本利润率定为 20%，问价格应定为多少？

（答案：价格应定为 18 元）

3. 假定某航空公司在甲、乙两地之间飞行一次的全部成本为 5000 元。在甲、乙之间增加一次飞行需要增加的成本为 2000 元，若增加一次飞行的票价收入为 3000 元。问：是否应增开航班？

（答案：是）

4. 假定有一家企业生产两种产品 A 和 B。其边际成本分别为 80 和 40；需求曲线分别为：$P_A = 280 - Q_A$ 和 $P_B = 180 - Q_B - 2Q_A$。为了使企业利润最大，应该把产品 A 和 B 的销售量与价格各定在什么水平？

（答案：A 和 B 的销售量应分别定为 30 和 40，价格定分别为 220 元与 80 元）

7 企业决策中的风险分析

[本章结构图]

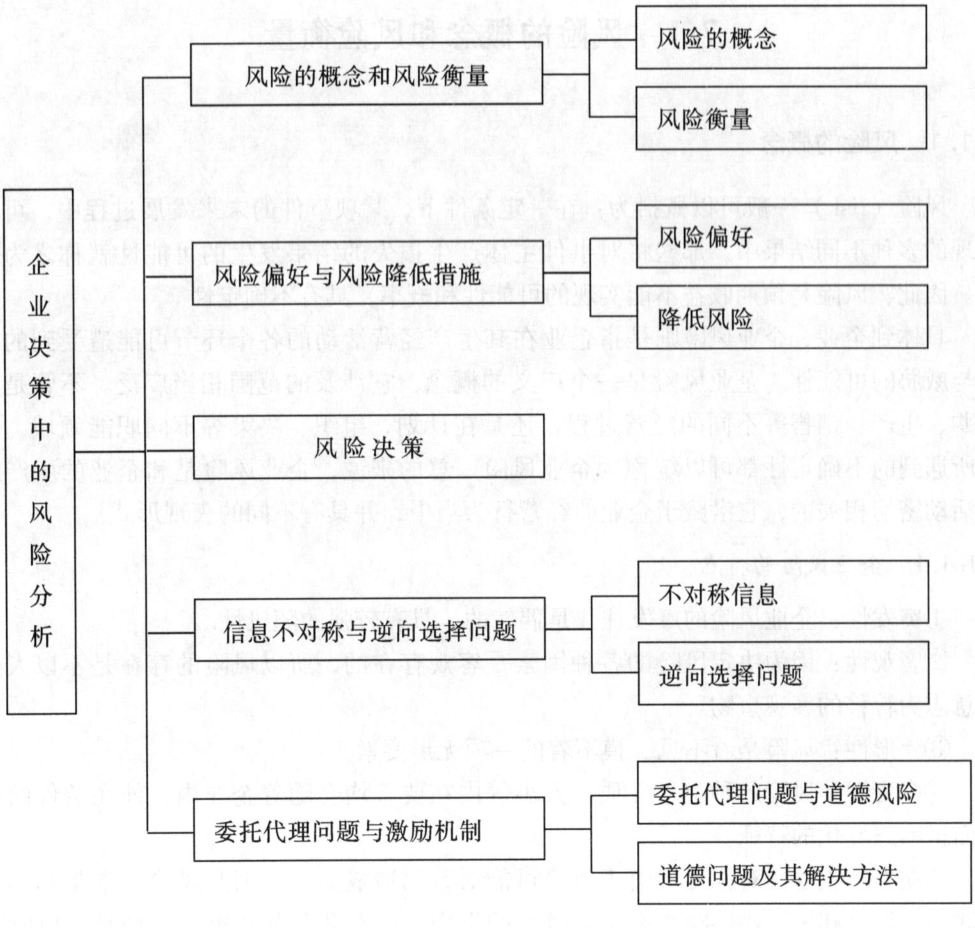

[本章学习目标]

通过本章的学习，你可以了解：

- 风险以及风险的衡量。
- 风险偏好与降低风险的措施。
- 信息不对称以及造成不对称信息的主要原因。

⌑ 企业解决逆向选择问题。

⌑ 企业中的道德风险问题及其解决方式。

决策总是面向未来的，但未来又总充满了若干变数与不确定性，而企业经营管理中任何一项决策的失误，给企业带来的后果都可能是灾难性的，因此，研究企业决策中的风险问题具有重要的意义。这一章我们将从风险的识别与衡量出发，讨论风险的偏好，降低风险的措施，风险决策以及在有限信息（信息不对称）基础上的决策相关问题。

7.1 风险的概念和风险衡量

7.1.1 风险的概念

风险（risk）一般可以概括为：在一定条件下，某项事件的未来发展过程中，可能出现的多种不同结果中，那些将对事件主体产生损失的结果发生的可能性就称之为风险。因此，风险是预期收益不能实现的可能性和概率，具有不确定性。

具体到企业，企业风险则是指企业在其生产经营活动的各个环节可能遭受到的损失与威胁的可能性。企业风险是一个广义的概念，它涉及的范围相当广泛。不管是在采购、生产、销售等不同的经营过程，还是在计划、组织、决策等不同职能领域，企业所遇到的不确定性都可以统称为企业风险。总的来说，企业风险是和企业的生产经营活动密切相关的，它潜藏于企业的经营行为当中，并具有不同的表现形式。

7.1.1.1 企业风险的特点

①突发性：企业风险的爆发往往是偶然的，具有较强的随机性。

②客观性：因为决定风险的各种因素是客观存在的，所以风险的存在是不以人们的意志为转移的客观事物。

③无形性：风险是看不见、摸不着的一项无形要素。

④多变性：风险的种类、性质、大小等内在要素均会随着企业内、外在条件的变化而呈动态变化的特征。

⑤损失与收益的对称性：由于风险可能对事物造成损失，因此风险常常是和不利相联系；但是和风险相伴随的不仅是潜在的损失，也有获利的可能。一般地，风险越大，可能的回报率越高。

7.1.1.2 企业风险的成因

任何一个企业，在从事经营活动时都将涉及三项基本的要素，即企业所处的外部经营环境、企业自身的内部条件以及企业根据内、外部情况组织配置资源的能力。正是这三项要素所存在的不确定性便直接导致了企业风险的三大成因。

①外部环境。外部环境是指企业的生存环境。任何企业都存在于一定的经营环境

之中。经营环境对企业越有利，提供的机会越多，企业营运就越顺利，成功的可能性也就越大。外部环境包含的因素多而杂，涉及面相当广泛。对企业而言，它是一种外生的变量，企业难以控制和把握。因此，外部环境的不确定性常常是一种主要的风险诱因。尤其是在当今时代，市场需求日趋多样，竞争程度愈加激烈，经营环境呈现出更加复杂多变的格局，企业面临的风险也相应增加。

②内部条件。内部条件是指企业从事生产经营活动时所占有的有形及无形资源要素的总和。它是企业经营的物质基础和必要前提，主要包括资金、技术、人才、设备、原料、信息以及管理策略、企业文化等软件和硬件等必要要素。企业的内部条件决定着企业的规模、实力。企业的内部条件越完善，就意味着企业自身的优势越大，抵抗风险的能力也越强；反之亦然。随着知识经济的来临，企业间的竞争日益表现为智力的竞争，企业所拥有的技术、创新能力、信息及传输网络等软件要素日益成为竞争的焦点，因此，软件要素的素质、水平已逐渐成为决定企业竞争状况的关键。

③资源配置。资源配置水平是一个企业整体实力的综合反映，企业的资源配置取决于企业所处的内、外部条件以及资源配置策略。一般地讲，企业所处的经营环境越有利，机会越多，资源配置就相对越容易；企业内部条件越好，实力越强，则企业进行资源配置时也将更为有利。较强的资源配置能力通常表现为：敏锐的市场洞察能力和捕捉商机的能力、快速的组织调配资源能力、富有创造性的资源策划能力以及良好的经营管理能力等诸多方面。

现实生活中，不少企业正是由于具有快速准备和组织调配资源满足市场需求的能力、掌握了有效的资源配置策略，才得以在千变万化的市场经济环境中立住脚，并取得良好经营业绩的。同时，高水平的资源配置能力还可能帮助企业弥补自身的一些不利因素，将外部环境中的不利因素转化为有利机会，使企业获得高额报酬。

7.1.2　风险衡量

为了从数量上考察风险，必须了解测度风险的几个重要指标，即概率、期望值与方差。

7.1.2.1　概率

概率是指一种结果发生的可能性有多大。这种可能性是指一种后果将来发生的可能程度，对这种后果发生可能中有两种解释：一种是客观分析，它是在对已发生事件观察的基础上得出的结论，是对事件发展观察的结果。另一种是主观分析，即这种事件以前未发生过，对其后果的可能性只能进行推测，这种推测主要是主观判断，当然也可能包含一些个人的相关经验。

7.1.2.2　期望值

期望值与不确定性事件有关，是指在不确定性情况下，在全部影响因素作用下，所有可能结果的加权平均数。权数就是每种结果的概率。如消费者可购买同等数量的三种 A、B、C 商品，三种商品的总效用分别为 10、5、8，已知购买 A 的概率为 60%，购买 B 的概率为 30%，购买 C 的概率为 10%，则消费者总效用的期望值为 $8.3=0.6\times$

$10+0.3\times5+0.1\times8$。

7.1.2.3 方差

方差的概念比期望值稍复杂一些。简单说，方差亦称离差，是用来描述一组数据或概率分散或集中程度的一个量，也就是实际值与期望值之间的距离。不确定事件的方差是该事件每一可能结果所取实际值与期望值之差的平方的加权平均数，一般用 σ^2 表示，方差的平方根 σ 被称为标准差。可以看出，若用方差或标准差测试风险，则方差或标准差越大，风险越大。

7.2 风险偏好与风险降低措施

7.2.1 风险偏好

一般地，高回报总是与高风险相伴的。基本上所有的投资抉择都要求或者为了降低风险而牺牲高期望回报，或者为了得到更多的回报而承担更大的风险。因此，任何决策都反映人们对风险的态度，即偏好。

在现实生活中，我们可以发现有些人为了减少未来收入和财富的不确定性而进行保险，而另一些人却为了增加不确定性而进行冒险，如赌博，这表明人们对待风险的偏好程度是不一样的。根据不同的人对风险偏好的程度有所不同，可以把人们分为三种不同的风险类型：风险规避者、风险中性者和风险爱好者。其中，大多数人是风险规避者。

现在，我们可以用一个实验来区分这三类风险偏好不同的人。

设想每个人都可以自由地参加一个抛硬币的赌博。如果硬币出现正面可获得 1 000 元，出现反面则付出 1 000 元，假定这是一个“公正”赌博，“公正”是指正反面出现的可能性均为 0.5，这样，每个参与者的期望收益为 0 元，于是有：

$1\,000\times0.5+(-1\,000)\times0.5=0$（元）

这样的赌博如果重复多少次，例如 1 000 次，每个参与者的盈亏将大致相抵。

面对这样的赌博，有些人欣然参加，我们就把这些人称为风险爱好者（risk lover）；有些人坚决不参加，我们称这些人为风险规避者（risk averter）；另一些人认为参加不参加无所谓和没有差异，我们称这些人为风险中性者（risk neuter）。

下面我们应用择业为例简要说明三种风险偏好与效用函数的关系。

图 7－1 表示某人对风险的偏好程度，曲线 OE 表示他的效用函数，它告诉我们这个人在不同收入下所得到的效用。从图中可以看出，效用随收入的增加而增加，但效用的增加速度是递减的，即表现为一个斜率逐渐减小的函数曲线。该图适用于风险规避者的效用函数。

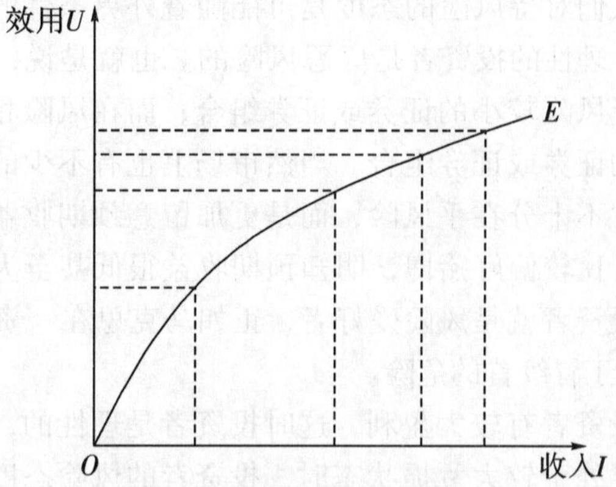

图 7－1　风险规避者的效用曲线

图 7－2 表示风险中性者的效用函数。对于风险中性者，效用随收入的增加而增加，但效用的增加速度是恒定的，即表现为一个斜率为固定值的函数曲线。

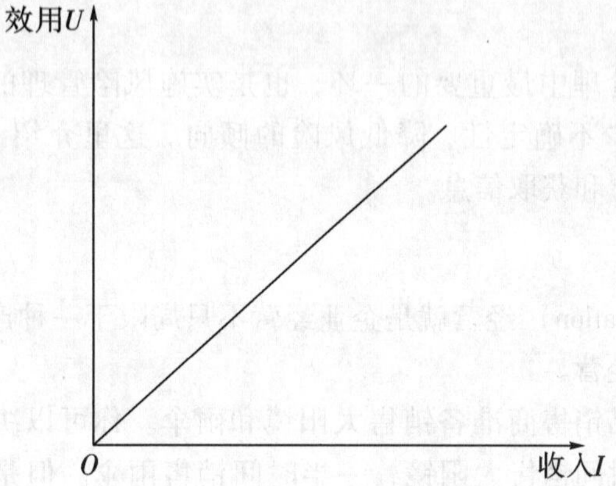

图 7－2　风险中性者的效用曲线

图 7－3 是风险爱好者的效用函数。从图中可以看出，效用随收入的增加而增加，但效用的增加速度是递增的，即表现为一个斜率逐渐增大的函数曲线。

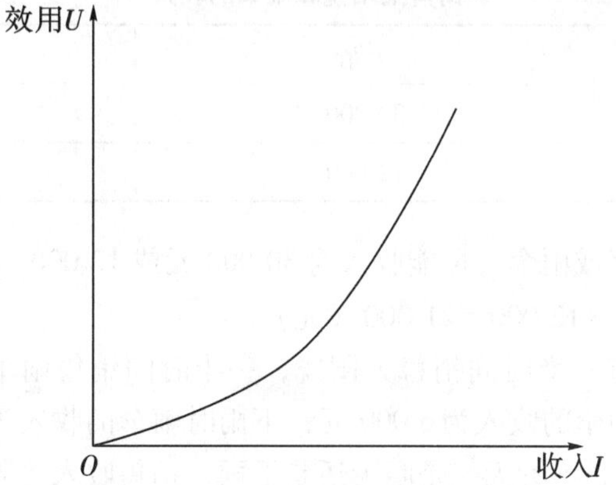

图 7－3　风险爱好者的效用曲线

值得一提的是，人们对待风险的态度是可能随着外界条件的变化而变化的。以投资为例，一般情况下，理性的投资者是厌恶风险的。也就是说，在收益率相同的条件下，理性投资者会选择风险较小的证券或证券组合；而在风险相同的条件下，理性投资者会选择收益较大的证券或证券组合。当然市场上也有不少的投资者，在风险程度普遍较小的情况下，并不十分在乎风险，而是更加留意预期收益，这种情况比较接近风险中性。有时投资者比较偏好赌博，明知预期收益很低甚至为零或为负数的情况下也要进行投资，这种投资者就是风险爱好者，正如马克思在《资本论》中所言，人们为了300%的利润就敢于冒绞首的危险。

在正常情况下，投资者有较大盈利，这时投资者是理性的，比较关注风险造成的影响；但当投资者已经处于较大亏损状态时，投资者的风险态度就可能发生转变，变成爱好风险，去进行赌博。因为这时，若赌赢了，投资者就会挽回较大部分损失；若赌输了，也无非多损失一点而已。也许正是基于同样的理由，所以才有生活中我们常说的：破罐子破摔、破釜沉舟的典故。

7.2.2 降低风险

降低风险是风险管理中最重要的一环，也是实施风险管理的最终目的。通常，企业和消费者存在着减少不确定性、降低风险的倾向。这里介绍三种降低风险的方法：多元化经营、购买保险和获取信息。

7.2.2.1 多元化经营

多元化（diversification）经营就是企业经营不只局限于一种产品或一个产业，而实行跨产品、跨行业的经营。

如果你是一个产品销售商准备销售太阳镜和雨伞。你可以决定只销售太阳镜或只销售雨伞，或者一半时间销售太阳镜，一半时间销售雨伞。但是，你无法知道明年的天气如何，为了使你的销售风险降至最低，你可能会通过多元化经营来降低风险，即把你的时间分配在两种以上没有密切关系的商品上，而不是只销售一种商品。假定明年可能有半年下雨，半年晴天。表7－1为销售太阳镜和雨伞的可能收入。

表7－1　　销售太阳镜和雨伞的收入　　单位：元

	天晴	下雨
太阳镜	30 000	12 000
雨伞	12 000	30 000

如果只销售太阳镜或雨伞，可能收入为30 000元或12 000元，期望收益为：

$0.5\times 30\,000+0.5\times 12\,000=21\,000$（元）

假如这个人现在有一半时间销售太阳镜，一半时间销售雨伞，那么，天晴时太阳镜的收入为15 000，雨伞的收入为6 000元；下雨时雨伞的收入为15 000元，太阳镜的收入为6 000元。因此，不管天气是晴天还是下雨，销售收入将固定为21 000元。也就是说，如果通过多元化经营，销售风险可以被消除。

虽然这是一个极端的例子，但是通过多元化经营，把企业的生产经营活动拓展到相关性较小的多种产品或多个领域，当其中的某个领域经营失败时，可以通过其他领域内的成功经营来得到补偿，从而使整个企业的收益得到保证。企业在两个完全负相关的行业经营，且经营规模相当，就像上例中的销售太阳镜和销售雨伞那样，多元化经营后的企业几乎可以得到一个完全确定的收入。即使不是这种极端情况，多元化经营后的企业收入风险也大大低于多元化经营之前的收入风险。因此，即使多元化经营不能使企业的期望收入增加，也能降低收入的变动范围，使企业能更稳定地获得这种收入，从而降低企业的经营风险。

【阅读7-1】

多元化经营能降低企业经营风险的统计学说明

假如有某个企业进行多元化经营，它进入两个期望收益规模和收益变动程度相同的行业，设k是每个行业经营活动运用的资本，r_i是第i个行业的收益率，$r_i=R_i/k$，R_i是第i个行业的利润，r_i且是具有均值μ和方差σ的随机变量，则多元化经营后企业的收益率为：

$$r=(R_1+R_2)/(2k)=(r_1+r_2)/2$$

如果ρ是r_1和r_2的相关系数，那么根据统计理论，企业收益的标准差为：

$$\sigma_r=\sigma\sqrt{(1+\rho)/2}$$

可见，r_1和r_2独立时（$\rho=0$），即两行业的收益率没有任何线性相关关系，$\sigma_r=\sigma/\sqrt{2}$；完全正相关（$\rho=1$）时，$\sigma_r=\sigma$；完全负相关（$\rho=-1$）时，$\sigma_r=0$。显然，相关系数ρ的值对降低风险的程度是至关重要的。例如，当两个行业经营活动的收益完全没有关系时，多元化经营后企业的收益率标准差可降至原来的$\sqrt{1/2}$；而当两个企业收益率呈负相关时，多元化经营后高收益率的标准差可降得更低，如销售太阳镜和雨伞一例所示。不过，在实际情况下，企业收益率的相关系数往往是正的，其主要原因可能是不同行业面对的是同一宏观经济环境和受同一最高管理者的控制。但即使如此，多元化经营后的经营风险也大大降低了。

【阅读7-2】

中国企业喜欢多元化的无奈理由

企业是否应该多元化？从世界各国企业的实践来看，失败的多成功的少，所以，理论办对企业的多元化一般都是持否定的态度。但是，有一个现象却是不争的事实，在中国既有因为多元化倒下的企业，也有因多元化活得有滋有味的企业，甚至有些企业经营状况和发展势头都很好。

尽管理论上成功或失败的理由很多，但它们有一个共同的特点，就是把企业的多元化看作是企业积极主动的行为，是企业发自内心的迫切要求。然而，这种分析与我国目前的企业现状并不完全相符，它漏掉了中国企业被迫多元化一个基本事实。

中国企业被迫多元化有多种表现：有的是被政策逼迫的，有的是被领导要求的，有的是被低成本所吸引的，有的是被高利润所诱惑等。

例如，企业要上市，可是没有达到规定的净资产规模，只好把主营产品毫不相干的两个企业捆绑在一起整体上市，由此，一个企业便不得不多元化；民营企业原本在一个领域内干的非常出色，可是过不了资金瓶颈或者需要更大的融资平台，自己又无法上市，只好收购上市公司，而上市公司的产业与收购企业的原主业可能相差甚远。

有的国有企业原本健康发展，可是地方领导或者希望做大做强，或者希望解决亏损企业包袱，强行把一些勉强相关或者是上下游企业组在一起；对于民营企业的多元化，地方领导当然不便采用行政命令的方式，许以利诱使企业轻易就能获得行业内巨大的成本领先优势，因此这些企业未有不心动的道理，尽管这些行业可能与自己原有的主业毫不相关。

中国稍有实力的企业，不管其主业是电子、机械还是建筑、运输、也不管是国有还是民营，鲜有不涉足房地产的。不是这些企业喜欢偏离主业追求多元化，而是无法抗拒房地产业零风险高利润的诱惑。由于政府控制土地一级市场，土地供求相对偏少，一般居民又缺少投资的渠道，选择观望便成了储蓄保值的常规手段，虽然开发商遍地皆是，但它仍然是一个供应少需求旺的垄断市场。

中国企业的普遍多元化不仅仅是由企业的内在冲动所造成，它与目前中国的市场经济体制发育不完善有密不可分的关系。当我们以世界各国的企业经验来呼吁中国企业不应该多元化的时候，其实，我们忘了中国的市场经济与发达国家的市场经济还是有着天壤之别。

（资料来源：徐昌生，《中国企业喜欢多元化的无奈理由》，载中国人力资源开发网，2006－09－08。）

7.2.2.2 购买保险

保险市场存在的原因是期望规避风险。风险规避者是一种为了规避风险愿意放弃一部分现期收入的人。如果保险的费用正好等于期望损失，风险规避者就愿意购买足够的保险，以使他从任何可能遭受的损失中得到全额的补偿。如果保险的赔偿是全额的，那么保险的购买者无论有无风险损失，其投保人的收入总是固定的。由于保险的支出等于期望损失，因此固定收入总是等于风险存在时的期望收入。对于一个风险规避者而言，确定收入给他带来的效用要高于其处在无损失时高收入和有损失时低收入的不稳定状况所带来的效用。我们不妨假定某人家庭财产失窃的可能性为1%，损失为10万元。假如他原来拥有100万元的财产，他以1 000元的价格投保，失窃后能得到全额补偿10万元，但假如他不投保，失窃后就遭受10万元的损失，当然他无需支付保险费。表7－2显示他投保或不投保时的财产水平。

表 7-2　　投保或不投保时的财产水平　　单位：万元

	不发生失窃 （$Pr=0.99$）	发生失窃 （$Pr=0.01$）	期望财富
不投保	100	90	99.9
投保	99.9	99.9	99.9

从表 7-2 中的例子可以看到，投保其实并没有改变投保者的财产水平，但是投保消除了未来财产水平不确定的风险，也就提高了投保者的效用水平。

保险公司也是追求利润最大化的企业，在为客户提供保险时当然知道面临着的风险。保险公司是基于大规模经营来规避风险的。尽管每个孤立的事件可能是偶然发生、无法预知的，但许多类似事件的平均结果是可以推测的。例如，我们难以预料某个家庭是否会失窃，损失是多少，但可以根据过去的相关统计资料来判断在大量居民家庭中，失窃会发生的大约的次数。假如保险公司的经营规模足够大，保险公司可以相信，在大量事件发生之后其保险收入会与它的总收支持平。以上述投保为例，某人知道他家失窃的可能性是1%，失窃损失为 10 万元。在被盗之前，他完全可以计算出他家的预期损失为1 000 元，但这包含了很大的风险，因为有1%损失10 万元的可能。假如现在有 1 万人面临着同样的情况，他们都向保险公司购买了盗窃保险，他们面临的情况相同，保险公司向他们索取相同的保险费 1 000 元，这些 1 000 元就形成了 1 000 万元的保险基金，用以补偿失窃的损失。如果不存在道德风险和逆向选择等问题，那么保险公司总的赔付支出将接近 1 000 万元，公司不需担心损失会更多。

要是考虑到保险公司的管理费或保险市场的不完全竞争所发生的超额利润，保险公司收取的保险费将超过预期补偿支出。这样，可能会使许多人不从保险公司购买保险，而是采用自我保险的行为。例如，把资产分散到各种诸如股票、债券或购买共同基金等行为中去。

7.2.2.3　获取信息

风险是由不确定性引起的。在不确定的情况下，决策者的决策行为是建立在有限信息基础上的。如果决策者能通过一定的手段获得更多的信息，随着决策所需的信息增加，不确定性也就相应减少，决策风险将因此而降低，相应的收益可能会提高。

我们可以借用中国古代“田忌赛马”的故事来说明信息的价值。“田忌赛马”讲的是战国时期，齐国的国王与田忌进行赛马，双方约定，各出 3 匹马，分别从上、中、下 3 个等级中各出 1 匹，每匹马都要参加比赛，而且只参加 1 次，每次各出 1 匹马，一共比赛 3 次，每次比赛后要付给胜者 1 千金。当时的情况是，齐王的每一等级的马都要比田忌的强一些，但田忌的上等和中等马分别要比齐王的中等和下等马强。如果我们现在假定双方比赛之前谁也不知道对方出什么等级的马，那么结果将会如何呢？

既然双方都不知道对方会出什么等级的马，我们就假定所有 3 匹马出场次序的概率都是相同的，用（上、中、下）表示先出上马，再出中马，后出下马。对于齐王和田忌都有 6 种可能的次序：①上、中、下；②上、下、中；③中、上、下；④中、下、上；⑤下、中、上；⑥下、上、中。在双方完全不知道对方采用哪一种马的出场次序时，田忌只有1/6的可能赢1千金，1/6的可能输3千金，4/6的可能输1千金。如表7－3所示，其期望收益为：

$$1/6\times1+4/6\times(-1)+4/6\times(-3)=-1\text{（千金）}$$

在这里，齐王出什么等级的马，对田忌来说是无法预知的，比赛的结果田忌的期望值是输1千金。

表7－3　　田忌赛马

		田忌出马次序					
		上中下	上下中	中上下	中下上	下中上	下上中
齐王的出马次序	上中下	-3	-1	-1	-1	-1	1
	上下中	-1	-3	-1	-1	1	-1
	中上下	-1	1	-3	-1	-1	-1
	中下上	1	-1	-1	-3	-1	-1
	下中上	-1	-1	1	-1	-3	-1
	下上中	-1	-1	-1	1	-1	-3

现在假如田忌通过某种方法获得了齐王出马次序的信息。也就是说，对田忌来说，齐王的出马次序是确定的，这时，田忌就可以根据这个信息，确定相应的决策：当齐王出上马时，田忌出下马，田忌输1千金；当齐王出中马时，田忌出上马，田忌赢1千金；齐王出下马时，田忌出中马，田忌赢1千金。总的来看，田忌赢1千金。

在田忌不知对方出马次序时的收益为负1千金，而获得齐王出马次序的信息后，降低了决策风险，收益水平提高为正1千金，其中增加的2千金对于田忌来说就是齐王出马次序这一信息的价值。如果获得齐王出马次序的代价低于2千金，那么这种减少决策者信息不确定性的信息的获取信息的行动，能提高收益水平。

在知识经济和网络高度发达的今天，信息的内涵和外延已得到极大的拓展，各种信息急剧膨胀，瞬息万变，信息已成为社会经济发展的“血液”。在今天，哪个企业能更快、更多、更准地获取信息，那它就能更好地提高决策效果，赢得胜利。

7.3　风险决策

风险决策或风险型决策，也叫统计型决策或随机决策，本质上是一个信息不充分的博弈过程，它通常具有五个条件：①存在着决策者希望达到的目标。②存在着两个或两个以上的行动方案可供决策者选择，通常最后只选择一个方案。③存在着两个或两个以上的不以决策者的主观意志为转移的自然状态。④不同的行动方案在不同自然状态下的相应损益值可以计算出来。⑤在几种不同的自然状态中未来空间将出现哪种自然状态，决策者不能肯定，但是各种自然状态出现的概率，决策者可以预先估计或计算出来。

对于风险决策，有两种基本决策准则和两种决策方法。

7.3.1　基本决策准则

（1）最大可能准则。根据概率，一个事件出现的概率越大，发生的可能性就越大。基于这种原理，在风险决策中选择一个概率最大的自然状态进行决策，其他自然状态则不予理会。这样，风险决策实际上已转变为确定型决策，这就叫最大可能准则。实际上，确定型决策是风险决策的特例，它只不过是把确定的自然状态看作必然事件，即其发生的概率为1，把其他自然状态看作不可能事件（发生概率为0）的风险型决策的特例。

如果在某一风险决策问题中，一种自然状态出现的概率比其他状态出现的概率大，而各种自然状态下损益值差别不很大，在这种情况下，最大可能准则是一个有效的决策。但如果某一个风险决策，其可能发生的自然状态出现的概率很小，而且很难接近，则不宜采用这种准则。

（2）期望值准则。期望值准则假定决策者是风险中性者，他仅根据损益的期望值大小来决策。如果决策目标是投资收益率最大化，那么可以把每个投资方案的期望收益率求出加以比较。

7.3.2　常用决策方法

（1）决策树法。决策树（decision tree）法指的是一种在作出决策之前考虑和权衡所有可能出现的自然状态，然后逐步作出决策的一种决策方法。这种决策方法用图形表示时形如树状，故称为决策树法。

利用决策树法进行决策首先要画出决策树，通常用“□”表示决策点，从它引出的分支叫方案分支。分支数反映可能的行动方案数，用“○”表示方案节点，其上方的数字表示该方案的效益期望值。从它引出的分支叫概率分支，每条分支的上面写明了自然状态及其出现的概率，分支数反映可能的自然状态数。用“Δ”表示结果节点或末梢，它旁边的数字是每一方案在相应状态下的损益值。其次要预计可能事件发生的概率，把确定好的概率值标在决策树的相应位置上。再次是计算损益期望值。最后是从决策树的末梢开始由右向左比较期望值，选出最优方案，删去其他方案。

现在我们考虑如下案例：

【例7－1】某企业为某一新产品满足市场需求设计了两个方案，①建设一个大工厂，需投资300万元；②新建一个小工厂，需投资140万元。两方案使用期限均为10年。销路好的可能性为0.7，销路差的可能性为0.3，两个方案的年利润预测情况如表7－4。该企业应如何决策？

表 7-4　　　　损益值

方案	自然状态	
	销路好	销路差
	0.7	0.3
大工厂	100 万元	-20 万元
小工厂	40 万元	30 万元

①根据条件绘制决策树图，如图 7-4。

②计算期望值，填在状态结点上方。

大厂：100 ×0.7 ×10 + （-20） ×0.3 ×10 -300 =340（万元）

小厂：40 ×0.7 ×10 +30 ×0.3 ×10 -140 =230（万元）

③优先方案。两个方案综合损益值比较后，建大厂较优，若不考虑其他因素，应选择建大厂方案，并将建小厂方案枝剪去。

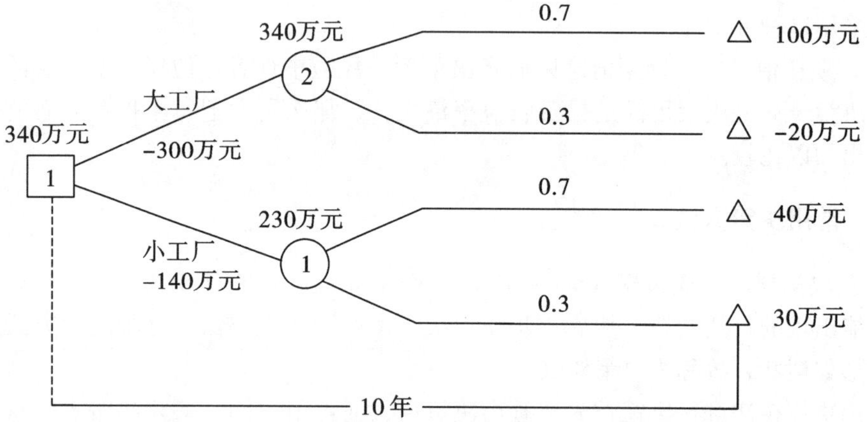

图 7-4　决策树

【思考】建小厂试销三年后，若产品销路好再扩建，扩建需投资 100 万元，扩建后若产品销路好则每年的盈利可增加至 90 万元，企业又该如何决策？

（2）矩阵法。矩阵法把决策问题转化为两个矩阵乘法，最后选取一个矩阵的最大（或最小）元素。对于特别复杂，计算量大的决策问题，矩阵法有其优越性，因为利用电子计算机，矩阵乘法的计算可以方便地进行。

如上所述，企业的风险决策本质上是一个信息不充分的博弈过程，信息不充分性的客观存在以及由此而带来相关问题，有必要进一步探讨。

7.4 信息不对称与逆向选择问题

7.4.1 不对称信息

近30多年来，经济学对于信息分析和信息不对称问题的研究，获得了突破性的进展。2001年的诺贝尔经济学奖就授予了阿克洛夫、斯宾塞和斯蒂格利茨三位美国经济学家，以表彰他们为信息经济学做出的奠基性和开创性的贡献。他们的研究表明，不对称信息对市场运行有很大的影响，许多不好理解的经济现象都可以用不对称信息来解释。他们的研究使得经济学家对实际经济运行机制的理解有了根本的改进。具体表现在：经济学的传统理论认为市场这只“看不见的手”通过价格调整使供给等于需求，这在通常情况下可以达到有效率的资源配置。但他们的研究发现在买卖双方信息不对称的情况下，仅仅通过价格有时无法达到有效率的资源配置；他们还研究发现，在这种情况下买卖双方会做出各种经济决策的调整，以提高效率，从而使双方受益。

不对称信息是指某些参与人拥有另一些参与人不拥有的信息，也即在市场上买方和卖方所掌握的信息状况不对等。在商品市场和要素市场上，卖方掌握的信息一般多于买方，优于买方。如计算机的卖者比买者更了解商品的性能，劳动力的卖者更了解劳动力的生产率。但在保险信用市场，卖者的信息反而不如买者。如医疗保险的购买者显然比保险公司更了解自己的健康状况，信用卡的购买者比金融机构更了解自己的信用状况。信息不对称问题的存在会产生逆向选择问题和道德风险问题。从信息不对称发生的时间来看，可以分为：当事人签约之前（ex-ante），也可以发生签约之后（ex-post），被称为事前不对称和事后不对称。研究事前不对称的信息博弈模型称为逆向选择（adverse selection）模型，研究事后不对称的信息博弈模型称为道德风险（moral hazard）模型。“逆向选择”和“道德风险”的概念都是经济学家阿罗从保险业的研究中引申而来的。此外，从不对称信息的内容来看可以分为：参与人的行动（action）和参与人的信息（information）或知识（knowledge）。研究不可观测行动的模型被称为隐藏行动（hidden action）模型；研究不可观测信息的模型为隐藏信息（hidden information）模型或隐藏知识（hidden knowledge）模型。根据上述两类划分，可以将模型进行归类，如表7-5所示。

表7-5 基本模型归类

	隐藏行动	隐藏信息
签约之前		逆向选择模型 信号传递模型 信息甄别模型
签约之后	隐藏行动的道德风险模型	隐藏信息的道德风险模型

7.4.2 逆向选择问题

阿克洛夫1970年的论文《柠檬市场：质量的不确定与市场机制》研究了旧车市场的信息不对称问题，并得出了逆向选择的有关结论。有旧车市场上，卖者知道车的质量，而买者不知，只愿按平均质量出中等价格，这样高于中等价格的上等旧车就可能会退出市场，买者会继续降低估价，次上等车又会退出市场，最后的结果必定是：市场成了破烂车的市场。在美国俚语中，柠檬是次品的意思，这种情况被称为“柠檬市场”。柠檬市场就是指在信息不对称的情况下，往往好的商品遭受淘汰，而劣质商品逐渐占领市场，并进而取代好的产品，导致市场中都是劣质商品。

旧车市场模型具有普遍的经济学分析价值，可以延伸到所有市场。“劣币驱逐良币”就是柠檬市场的一个重要应用。“劣币驱逐良币”讲的是在古铸币时代，当那些低于法定重量或成色的铸币——劣币进入流通领域后，人们就倾向于将那些足值铸币——良币收藏起来，导致最后良币被驱逐，而市场上流通的就只有剩下的劣币了。逆向选择理论给人们提供了不同的理解市场的路径和方法，由此改变了许多以前被认为是“常识”的结论，使市场有效性理念受到了重创。

在保险市场上遭受损失可能性比较大的是劣等客户，遭受损失较小的是优等客户。保险公司无法区分两类客户，只能按平均水平收取费用，这就导致了优等客户补贴了劣等客户。显然劣等客户乐见其成，而优等客户将会拒绝，于是一些优等客户会选择退出交易。保险公司面临整体风险的提高，必然会提高保费。循环往复的结果是优等客户完全退出市场，即劣等客户驱逐优等客户，保险市场规模逐步萎缩。同样当一些信誉低的保险公司急需资金或无视履行保险合同责任的时候，会用极低的保费来吸引投保人。由于信息不对称，投保人只看到低保费而不知道公司的真实情况，信誉好的保险公司在竞争中可能处于劣势并逐渐被挤出市场。

斯宾塞和斯蒂格茨分别建立了信号传递（signaling）和信息甄别（screening）模型来解决逆向选择问题。斯宾塞在《劳动力市场信号》一文中论证了信号传递模型。该模型研究了用教育投资的程度作为一种传递信息的工具，他认为某个具有较强能力的个人能以较低的成本获得学历证书，而能力低的人要以较高的成本获得同样证书，所以学历对较高能力的劳动者显示其自身能力的信号具有重要作用。信号传递模型具有普遍的经济学意义，涵盖了诸多的经济行为和现象：如作为产品质量信号的广告和质量担保，作为盈利能力信号的用债务而不是增发新股的融资手段，作为讨价还价能力信号的工资拖延支付策略，以及作为降低高通货膨胀的强硬许诺信号的紧缩性货币政策，等等。斯蒂格利茨在与罗斯查尔德合著的一篇经典论文《竞争性保险市场的均衡》（1976）中表明，保险公司（信息劣势方）可以通过信息甄别，给它的客户（信息优势方）设立有效的激励机制来显示他们的风险类型的信息。也即是说，投保人知道自己的风险状况，而保险公司并不清楚。但不具有私人信息的保险公司可以针对不同类型的潜在投保人，通过提供不同种类的保险合约（对较高的免赔额实行较低的保险费率），把客户按风险大小分成不同的类别，这样投保人可以根据自己的风险特征选择一个合适的保险合约。

7.5 委托代理问题与激励机制

7.5.1 委托代理问题与道德风险

当拥有较多信息的代理人为拥有较少信息的委托人工作，但工作成果又同时取决于代理人投入的努力和不由主观意志决定的各种客观因素，且这两种因素对委托人来说无法完全区分或区分的成本非常高的时候，就会产生代理人的道德风险问题，这在信息经济学中称为“委托人—代理人问题”（principle - agent problem），或称委托代理问题。委托代理问题尤其是指那种隐藏行动的道德风险问题。

委托人和代理人两个概念虽然来源于法律术语，但在经济学中，泛指任何一种涉及非对称信息的交易双方。通常交易中有信息优势的知情者（informed - player）是代理人，不知情者（uninformed player）是委托人。知情者的私人信息、行动或知识影响不知情的利益，即不知情者不得不为知情者的行为承担风险。所以委托人和代理人在不同的交易中有许多具体的角色，如保险公司与投保人、股东与经理、经理与员工、债权人和债务人、住户和房东、公民与政府官员等等。

在保险市场上，如果投保人有了全额损失保险，而保险公司又不能有效地监督投保人的行为在购买了保险之后可能的改变，这里，当投保人能够影响导致赔偿事件发生的概率时，就产生了道德风险（moral hazard）问题。例如，当投保人有了全额医疗保险赔偿之后，他可能会比投保前更多地去看医生，开更多、更昂贵的可用可不用的药品，而保险公司的赔偿将比它预计的要多。同样道理，一个没有对房产保火险的人，可能会购买烟尘报警器和灭火器，并且对所有可能引起火灾的事件特别小心谨慎，以此减少火灾发生的可能。但如果他购买了火险，可以获得全额的赔偿，他可能就不那样谨慎了，他可能也不再愿意花更多的钱购买烟尘报警器和灭火器，这意味着发生火灾的概率提高了。由于道德风险的存在，预计的火灾发生概率可能提高了，保险公司将需要支付更多的火灾损失赔偿。

7.5.2 道德问题及其解决方法

解决道德风险问题的有效方法在于采取一些合理的激励机制。激励问题在很大程度上仍是一个信息问题。在产品市场上，如果所有的消费者总能了解他们所买产品的所有质量信息，生产优质产品的厂商就能向他们索取更高的价格，而生产劣质产品的厂商也就无法以次充好；在经理市场上，如果股东总能完全了解他们的经理工作的努力程度和绩效，并采用按劳付酬的分配方法，那么工作努力和高绩效的经理总能获得高的报酬，也就不存在偷懒等道德风险问题。但由于信息不对称问题的存在，代理人的行为并不能为委托人完全了解，所以代理人也不承担其行动的全部后果，这是激励问题的核心。解决激励问题的方法有三种，产权与价格、契约和信誉。

7.5.2.1 产权与价格

如果一个经理并不拥有企业的产权，激励他努力工作的只有工资，即这个经理的价格，如何制定恰当的工资，使企业家能够得到充分的激励，可能是一个复杂的问题。但不管怎样，把企业家的工作绩效和其价格水平相联系是信息不对称情况下激励企业家的一种途径。另一种解决这一激励问题的有效方法是使企业家拥有企业的产权，在这种情况下，企业家将得到充分的激励，发挥出他的经营才能。因为这时，他的努力程度直接与其收入有关。产权与价格是市场经济条件下对激励问题的有效解决方法。

7.5.2.2 契约

现代经济活动中的大多数交易是较为复杂的，通常要签订契约。通过契约具体说明交易的各种条件，例如，交货的时间、地点、价格、货品的质量。当然，在契约中还写有应变条款，指明在某些个别情况下，试图解决激励问题的手段。契约往往还有这样的条款，规定当一方不履行契约规定的行为时，要向另一方支付一定的罚金。通常情况下，一方如果不履行契约规定的承诺和行为，将受到很大的损失，这实际上是一种通过契约解决激励问题的方法。

由于交易条件的复杂性，契约有时不仅无法激励交易双方中的一方履行契约，而且还鼓励其不履行契约。一个著名的案例是西屋电气公司原来按契约规定以固定价格向一些核电站提供铀，这些核电站是西屋公司为许多电力公司建造的。但由于20世纪70年代能源价格的大幅上升，采购铀的价格也上升为契约规定供铀价格的许多倍。如果西屋公司履行合同，它可能会破产，于是西屋公司不再履行合同。当然，这引起了诉讼，其结果是由于西屋公司破坏合同而支付一定的罚金，但其损失要远小于履行合同的损失。

7.5.2.3 信誉

信誉在提供激励方面也起着重要的作用。信誉可以被看作是一种保证形式，虽然消费者不能从这种保证中直接获得什么，但是消费者知道，如果厂商提供的产品或服务质量有问题，其信誉就会受到影响。保持这种信誉，为厂商向消费者出售高质量产品或服务提供了激励。信誉可能为一家商店提供了不卖假货、做好销售服务的激励，为工程承包商提供了按时完成一个工程项目的激励，为饭店提供了出售新鲜食品和良好服务的激励。

假如信誉对某些厂商提供了一种有效的激励，那么当厂商失去这种信誉时，就必然会遭受某种损失，这种损失实际上是一定程度的利润，因为要想对树立信誉提供激励，必须要有利润，这种利润被称为信誉租金，它是厂商享有良好信誉的报酬。在工程承包和餐馆等许多市场中，质量差别很大而且在购买之前很难加以检验，这时，信誉租金是相当重要的。因此，在那些信誉很重要的市场上，竞争未必能使价格降低。消费者认识到，一旦产品价格太低，厂商也许就不会有保持信誉的激励，从而也不能指望高质量的产品和服务了。这可以作为解释某些产品降价不一定能吸引更多顾客的一个原因。

虽然信誉激励在许多行业和企业的生产经营中起着重要的作用，便也有一些行业要做出信誉是困难的。例如，如果你只是偶尔旅行去某地，对于你所住的旅馆和用餐的餐馆来说，也许没有机会做出信誉来。解决这一问题的方法之一是使旅馆和餐馆的商品和服务标准化。这样，当你到某个你不常去的地方，假日酒店和麦当劳也许更有吸引力，因为它们提供的产品和服务是标准化的，你知道它们卖些什么，服务质量如何。

【阅读7－2】

人才招聘过程中的逆向选择分析

一般而言，在信息对称情况下，级别不同的企业会招聘到水平高低不同的人才，优秀的企业容易招聘到水平高的人才；同样，水平不同的人才会落户到不同级别的企业，高水平人才容易受聘到优秀企业。但由于信息的不对称，最终会导致逆向选择问题的出现。

在人才招聘过程中，企业只能通过人才递交的简历和对人才进行笔试、面试来获取对方的信息。但对其实际工作能力、工作热情和长期打算却不甚了解，而且已获取信息又面临着虚假成分的威胁。相对而言，人才对自己的学历、业务水平、偏好、信用等信息却十分清楚，而且对所应聘企业及其职位亦认识深刻。企业并不知道应聘人才的真实水平，只知道应聘人才的平均水平及其分布。由于信息不对称，企业只能按照平均水平出资，并希望能雇到高水平人才。但在此工资水平下，高水平人才将退出应聘过程，招聘市场上只留下程度较低的人才。这样人才的平均水平就会下降，理性的招聘企业知道这一情况以后，便会降低给予应聘人才的待遇。结果造成更多的较高水平的应聘人才退出招聘市场，如此循环下去，形成“劣币驱逐良币”现象，即低水平人才对高水平人才的驱逐。这便是人才应聘过程中的逆向选择。逆向选择的结果，一方面是低水平人才获得了较高待遇，另一方面是招聘企业承担了较高招聘成本而无法获得高水平人才，最终导致风险和收益在分担与分配上的不对称。

人才雇佣过程中的道德风险分析

“道德风险”问题源于保险市场。保险公司与投保人签订合约时无法知道投保人的真实情况和行为。一旦投保人保险后，他们往往不像以往那样仔细看管家中的财产了。正是因为保险公司无法观察到投保人投保后的防灾行为而产生“隐蔽行为”，面临着人们松懈责任甚至可能采取“不道德”行为而引致损失，这就是“道德风险”。

同样企业人力资源管理不仅在人才的招聘上存在着信息不对称，而且在人才进入企业后仍存在着信息不对称。企业与人才订立委托—代理关系后，效益是通过人才能力发挥来实现的。但是人才的能力的发挥是无形的，对它的监督和控制是很困难的。企业无法判断出人才现在的努力程度和人才行为在多大程度上符合企业的利益等。而且根据“理性人”假设，人才往往倾向于做出有利于自身的决策。由此导致人才雇佣过程中的“道德风险”问题。

（资料来源：赵英军．西方经济学．北京：机械工业出版社，2006.）

[本章小结]

1. 风险是指预期收益不能实现的可能性和概率，亦即不确定性。企业风险则是指企业在其生产经营活动的各个环节可能遭受到的损失与威胁。

2. 企业风险的特点包括：①突发性；②客观性；③无形性；④多变性；⑤损失与收益的对称性。企业风险的成因涉及三项基本的要素：外部环境、内部条件与资源配置。

3. 通常用概率、期望值、方差、标准差等统计指标来衡量风险程度。方差是离差平方的平均值，而标准差是方差的平方根。

4. 根据人们对待风险的态度，可以把人们分为风险规避者、风险中性者和风险爱好者三种类型。降低风险的方法可以分为多元化经营、保险和获取更多的信息三类。

5. 风险决策也叫统计型决策或随机决策。最大可能准则与期望值准则是风险决策的基本决策准则。风险决策常用决策方法主要有：决策树法与矩阵法。

6. 不对称信息是指某些参与人拥有但另一些参与人不拥有的信息，也即在市场上买方和卖方所掌握的信息不对称。信息不对称问题的存在会产生逆向选择问题和道德风险问题。

7. 逆向选择是指买卖双方信息不对称的情况下，差的商品总是将好的商品驱逐出市场。可以用信号传递和信息甄别模型来解决逆向选择问题。

8. 委托代理指任何一种涉及非对称信息的交易双方。委托代理由于信息不对称主要产生隐藏行动的道德风险问题。解决道德问题的核心是解决激励问题，解决激励问题的方法有三种，产权与价格解决法、契约解决法和信誉解决法。

[思考与练习]

一、名词解释

风险	方差	期望值	概率
风险厌恶	风险偏好	风险中性	逆向选择
委托代理	道德风险	非对称信息	

二、简答题

1. 衡量风险的指标有哪些？
2. 根据人们对风险的偏好程度，可以把人分成哪几类？
3. 风险决策的决策准则和决策方法有哪些？
4. 保险市场的逆向选择描述的是何种情况？
5. 为什么人们会通过保险来降低风险？
6. 简述委托代理产生的原因及对策。
7. 解决激励问题的方法有哪几类？

三、问答题

房地产开发公司比居民对商品房的信息了解得更多，试分析：

1. 假定双方都充分了解，说明高质量房与低质量房的市场供应状况；

2. 在信息不对称的情况下，说明高质量房与低质量房的市场供求变动状况；

3. 讨论如何解决这种信息不对称造成的问题。

四、计算题

1. 有一种可能出现三种结果的奖券：获得100元的概率为0.1，获得50元的概率为0.2，获得10元的概率为0.7。求：

(1) 该奖券的期望收益是多少?

(2) 一个风险中性者愿花多少钱购买这种奖券?

2. 某啤酒生产商意识到他这个牌子的啤酒销售额已开始下降，为了挽救这种局面，有两种措施可供选择：或是增加广告费，这需要增加费用20万元；或是改换牌子，这估计要花费25万元。通过市场调查得到这两种措施相应的销售额（单位：万元）的概率分布如下：

措施1：维持现状

年销售额	550	450	300	250	150
概率	0.35	0.35	0.20	0.05	0.05

措施2：增加广告费

年销售额	750	650	550	450	350
概率	0.40	0.30	0.15	0.10	0.05

措施3：改换牌子

年销售额	900	800	700	600	500
概率	0.20	0.25	0.30	0.15	0.10

问生产商应采用何种措施才能使（年销售额—措施费）的期望值最大，用决策树求解。

附录　关键术语中英文对照表

边际（margin）
边际产量（marginal production ）
边际收益（marginal revenue）
边际产品转换率（marginal rate of product transformation）
边际成本（marginal cost）
边际分析（marginal analysis）
边际贡献（marginal contribution）
边际技术替代率（marginal rate of technical transformation）
边际收益递减规律（law of diminishing marginal returns ）
边际替代率（marginal rate of transformation）
边际利润（marginal profit）
边际效用（marginal utility）
边际效用递减规律（law of diminishing marginal utility）
变动成本（variable costs）
标准差（standard deviation）
博弈论（game theory）
不对称信息（imperfect information）
不完全竞争（imperfect competition）
策略（strategy）
长期（long run）
长期边际成本（long run marginal cost）
长期成本（long - term cost）
长期平均成本（long run average cost）
沉没成本（ sunk cost）
成本（cost）
成本函数（cost function）
成本加成定价法（cost - plus pricing）
纯寡头垄断（pure oligopoly）
代理人（agent）
弹性（elasticity）
等产量线（production isoquant）

等成本线（isocost lines）
等效用曲线（iso－utility curve）
短期（short run）
范围经济（economies of scope）
风险（risk）
风险爱好者（risk lover）
风险补偿（risk premium）
风险偏好（risk preference）
风险厌恶者（risk averter）
风险中性者（risk neuter）
概率（probability）
高峰定价（peak－loading pricing）
供给（supply）
供给的价格弹性（price elasticity of supply）
供给定理（law of supply）
供给量（quantity supplied）
供给曲线（supply curve）
固定成本（fixed costs）
固定要素（fixed input）
寡头垄断（oligopoly）
关联产品（joint products）
管理（management）
管理经济学（managerial economics）
规模不经济（diseconomies of scale）
规模经济（economics of scale）
规模收益（returns to scale）
规模收益不变（constant returns to scale）
规模收益递减（decreasing returns to scale）
规模收益递增（increasing returns to scale）
过剩（surplus）
宏观经济学（（macroeconomics）
互补品（complement goods）
会计成本（accounting cost）
会计利润（accounting profit）
机会成本（opportunity cost）
价格歧视（price discrimination）
价格制定者（price maker）
进入壁垒（barrier to entry）

经济成本（economic cost）
经济利润（economic profit）
经济效率（economic efficiency）
经济学（economics）
均衡价格（equilibrium price）
均衡数量（equilibrium quantity）
卡特尔（cartels）
可变要素（variable input）
可能性边界（production possibilities frontier）
劳动的总产量（total product of labor）
利润（profit）
劣质品（inferior goods）
垄断（monopoly）
垄断竞争（monopolistic competition）
垄断势力（monopoly power）
纳什均衡（Nash equilibrium）
逆向选择（adverse selection）
平均变动成本（average variable cost）
平均固定成本（average fixed cost）
平均收益（average revenue）
平均收益率（average rate of return）
平均总成本（average total cost）
期望值（expected value）
企业（enterprise）
企业经济学（business economics）
奢侈品（luxury）
社会福利（social welfare）
生产（production）
生产函数（production function）
市场（market）
市场壁垒（market barriers）
市场均衡（equilibrium）
市场需求（market demand）
收入效应（income effect）
收益（payoff）
收益最大化（revenue maximization）
替代品（substitute goods or substitute）
替代效应（substitution effect）

外部负效应（negative externality）
外部效应（externality）
外部正效应（positive externality）
完全竞争市场（perfectly competitive market）
短期供给曲线（short - run supply curve）
微观经济学（microeconomics）
委托—代理问题（principal - agent problem）
委托人（principal）
无差异曲线（indifference curve）
稀缺性（scarcity）
显性成本（explicit cost）
相对价格（relative price）
消费者均衡（consumer equilibrium）
消费者剩余（consumer surplus）
效用（utility）
信息（information）
需求（demand）
需求的交叉弹性（cross - price elasticity of demand）
需求量（quantity demanded）
学习曲线（learning curve）
寻租（rent seeking）
隐性成本（implicit cost）
盈亏平衡点分析（break even analysis）
优势策略（dominant strategy）
预算约束（budget constraints）
预算约束线（budget line）
约束成本（bonding cost）
增量成本（incremental cost）
增量分析定价法（incremental analysis in pricing）
正常品（normal goods）
重复博弈（repeated game）
资本（capital）
自然垄断（natural monopoly）
自我选择机制（self - selection device）
总产量（total product）
总成本（total cost）
总利润（total surplus）
总收益（total revenue）

参考文献

［1］高汝熹，顾国章，张洁，等．管理经济学［M］．北京：北京师范大学出版社，2007.

［2］张利庠，田雪，王水莲，等．管理经济学［M］．北京：清华大学出版社，北京师范大学出版社，2009.

［3］吴德庆，马月才．管理经济学［M］．4 版．北京：中国人民大学出版社，2006.

［4］赵英军，西方经济学（微观部分）［M］．北京：机械工业出版社，2006.

［5］侯荣华．西方经济学［M］．北京：中央广播电视大学出版社，2005.

［6］张晓东，邓培林，马洪波，等．管理经济学［M］．成都：西南财经大学出版社，2009.

［7］陈立，翟红敏．西方经济学［M］．北京：中国电力出版社，2006.

［8］干春晖．管理经济学［M］．上海：上海财经大学出版社，2007.

［9］李宝山，张利庠．管理经济学［M］．北京：中国人民大学出版社，2005.

［10］徐玫平，黄云歌．管理经济学概论［M］．北京：高等教育出版社，2008.

［11］李自杰．管理经济学［M］．北京：清华大学出版社，2007.

图书在版编目(CIP)数据

管理经济学/宋剑涛主编．—2版．—成都：西南财经大学出版社，2015.4(2017.5重印)

ISBN 978-7-5504-1855-4

Ⅰ.①管… Ⅱ.①宋… Ⅲ.①管理经济学—高等学校—教材 Ⅳ.①F270

中国版本图书馆CIP数据核字(2015)第071037号

管理经济学(第二版)

宋剑涛　罗雁冰　何　宇　王晓龙　主编

责任编辑:刘佳庆
封面设计:穆志坚
责任印制:封俊川

出版发行	西南财经大学出版社(四川省成都市光华村街55号)
网　　址	http://www.bookcj.com
电子邮件	bookcj@foxmail.com
邮政编码	610074
电　　话	028-87353785　87352368
印　　刷	四川森林印务有限责任公司
成品尺寸	185mm×260mm
印　　张	13
字　　数	295千字
版　　次	2015年5月第2版
印　　次	2017年5月第2次印刷
印　　数	3001—5000册
书　　号	ISBN 978-7-5504-1855-4
定　　价	28.00元